Hartmut Giest

Entwicklungsfaktor Unterricht
Empirische Untersuchungen zum Verhältnis von Unterricht und Entwicklung in der Grundschule
Dargestellt am Beispiel des Heimatkunde- und Sachkundeunterrichts

**Potsdamer Berichte zur Bildungs- und Sozialisationsforschung
herausgegeben von**

Prof. Dr. Hans Oswald, Institut für Pädagogik, Universität Potsdam,
Postfach 759, D-14476 Golm

PD Dr. Dietmar Sturzbecher
Geschäftsführender Direktor des Instituts für angewandte Familien-, Kindheits- und Jugendforschung e.V. (IFK) an der Universität Potsdam
Burgwall 15, D-16727 Vehlefanz

Verlag

Empirische Pädagogik e. V.
Friedrich-Ebert-Straße 12
D-76829 Landau
FON ++49-6341-906-266
FAX ++49-6341-906-200
MAIL info@vep-landau.de
WEB www.vep-landau.de

Layout & Umschlaggestaltung

Harald Baron

Druck

DIFO Bamberg

Zitiervorschlag

Giest, H. (2002). *Entwicklungsfaktor Unterricht. Empirische Untersuchungen zum Verhältnis von Unterricht und Entwicklung in der Grundschule. Dargestellt am Beispiel des Heimatkunde- und Sachkundeunterrichts.* (Potsdamer Berichte Bd. 7). Landau: Verlag Empirische Pädagogik.

ISBN 3-933967-68-6

Alle Rechte, insbesondere das Recht der Vervielfältigung und Verbreitung sowie der Übersetzung, werden vorbehalten. Kein Teil des Werkes darf in irgendeiner Form (durch Fotografie, Mikrofilm oder ein anderes Verfahren) ohne schriftliche Genehmigung des Verlages reproduziert oder unter Verwendung elektronischer Systeme verbreitet werden.

© Verlag Empirische Pädagogik, Landau 2002

Hartmut Giest

VORWORT

Der Fortschritt der Menschheit ist eng mit der Wissensentwicklung verbunden. Das Wissen wächst ständig und mit steigender Geschwindigkeit im Verlaufe der Geschichte an. Bei der Erweiterung des Wissens baut jede Generation auf dem der vorigen auf. Die Weitergabe des Wissens von einer zur anderen Generation (Lehren und Lernen) ist demzufolge eine wichtige Voraussetzung für den Wissensfortschritt.

In Hochkulturen übernimmt die Schule diese Aufgabe. Lehren wird zur Profession und Lernen zu einer gesellschaftlich hoch sanktionierten Aufgabe. Unterricht, d. h. die institutionalisiert organisierte und auf die Aneignung von menschlicher Kultur gerichtete Wechselwirkung von Lernen und Lehren, bildet das Zentrum des schulischen Lebens der Kinder und im Idealfall auch ihrer Lehrer.

Das Ziel unserer Forschungen besteht darin, einen Beitrag zur Erhöhung der Qualität von Unterricht im Sinne eines effizienten Wissenstransfers zwischen den Generationen und im Hinblick auf seine entwicklungsfördernde Wirkung zu leisten.

Ausgehend von der Tatsache, dass der Wissenstransfer an die Aktivität auf Seiten der Lernenden (Lernen als aktiver Prozess der Wissenskonstruktion) aber auch der Lehrenden (Lehrtätigkeit) gebunden ist, konzentrierten wir unsere Untersuchungen auf die Interaktion zwischen Lernen und Lehren im Unterricht. Nur im Rahmen dieser Interaktion können sowohl Lehrer als auch Schüler gleichzeitig (wechselwirkend in gemeinsamer Tätigkeit) Subjekte ihrer eigenen Tätigkeit, also aktiv sein. Und nur in der Interaktion können sie als solche untersucht werden und kann der Unterricht selbst als wirkungsvolle Bedingung und Resultat ihrer Aktivität in den Fokus der Forschung rücken.

Im vorliegenden Band werden ausgehend von der Darstellung einiger Grundthesen zum Verhältnis von Entwicklung und Unterricht verschiedene Unterrichtsstrategien, die je unterschiedliche Art und Weise der Interaktion (Wechselwirkung) zwischen Lernen und Lehren, diskutiert und im Hinblick auf ihre Wirkungen auf Lernergebnisse und die vor allem kognitive Entwicklung der Kinder untersucht. Hierzu wurden z. T. in anderen Zusammenhängen publizierte Studien neu bearbeitet und durch einige weitere, bisher nicht veröffentlichte Arbeiten ergänzt.

Insgesamt wird zu zeigen sein, wie in der Vergangenheit (DDR) und in der Gegenwart in vor allem Brandenburger Schulen versucht wurde bzw. wird, die Aufgabe eines effizienten Wissenstransfers und einer wirkungsvollen Entwicklungsförderung im Unterricht zu realisieren. Unsere Untersuchungen belegen jedoch, dass es gerade bei diesen beiden Aufgaben noch erhebliche, zum Teil anwachsende Probleme zu bewältigen gibt. Dies stiftet ein wirksames Motiv, die Bemühungen zu verstärken, nach neuen, evtl. besseren Unterrichtsstrategien zu suchen, die in der Lage sind, jene in der Vergangenheit und Gegenwart im Unterricht zu beobachtenden Probleme einer Lösung zuzuführen.

Wir meinen, in der Unterrichtsstrategie des „Entwicklungsfördernden Unterrichts" Ansätze dafür gefunden zu haben, bei der Lösung der Probleme des effizienten Wissenstransfers und einer wirkungsvollen Entwicklungsförderung im Unterricht voranzukommen. Diese Unterrichtsstrategie wird diskutiert und ihre Effizienz anhand einiger Untersuchungsdaten wahrscheinlich gemacht. Darüber hinaus soll in diesem Kontext anhand einer Reihe von Untersuchungen ausführlicher auf Probleme der Evaluation des Unterrichts eingegangen werden.

Wenngleich sich alle hier dargestellten Untersuchungen vor allem auf den Heimatkunde- bzw. Sachunterricht beziehen, sind ihre Ergebnisse insofern weit reichender, als sie auch bemüht sind, generelle, vom Unterrichtsfach unabhängige, Tendenzen des Unterrichts, des Lernens und Lehrens und ihrer Wechselwirkung zu erfassen.

Neben der eben gekennzeichneten Aufgabe geht es uns ferner darum, einen spezifischen Beitrag zur Lehr-Lernforschung zu leisten. Dies geschieht aus didaktischer Sicht. Was bedeutet dies angesichts der Tatsache, dass gegenwärtig Lehr-Lernforschung vor allem aus der Perspektive der Psychologie heraus betrieben wird (vgl. die Bilanz der Lehr-Lernforschung in den 90er Jahren, nachzulesen in Unterrichtswissenschaft 2000)? Unsere Fragestellungen und der Verwertungsrahmen der Untersuchungsergebnisse sind fachdidaktisch determiniert. Die angewandten Methoden entstammen vor allem der an psychologischer Forschung orientierten Lehr-Lernforschung. Da man von einem mehr oder weniger stringenten Zusammenhang zwischen Fragestellung, Verwertungsrahmen (den verfolgten Intentionen) und den angewandten Methoden ausgehen muss, entsteht folgendes konkrete Problem: Aus Sicht der etablierten Lehr-Lernforschung kann trotz aller eigenen Defizite (Weinert 2001) unsere Forschung als zu wenig ertragreich bewertet werden. Dies vor allem deshalb, weil sie zu wenig stringent dem empirisch-analytischen Paradigma folgt und einige der entsprechenden Qualitätskriterien nicht voll erfüllt. Andererseits kann von Seiten der Fachdidaktik kritisiert werden, dass eine solche Forschung zu stark grundlagenorientiert ist und zu wenig direkt mit Blick auf Schule und Unterricht praktisch verwendbare Ergebnisse zeitigt. Bezüglich dieser und ähnlicher Argumente sei angemerkt, dass es weder der etablierten Lehr-Lernforschung noch der fachdidaktischen Forschung (wenn es sie denn in nennenswertem Umfang überhaupt gibt – Helmke, Hornstein & Terhart 2000, Holzbrecher 2001, Sander 1999[1]) gelungen ist, wesentliche praktische Probleme von Schule und Unterricht zu lösen (Weinert & de Corte 1990[2], de Corte 2000).

Mit Blick auf die Überwindung der tiefen Kluft zwischen empirischer Unterrichtsforschung und der Praxis des Unterrichts (wie sie nicht zuletzt auch die Allgemeine Didaktik und Fachdidaktik beklagen) sollten Kompromisse eingegangen werden, die im Sinne einer psychologischen Didaktik Forschungen gestatten, die Pfeiler darstellen, auf denen eine Brücke zwischen pädagogischer Theorie und Praxis errichtet werden kann. Dies ist ganz dezidiert unsere Absicht.

Wir sind uns dabei der mit Blick auf die üblichen Standards empirisch-analytischer Forschung betreffenden gewissen Unschärfe unserer Untersuchungen bewusst und haben dies auch ganz bewusst in Kauf genommen, um Ergebnisse zu erzielen, die mit Blick auf die Praxis des Unterrichts und der Schule direkter (im Sinne einer handlungsorientierenden Funktion) verwertbar sind und zugleich die fachdidaktische Diskussion stimulieren können.

Der geneigte Leser sollte in dem hier noch in bescheidenen Ansätzen praktizierten komplexen Herangehen an Lernen und Unterricht auch ein Stück Eigenständigkeit des Forschungsansatzes erkennen. Dieser besteht vor allem darin, in gesicherten empirisch-analytisch gewonnenen Daten nicht den Endpunkt einer Forschung zu sehen, die dann gestattet, Unterricht und Lernen konstatierend zu beschreiben, sondern vor allem darauf gerichtet ist, Unterricht und Lernen in ihrer Wechselwirkung zu erforschen, indem Entwicklungsprozesse beim Lernenden durch Unterricht bewusst erzeugt, stimuliert, über Unterricht vermittelt bzw. „ausgebildet" werden.

Hartmut Giest

---

[1] Ludwig Ecklinger (Bundesvorsitzender des VBE) zitiert in Grundschule 3, 2001, S. 7.: „In der Lehrerbildung müssen endlich Nägel mit Köpfen gemacht werden. ... TIMSS hat die Schwachstellen der Lehrerbildung in allen drei Phasen deutlich gemacht. Es rächt sich, dass Didaktik und Fachdidaktik in der Lehrerbildung als Stiefkind behandelt und Forschungsdefizite hingenommen werden."
[2] „After 100 years of systematic research in the fields of education and educational psychology, there is, in the early 1990s, still no agreement about wether, how, and under which conditions research can improve educational practice." (Weinert & de Corte 1996, S. 43).

INHALT

Erster Teil: Wissenstransfer und Entwicklungsförderung als Aufgaben der Schule und des Unterrichts

1. Zur Einordnung der Untersuchungen in aktuelle Bildungsaufgaben und Ergebnisse der empirischen Unterrichtsforschung 3
   1.1. Problemlage 3
   1.2. Zum aktuellen Bildungsverständnis 4
      1.2.1. Welche Bildung brauchen wir? 4
      1.2.2. Aufgabe der Grundbildung 7
      1.2.3. Welcher Wissensbegriff liegt dem zu Grunde? 8
      1.2.4. Welche Folgerungen ergeben sich für das Lernen? 9
      1.2.5. Folgerungen für den Unterricht 11
   1.3. Entwicklungsförderung im Unterricht und ihre entwicklungspsychologischen Prämissen 12
      1.3.1. Entwicklungspsychologische Prämissen der Untersuchungen 12
      1.3.2. Erkenntnisse zum Zusammenhang zwischen Entwicklungsförderung und Unterricht 14
   1.4. Untersuchungen zur Entwicklungsförderung im Unterricht 16
      1.4.1. Aufgaben und Ziele 16
      1.4.2. Unterricht und Kognition 17

2. Zusammenfassende Darstellung der Ergebnisse der empirischen Erhebungen zum Lernen und Lehren in der Grundschule 21
   2.1. Unterrichtsstrategien im Grundschulunterricht 21
      2.1.1. Die Unterrichtsstrategie des dominanten Lehrens (direkte Instruktion) 21
      2.1.2. Die Unterrichtsstrategie des dominanten Lernens (indirekte Instruktion) 21
      2.1.3. Die Unterrichtsstrategie des entwicklungsfördernden Unterrichts 23
   2.2. Anlage der empirischen Untersuchungen 25
   2.3. Ausgewählte Ergebnisse des Vergleichs verschiedener Unterrichtsstrategien bezüglich der Besonderheiten der Tätigkeit von Lehrern und Schülern 28
      2.3.1. Heimatkundeunterricht in der DDR (direkte Instruktion) 28
      2.3.2. Sachunterricht in Brandenburg / Berlin (1992-1996) 30
      2.3.3. Lernergebnisse der Kinder im Vergleich verschiedener Unterrichtsstrategien 36
   2.4. Folgerungen 43

Zweiter Teil: Evaluation im Sachunterricht

3. Von der Heimatkunde zum Sachunterricht 45
   3.1. Vorbemerkung 45
   3.2. Die Entwicklung des Heimatkundeunterrichts
        in der DDR (1951-1990) 46
   3.3. Evaluation des Heimatkundeunterrichts 51

4. Lehrerbefragung zu Grundschule und Unterricht 57
   4.1. Ziel, Fragestellung und Methoden der empirischen Untersuchung 57
   4.2. Ergebnisse 59
      4.2.1. Fragen zum Grundkonzept des Unterrichts in der Grundschule .. 59
      4.2.2. Fragen zur Planung des Unterrichts 63
      4.2.3. Fragen zum eigenen Unterricht 68
      4.2.4. Befragung der Schüler zur „Offenheit des Unterrichts" 71
   4.3. Schlussfolgerungen 73

5. Unterrichtsbeobachtung (Handlungsorientierung im Unterricht) 77
   5.1. Anliegen der Untersuchung 77
   5.2. Fragestellung und Methode der Untersuchung 78
   5.3. Ergebnisse 82
   5.4. Folgerungen 89

6. Lernergebnisse 91
   6.1. Kenntniserwerb 91
      6.1.1. Ziele, Fragestellung und Arbeitsstandpunkte der Untersuchung . 91
      6.1.2. Ergebnisse 93
      6.1.3. Folgerungen 106
   6.2. Zur Entwicklung des begrifflichen Denkens im Grundschulalter 107
      6.2.1. Theorie und Fragestellung 107
      6.2.2. Methode 111
      6.2.3. Ergebnisse 113
      6.2.4. Diskussion 126
   6.3. Problemlösen 129
      6.3.1. Anliegen der Untersuchung 129
      6.3.2. Fragestellung und Arbeitshypothesen 130
      6.3.3. Untersuchungsmethode 131
      6.3.4. Ausgewählte Ergebnisse der Untersuchung 135
      6.3.5. Zusammenfassung 152

7. Literatur 155

Erster Teil: Wissenstransfer und Entwicklungsförderung als Aufgaben der Schule und des Unterrichts

1. Zur Einordnung der Untersuchungen in aktuelle Bildungsaufgaben und Ergebnisse der empirischen Unterrichtsforschung

1.1. Problemlage

Schule, auch Grundschule gerät gesellschaftlich unter Druck! Als Belege dieser These mögen dienen:

- die Kritik, dass zu wenig in der Schule gelernt wird und die Forderung zur Abkehr von der Kuscheleckenpädagogik (Roman Herzog, Altbundespräsident),

- Mahnungen zum Gegensteuern nach Jahren der Entwicklung neuer Lernformen, wobei dabei mehr oder weniger die Bemühungen um den offenen Unterricht im Visier sind,

- TIMSS und PISA (Third International Mathematics and Science Study – Baumert & Lehmann 1997), welche für Deutschland nur einen Platz im Mittelfeld bzw. noch darunter erbrachten – eine Blamage für das Land der Dichter und Denker!? (Im Gefolge sind unterschiedliche Initiativen zur Förderung des mathematisch- naturwissenschaftlichen Unterrichts (BLK 1997) und zur Evaluation des Unterrichts auch an Brandenburger Schulen gestartet worden – vgl. v. Ackeren & Klemm 2000),

- die Diskussion um pro und contra der Einheitsschule (Walkling & Susteck 2001), „Schnellläuferklassen" im Zusammenhang mit der Verkürzung der Schulzeit bis zum Abitur, OECD – Studien, die Lesedefizite belegen – und angesichts leerer Kassen ein ungehemmter Drang nach Wirkungsevaluation und Leistungsmessung (Helmke 2001), wobei vergessen wird, dass Evaluation allein noch kein Problem löst.

- Peter Heyer (Grundschulpädagoge in Berlin) wies jüngst darauf hin, dass zu lange nur der Ausgleich im Blick der pädagogischen Arbeit in der Grundschule war und die Förderung von Begabungen zu wenig betont wurde (vgl. hierzu Brügelmann 1998a).

- Die jüngsten Tendenzen in Brandenburg und Berlin, die 6-jährige Grundschule durch einen frühen Zugang zum Gymnasium auszuhöhlen, sind ein weiteres Steinchen im Mosaik der Kritik an der fehlenden Entwicklungsförderung in der Grundschule. Denn hinter der Kritik an zu geringer Förderung von Begabungen verbirgt sich das allgemeinere Problem der Entwicklungsförderung. Dabei verschleiert wohl die Ausgliederung der höher begabten Kinder aus der Grundschule nur das Problem, denn es wird ja auch hier weniger aktiv pädagogisch gefördert, sondern nur auf unterschiedliche Entwicklungsresultate durch äußere Differenzierung reagiert.

Staatliche Signale, nicht nur in Brandenburg, die Lehrer unter Hinweis auf leere Kassen durch die Verpflichtung zur Mehrarbeit nun noch unter zusätzlichen Druck zu setzen, dürften das Ziel der Verbesserung der Qualität von Schule und Unterricht verfehlen. Leider trifft eben auch für das Land Brandenburg zu, was Lauterbach (1997, S. 11) in folgende Worte kleidet: „Die Einsicht, dass der größte Finanzskandal jeder Volkswirtschaft im Verzicht auf die Frühförderung ihrer Menschen liegt, hat sich bis heute nicht überall durchgesetzt."

Was steht aber hinter dem Druck, dem die Schule ausgesetzt ist? Wie ist darauf zu reagieren? Diese Fragen müssten gründlich analysiert werden, wozu an dieser Stelle nicht der Raum ist. Ich möchte hier ausschließlich auf einige Schwerpunkte der pädagogischen Arbeit im Unterricht aufmerksam machen, von deren Beachtung eine qualitative Verbesserung von Schule und Unterricht m. E. maßgeblich abhängt: Es geht um die *Entwicklungsförderung als Aufgabe der Schule und des Unterrichts!*

Bevor ich jedoch diese Frage konkret angehen kann, müssen einige Rahmenbedingungen diskutiert werden, die mit dem zu Grunde gelegten *Bildungsverständnis*, der *Aufgabe der Grundbildung*, dem *Wissens- und Lernbegriff* und dem Verständnis von *Unterricht* und *Unterrichtsqualität* zusammenhängen. Dabei sollen aktuelle empirische Untersuchungen zur Unterrichtsqualität Berücksichtigung finden und eine Einordnung der eigenen Untersuchungen in den Strang der empirischen Unterrichtsforschung ermöglichen.

1.2. Zum aktuellen Bildungsverständnis

1.2.1. Welche Bildung brauchen wir?

Dies ist eine Frage, die sich nicht nur, aber vor allem auf den Aspekt des Wissenstransfers bezieht. Der Wissenstransfer innerhalb einer Gesellschaft ist eine wichtige Bedingung ihrer Entwicklung und eng an Medien (die Mittel der gesellschaftlichen Kommunikation) gebunden. Ende des 20. Jahrhunderts verzeichnen wir eine dritte mediale Revolution (Vollbrecht 2001). Nicht nur in technischer Hinsicht verändern Computer, Internet und Multimedia unsere Gesellschaft. Was im 19. Jahrhundert die Dampfmaschine bewirkte, leisten heute in verstärktem Maße moderne Medien (Informations- und Kommunikationstechnologie). Aus der Industriegesellschaft ist eine Informationsgesellschaft geworden. Informationen sind allgegenwärtig und global verfügbar. Damit ist auf der einen Seite die Tendenz der Demokratisierung (freier Zugang zu Informationen für alle), auf der anderen jedoch die der Gefahr der Manipulation verbunden. (Wer kann die Informationen bezüglich ihres Wahrheitsgehaltes, wenn es denn so etwas gibt, überprüfen und wer kann sich überhaupt noch in der Flut an Informationen orientieren?) Deshalb bedarf es mehr denn je einer Bildung, die darauf gerichtet ist, Informationen in Wissen und mehr noch in „Gebildet sein" zu transformieren. Insofern greift die oben genutzte Kennzeichnung der Gesellschaft als Informationsgesellschaft zu kurz und muss präzisiert werden in Wissensgesellschaft oder Bildungsgesellschaft (BLK 1998, Höfling & Mandl 1997, UNESCO 1998). Nicht das Verfügen von Informationen und Wissen, sondern die Fähigkeit, produktiv und kreativ mit Informationen und Wissen umgehen zu können – Wissensmanagement (Reinmann & Mandl 2001) – wird zum vorrangigen Erfordernis von Bildung und Kennzeichen für „Gebildet sein".

Im BLK-Papier „Gutachten zur Vorbereitung des Programms ‚Steigerung der Effizienz des mathematisch-naturwissenschaftlichen Unterrichts'" (BLK 1997) wird unsere Gesellschaft als beschleunigt sich entwickelnde Wissensgesellschaft charakterisiert. Daraus erwächst für die Schule die Aufgabe, Lernprozesse und insbesondere Prozesse der Wissensaneignung und Wissensnutzung effektiver zu gestalten, was sie allerdings nicht davon entbindet, Lernen in sinnstiftenden Kontexten zu arrangieren.

Dieses Lernen muss darauf gerichtet sein:

a) unter einem mehr aktualgenetischen Aspekt das Verständnis der Gesellschaft bei den Lernenden zu entwickeln (Diese sollen lernen, die Welt der Gegenwart zu ordnen, Zusammenhänge zu verstehen und die eigene Identität zu erarbeiten.).

b) Bildung muss aber auch einen perspektiv-genetischen Aspekt berücksichtigen, indem sie auf zukünftige, unbestimmte Lernsituationen auszurichten ist.

Da diese zukünftigen Anforderungen weitgehend unbestimmt, nicht aus heutiger Perspektive vorhersehbar sind, ist ein Wechsel der Bildungsmodelle notwendig.

Weinert (zitiert in BLK 1997, vgl. auch Weinert & Schrader 1997) beschreibt das alte Modell als „statisches Modell der Bevorratung von Bildung". Im Rahmen dieses Modells kommt der Schule die Aufgabe zu, jenes Wissen der jungen Generation zu vermitteln, welches der Erwachsene anwendet und folglich die Heranwachsenden später anzuwenden haben. Bildungserwerb erfolgt in gewisser Weise als Bevorratung von Wissen (Vorratsmodell). Selbst Konzepte der Schlüsselqualifikationen (vgl. Klafki 1993b) sind hier zuzuordnen! Sie gehen davon aus, dass prinzipiell absehbar ist, welches Wissen der zukünftige Erwachsene benötigt, um die Anforderungen des perspektivischen Lebens zu meistern. Sicher stiften die zu lösenden Menschheitsfragen einen relativ stabilen Rahmen an Problemstellungen. Allein das Wissen, mit dem diese gelöst werden können, steht uns heute nicht zur Verfügung, auch wissen wir nicht, wie sich die Lösungsbedingungen dieser Probleme verändern. Aus diesem Dilemma leiten einige Erziehungswissenschaftler die Ursache eines Generationskonflikts ab: Die Erwachsenengeneration verfügt gegenwärtig nicht über das Wissen, die grundlegenden Menschheitsprobleme nachhaltig lösen zu können. Welche Motivation sollte die nachwachsende Generation entwickeln, das verfügbare Wissen der Menschheit sich anzueignen, wenn es nicht tauglich ist, die Zukunft zu bewältigen (Krise des Wissens – vgl. Rückriem 1994a)? Sicher ist dies eine etwas provokante, aber keineswegs absurde Position. Plausibler erscheint jedoch die Vorstellung nicht vorhersehbarer und sich dynamisch verändernder beruflicher Anforderungen, einer Situation, bei der kein Mensch mehr davon ausgehen kann, einen Beruf (und die damit verbundene Tätigkeitsschablone) für das ganze Arbeitsleben ausüben zu können. Viel wahrscheinlicher ist der Wechsel in neue Tätigkeitsschablonen und das dafür laufend notwendige Neu- und Umlernen, eben lebenslanges Lernen, eine berufsbegleitende permanente Neu-, Um- oder Weiterqualifikation.

Deshalb bezeichnet Weinert (zitiert in BLK 1997) das neue Modell als „dynamisches Modell der kontinuierlichen Erneuerung und Ergänzung von Bildung". Darunter ist zu verstehen, dass im Erwachsenenalter auf der Basis eines soliden Wissensfundaments kontinuierlich neue Kenntnisse und Fähigkeiten erworben werden, die entsprechend ständig veränderter Anforderungen nötig sind. In diesem Zusammenhang ist besonders der Erwerb (kognitiver und motivationaler) Voraussetzungen für erfolgreiches Weiterlernen bedeutsam.

Mit diesem Modell wird jedoch nicht die Debatte um eine veränderte Schwerpunktsetzung zwischen materialer und formaler Bildung (wie sie u. a. schon bei Harnisch und Diesterweg zu finden ist) aufgewärmt. Nach dem aktuellen Stand der Kognitionsforschung und Lern- und Lehrforschung kann es keine Alternative zwischen dem Lernen WIE (formale Bildung) und dem Lernen WAS (materiale Bildung) geben: Denn kognitive Entwicklung und Lernen erfolgen kontextabhängig, domänenspezifisch. Es stimmt eben nicht, dass es nicht so wichtig ist, was man lernt, sondern wie man lernt: WAS und WIE des Lernens hängen untrennbar zusammen, materiale und formale Bildung bilden eine Einheit, Inhalte und Methoden der Bildung sind zwei Seiten *einer* Medaille (vgl. hierzu auch Klafki 1993a).

Auch eine nihilistische Position bezüglich des Wissenstransfers zwischen den Generationen ist mit diesem Modell nicht verbunden. Aus der Tatsache, dass wir heute wenig Kenntnis darüber haben, was unsere Kinder und Enkel morgen und übermorgen konkret wissen und können müssen, um den Anforderungen an die Gestaltung der zukünftigen Gesellschaft gerecht zu werden, folgt keinesfalls, dass das Wissen der älteren Generationen generell nutz- und wertlos wird. Im Gegenteil: die Verfügbarkeit dieser Wissensbasis muss prinzipiell erhöht werden, damit sie im Falle sich neu entwickelnder Anforderungen genutzt werden kann. Andernfalls läuft man Gefahr, dass jede Generation ihr Fahrrad, vielleicht stets etwas anders, aber immer neu erfindet.

1.2.2. Aufgabe der Grundbildung

Allgemein- oder Grundbildung hat heute die Aufgabe, jene Basisqualifikationen zu vermitteln, die für eine verständige und reflektierbare Teilhabe am gesellschaftlichen und öffentlichen Leben angesichts von Normdissens und vielfältigen Traditionen und Kulturen unentbehrlich sind und das Wissensfundament zu legen, von dem Weiterlernen mit einiger Aussicht auf Erfolg ausgehen kann (BLK 1997, S. 11, vgl. hierzu auch UNESCO 1998).

Schwerpunkte dieser Basisqualifikationen sind:

- die sichere Beherrschung der kulturellen Basiswerkzeuge (Muttersprache, Mathematik, Fremdsprache) – hier ist besonders die Grundschule in die Pflicht zu nehmen, dennoch ist dies auch eine Aufgabe der gesamten Schule,
- ein hinreichend breites, in sich gut organisiertes und vernetztes Orientierungswissen in zentralen Wissensdomänen (Zu unterscheiden sind der mathematische, sprachlich-kommunikative, naturwissenschaftlich-technische, ästhetisch-expressive, historisch-gesellschaftliche, religiös-konstitutive Bereich – hier geht es vor allem um Ausgewogenheit, die nicht in erster Linie durch die Stundentafel zu erreichen ist. Vielmehr sind die Probleme fächerübergreifenden Unterrichts, integrativen Unterrichts und die durchgängige Beachtung und Umsetzung von Unterrichtsprinzipien angesprochen.),
- Fähigkeiten der Selbstorganisation und Selbstregulation des Lernens (Hierbei geht es um die Motivation, ständig weiterzulernen, die Entwicklung des

Lernwillens, der Lernfreude mit Blick auf die Perspektive, das Lernen zu lernen, lebenslang zu lernen.),

- die Aneignung sozial-kognitiver und sozialer Kompetenz zur Mitgestaltung sozialer Situationen (In diesem Zusammenhang sind die Fähigkeit und Bereitschaft zum Perspektivwechsel, Mitempfinden, zur Hilfsbereitschaft, Kooperationsfähigkeit, Verantwortungsbereitschaft, moralischen Urteilsfähigkeit von fundamentaler Bedeutung.).

1.2.3. Welcher Wissensbegriff liegt dem zu Grunde?

Wissen (als individuelle psychische Tatsache – Kenntnisse) bezieht sich auf

- Wissen über Fakten und Zusammenhänge,
- das Verständnis von Konzepten, Modellen, Theorien,
- methodologisches und methodisches Wissen,
- Wissen über das eigene Handeln, Denken, Lernen.

Wissen verbindet daher hier

- konzeptuelles, kategoriales[3] (begriffliches) oder auch deklaratives Wissen (WAS – Aspekt der materialen Bildung),
- prozedurales (methodisches) Wissen (WIE – Aspekt der formalen Bildung),
- metakognitives (reflexives) Wissen (WARUM und WIE lerne ich – Aspekt der personalen Bildung).

Wenn also das Problem der Kognition, kognitiver Entwicklung angesprochen ist, so schließt dies alle drei Aspekte menschlichen Wissens (WAS, WIE, WARUM) ein und bildet so die Basis für die Entfaltung von (personaler) Kompetenz. Eine mitunter im Kontext reformpädagogisch beeinflusster Diskussionen geäußerte Kritik an der einseitigen *kognitiven* Orientierung des traditionellen (eben nicht reformpädagogisch orientierten) Unterrichts greift hier allerdings zu kurz. Kognition im angesprochenen Sinne ist notwendigerweise eher ganzheitlich, auf die Entfaltung der gesamten Persönlichkeit gerichtet. Denn die Entfaltung der gesamten Persönlichkeit ist eine notwendige Bedingung der kognitiven Entwicklung: Kognition entfaltet sich nur im Handeln, in der Tätigkeit und schließt insofern emotionale, motivationale, volitive und andere (auch kinästhetische, motori-

---

[3] Klafki (1993a) benutzt den Begriff „kategorial" in einem weiteren Kontext im Zusammenhang mit dem Bildungsbegriff im Sinne des Fundamentalen, Klassischen, Elementaren..., d. h. im Hinblick auf eine hohe Erschließungskraft.

sche sowie weitere) Komponenten ein. Aus einer solchen Perspektive heraus ist am traditionellen Unterricht (wenn es ihn denn als fest umschreibbaren Typ des Unterrichts gibt bzw. wenn man darunter einen auf Wissensübermittlung nach dem Prinzip des „Nürnberger Trichters" orientierten Unterricht versteht) vor allem die Einseitigkeit der Orientierung auf das gedächtnismäßige Verfügbarmachen von deklarativem Wissen, nicht aber seine kognitive Orientierung zu kritisieren, denn die fehlt ihm ja gerade.

1.2.4. Welche Folgerungen ergeben sich für das Lernen?

Bildung ist als Lern- und Entwicklungsprozess aufzufassen und zu gestalten (Bildungskommission NRW 1995). Hinter dieser Auffassung steht die Forderung an Schule und Unterricht, den Schülern Lernkompetenz[4] zu vermitteln. Unter Lernkompetenz verstehe ich eine komplexe Persönlichkeitseigenschaft, die darauf gerichtet ist, dem Lernenden zu ermöglichen, sich in einem lebenslangen Lernprozess selbstständig und eigenverantwortlich Bildung anzueignen. Dies ist seit den 60er Jahren eine oft geforderte, dennoch bislang kaum befriedigend gelöste Aufgabe der institutionell organisierten Bildung.

Im Mittelpunkt schulischen Lernens soll die bewusste persönliche Aneignung von Bildung im Prozess reflektierenden Lernens stehen (vgl. Bildungskommission NRW 1995). Um dieses Ziel zu erreichen, müssen weitere Anstrengungen unternommen werden, einen traditionellen Lernbegriff zu überwinden.

„Der traditionelle Lernbegriff geht von einem festen, geschlossenen Wissenskanon und einem auf seine Vermittlung hin organisierten Unterrichtsplan aus. Er ist auf Lernergebnisse im Sinne von Reproduktion überprüfbaren Wissens orientiert und vernachlässigt den Lernprozess selbst, die Entwicklung von Interessen, den Hinzugewinn von anwendungsbezogenem Wissen, die Zunahme von Handlungskompetenz und die Möglichkeit sozialer Erfahrungen" (Bildungskommission NRW 1995, S. 82). Ein neuer Lernbegriff ist dadurch gekennzeichnet, dass statt der „Aneignung und Reproduktion eines geschlossenen Wissenskanons" nun die „Aneignung von Wissen darauf gerichtet werden muss, Identitätsfindung und soziale Erfahrung in der Gesellschaft zu ermöglichen" (Bildungskommission NRW 1995, S. 82)!

Ein Hauptweg diesen Lernbegriff zu überwinden, besteht m. E. in einer stärkeren Konzentration auf die entwicklungsfördernde Funktion von Unterricht. Entwicklungsfördernder Unterricht muss auf die Ausbildung und Entwicklung der Lerntätigkeit, des bewussten und aktiven Lernens aller Kinder gerichtet sein. Per-

---

[4] vgl. zum Kompetenzbegriff auch Helmke (2001).

sönlichkeitsentwicklung vollzieht sich nur in und durch tätige Aktivität und im Schulalter besonders in und durch Lerntätigkeit.

Die Aufgabe des Lehrers als „Experte der Bildung" ist hierbei, seinen Schülern, den „Novizen der Bildung", zu helfen, selbst Expertise zu erwerben. Wohlgemerkt, der Lehrer ist in erster Linie Bildungsexperte, nur in zweiter Linie Experte in irgendeinem Fach. Als Bildungsexperte hat der Lehrer ständig zwischen den Kindern (individuellen Lernvoraussetzungen, Bedürfnissen, Interessen und Erfahrungen [„primären Erfahrungen" – Dewey] – Prinzip der Kindorientierung) und den Bildungsanforderungen, die durch die Gesellschaft, die Lebenswirklichkeit determiniert werden – („sekundäre Erfahrungen" [Dewey] – Prinzip der Sach- bzw. Wissenschaftsorientierung) zu vermitteln. Dabei steht er vor der Aufgabe, einen geeigneten „Modus der Vermittlung" zu suchen. Dieser sollte es erlauben, dass Kinder sich der Bedeutung der Wissenschaft als Mittel, um Realität für sich zu konstituieren (Soostmeyer 1990), bewusst werden. Wissenschaft soll auf diesem Wege kritisch in die eigene Praxis des Lebens aufgenommen werden (vgl. Dingeldey 1992). Dies hat in entwicklungsgerecht abgestuften Graden zu erfolgen. Damit hängt das Spannungsverhältnis zwischen der Wissenschaftsorientiertheit und der Orientierung am Kind untrennbar mit der Frage nach dem Verhältnis zwischen Entwicklung und Unterricht zusammen.

Damit im Zusammenhang verändert sich die Zielgröße schulischer Bildung: Es geht um die Befähigung zum lebenslangen Lernen, zur Entwicklung von Lernkompetenz – als wichtigem Merkmal der Persönlichkeit. Gleichzeitig und damit zusammenhängend muss Bildung als Lern- und Entwicklungsprozess aufgefasst werden! Das aber bedeutet, in Schule und Unterricht nicht in erster Linie die Entwicklung von Wissensbeständen, sondern in höherem Maße die Entwicklung der Persönlichkeit zu betonen. Darin muss die Hauptzielgröße pädagogischen Handelns bestehen. Lernen und Entwicklung bilden eine Einheit! Schule und Unterricht haben die Aufgabe der Entwicklungsförderung über Lernen, nicht nur die der Vermittlung und Aneignung von Lehrplaninhalten aufbauend auf Entwicklungsvoraussetzungen, die das Kind in die Schule mitbringt. Schule und Unterricht sind entscheidende (evtl. die entscheidenden) Entwicklungsbedingungen, die bewusst pädagogisch gestaltet sein wollen. Insofern besteht eine Einheit zwischen Wissenstransfer und Entwicklungsförderung als Aufgabe der Schule und des Unterrichts, die herzustellen, ein besonderes Merkmal der Unterrichtsqualität darstellt.

Hartmut Giest

1.2.5. Folgerungen für den Unterricht

Das Problem der Unterrichtsqualität hat in jüngster Zeit eine besondere Aufmerksamkeit in der Forschung erfahren (vgl. etwa Einsiedler 1997, 1998, Stähling 2000, Helmke, Hornstein & Terhart 2000, Helmke 2000, Keller 2000). Unterrichtsqualität ist nicht nur zu messen an den Lernergebnissen (u. a. im Sinne von Noten) – obwohl hier vor allem bei der Evaluation von Modellprojekten u. a. auch im Land Brandenburg Defizite nicht zu übersehen sind (z. B. PING „Praxis Integrierter Naturwissenschaftlicher Grundbildung" – vgl. Bünder 1999, Bieber 1999), sondern ist *multikriteriell* zu erfassen. Dabei ist wenigstens die pädagogische Förderung folgender Aspekte zu beachten:

- Kognitive Schulleistung
- Lernfreude
- Positive Einstellung zu den Fächern, Lernbereichen
- Interessen
- Positives Selbstkonzept
- Selbstständigkeit

Auch hier wird deutlich, dass die Wirkungen des Unterrichts stärker an der Persönlichkeitsentwicklung der Schüler festzumachen sind. Vor allem folgende Aufgaben sind aus dieser Perspektive mit höchster Priorität zu lösen (vgl. auch UNESCO 1998):

- Die Entwicklungsförderung (d. h. die Förderung der Persönlichkeitsentwicklung aller Kinder) muss im Mittelpunkt der pädagogischen Arbeit im Unterricht stehen.

- Es geht dabei aber auch um die Einheit von Förderung und Ausgleich, um das Erzielen eines möglichst hohen Entwicklungsniveaus für bzw. durch alle Kinder (nicht um Gleichmacherei), um das Arbeiten an Entwicklungsrückständen und -defiziten und gleichzeitig die Förderung von Begabten, ohne diese im Unterricht, was ihre Entwicklung betrifft, zu „parken".

- Die bestmögliche Förderung aller Kinder sollte bei Beachtung der real zu gestaltenden Bedingungen in den Mittelpunkt pädagogischer Bemühungen in Schule und Unterricht rücken. In diesem Zusammenhang sollte über Möglichkeiten, aber auch Wirklichkeiten (das real Machbare) bei den Bemühungen um Integration, die Förderung bei Teilleistungsproblemen, bei Ansätzen fächerübergreifenden Unterrichts, bei der Schulentwicklung usw. kritisch nachgedacht werden, ohne allerdings mit Hinweis auf „knappe Kassen" jede Innovation abzuwürgen (Reformen müssen vor allem von „unten" getragen, sie können nicht einfach von „oben" verordnet werden).

- Entwicklungsförderung ist eine Aufgabe aller Schulstufen und muss durchgängig von der Primarstufe bis zur Sekundarstufe II als Prinzip durchgesetzt werden (Gliedrigkeit der Schule bedeutet nicht Einstufung der Schüler in unterschiedliche Typen der Förderfähigkeit, sondern eine Form der äußeren Differenzierung, die genutzt werden kann, um die Effektivität der Förderung zu erhöhen.) In diesem Zusammenhang sind auch Probleme zu überwinden, die mit einem starren Begabungskonzept zusammenhängen. Die schulische Laufbahn, wenn sie denn nicht ins Gymnasium führt, darf nicht einer Misserfolgskarriere in der Schule gleichkommen, weil in der Öffentlichkeit, bei den Eltern und Schülern eigentlich nur das Gymnasium *die Schule der Wahl* ist, was bedeutet, die Bildungsgänge in den Gesamt- und Realschulen aufzuwerten und die Durchlässigkeit der Bildungsgänge praktisch (nicht nur durch Bestimmungen im Schulgesetz) zu erweitern.

1.3. Entwicklungsförderung im Unterricht und ihre entwicklungspsychologischen Prämissen

1.3.1. Entwicklungspsychologische Prämissen der Untersuchungen

Unter besonderem Bezug auf die Ergebnisse der so genannten SCHOLASTIK-Studie (vgl. Weinert & Helmke 1997a, b) sind einige Prämissen unseres Forschungsansatzes zu skizzieren. Diese beziehen sich vor allem auf die hier behandelten entwicklungspsychologischen Aspekte – eben Möglichkeiten und Grenzen der Entwicklungsförderung im Unterricht. Dabei ist zu betonen, dass ein nicht zu übersehendes Manko vieler pädagogischer und psychologischer Arbeiten im Kontext Schule und Unterricht darin besteht, dass sie ihre Fragestellung ausschließlich auf den zu behandelnden konkreten Fragehorizont entwickeln, ohne den theoretischen Rahmen abzustecken, in welchem dieser gewonnen wurde. Dies führt u. a. zu begrenzten Aussagen, wenn es um die Verwertung der Ergebnisse für die Lösung praktischer Fragen geht. Aus den wissenschaftlichen Fragestellungen, geschuldet u. a. dem engen Theorierahmen, in dem sie gewonnen wurden, erwachsen keine oder zu wenig konkrete Handlungsorientierungen für die Lösung praktisch pädagogischer Fragen. Z. T. wird dies nicht einmal als Aufgabe „wissenschaftlicher" Forschung angesehen. Dies ist u. a. ein Grund für die Diskrepanz zwischen Lehr-, Lern- und Unterrichtsforschung und Unterrichtspraxis (de Corte 2001, Weinert & de Corte 1996). Wir wollen daher an dieser Stelle die wesentlichen theoretischen Prämissen unseres Forschungsansatzes konkret auflisten, um auf diesem Hintergrund seine Anwendungsperspektiven und evtl. auch Grenzen im Hinblick auf praktische Verwertung deutlich werden zu lassen.

Unser Forschungsansatz baut auf folgenden Erkenntnissen zur Entwicklungsförderung in Schule und Unterricht, die in der oben erwähnten SCHOLASTIK-Studie (Weinert & Helmke 1997b) beispielgebend erhellt bzw. bestätigt wurden, auf:

Prämissen:

- Der größte Teil intelligenten Verhaltens ist erworben, nicht angeboren.
- Intelligentes Verhalten kann verändert, angeeignet, zum Gegenstand pädagogischer Intervention gemacht werden.
- Schule und Unterricht sind Hauptfaktoren für die Entwicklung höherer, kultureller psychischer Funktionen – diese sind nicht angeboren, sondern werden über Sozialisation, über die durch Kultur determinierte Lerntätigkeit bzw. Tätigkeit bei der Gestaltung und Teilhabe an menschlicher Kultur erworben.
- Entwicklung verläuft nicht alterskorreliert, sondern individuell (Unterschiede zwischen Individuen sind stets größer als Unterschiede zwischen Klassen, Altersgruppen).
- Entwicklung verläuft nicht generalisiert (kontextunabhängig, wie u. a. von Piaget angenommen in bestimmten Phasenfolgen), sondern domänenspezifisch, kontextabhängig und wenig generalisiert. (Z. B. sind Hochbegabte nie auf allen Gebieten hoch begabt, sondern oft nur auf einer oder wenigen Domänen.)

Daraus folgt:

- Die Schule kann Schulstufen nicht auf alterskorrelierte Entwicklungsbesonderheiten orientieren: Der Schluss, dass beispielsweise in der Primarstufe (weil hier nach Piaget ein konkret-operatorisches Denken angenommen wird) auch in Ansätzen kein wissenschaftliches Denken auszubilden ist und dieses erst in der Sekundarstufe I möglich wird (weil hier formal-operatorisches Denken angenommen werden kann), ist falsch. Wissenschaftlicher Unterricht, die Entwicklung von Komponenten wissenschaftlichen Denkens müssen in der Primarstufe beginnen. Hier nicht den Startpunkt zu legen bedeutet, Entwicklungspotentiale der Kinder zu verschenken, nicht zu nutzen, Persönlichkeitsentwicklung zu behindern.

- Entwicklung ist ein kontinuierlicher Prozess ohne Abschluss (d. h. nicht die Annäherung an einen Endpunkt im Erwachsenenalter), sondern lebenslanger Prozess mit Phasen der Progression und Regression, qualitativen und quantitativen Veränderungen. Von daher ist es Unsinn, den Klassenstufen ein fest umrissenes Entwicklungsniveau für alle Kinder vorzuschreiben, noch ist zu erwarten, dass alle Kinder in Klasse 1 dem Niveau 1 bzw. alle der Klasse 6 dem Niveau 6 usw. entsprechen könnten. Kinder haben individuelle Entwicklungszeiten, wenngleich diese alle einer analogen Entwicklungslogik folgen (daraus entspringt im Übrigen die prinzipielle Möglichkeit der Förderung aller Kinder).

- Entwicklung (zumindest, wenn sie auf höhere menschliche Kultur bezogen wird) ist an die Tätigkeit (Konstruktion) des Lernenden gebunden und verläuft niemals passiv (evtl. endogen oder exogen determiniert). Diese Tätigkeit erfolgt in konkreten, vor allem sozialen Kontexten. Soziale Kommunikation und Kooperation (sozialer Verkehr) sind entscheidende Momente und Bedingungen individueller Entwicklung. Die konkrete, auf bestimmte Anforderungsklassen bezogene Entwicklung vollzieht sich ausgehend von der Zone der aktuellen Leistung zur Zone der nächsten Entwicklung (Wygotski). Bedingung des Erreichens der Zone der nächsten Entwicklung ist individuelle Lerntätigkeit im Rahmen der Kooperation und Kommunikation mit kompetenteren Lernpartnern oder Experten. Für Schule ist diese Bedingung Unterricht resp. geeignete Instruktion.

- Vorkenntnisse, Vorkenntnisdifferenzen determinieren den Lernfortschritt stärker als intellektuelle Fähigkeitsunterschiede – vor allem diese müssen aufgearbeitet werden!

- Hohe Entwicklungseffekte im Unterricht sind durch eine Orientierung an der Leistung, der Förderung der Denkleistung (z. B. durch Problemlösen), der Förderung der Lernmotivation, der Verminderung von Lernangst und der Verbesserung des Lernverhaltens wissenschaftlich belegt.

1.3.2. Erkenntnisse zum Zusammenhang zwischen Entwicklungsförderung und Unterricht

- Lerneffekte des Unterrichts lassen sich besonders deutlich bei spezifischer Kompetenz (Lesen, Schreiben, Rechnen) nachweisen.

- Lerneffekte sind abhängig vom Klassenkontext (Klasseneffekt), der Aufmerksamkeit (Unterrichtsmanagement, Disziplin) und der Lernzeit!

- Individuen unterscheiden sich weniger in Lernwegen, sondern in Lernzeiten (Als Beispiel mag hier dienen, dass der Phasenverlauf des Schriftspracherwerbs bzw. des Erwerbs der Rechenfertigkeiten bei allen Kindern nahezu identisch ist, nur die Verweilzeit der Kinder in den einzelnen Phasen differiert und das z. T. zunehmend stark.).

- Die Kompetenzentwicklung erfolgt domänenspezifisch, Trainingsprogramme allgemein-geistiger Fähigkeiten zeigen wenig Effekte, wenn man erwartet, dass ein hoher Transfer über Domänengrenzen hinaus erfolgt.

- Das Schulversagen als Langzeitphänomen ist besonders bei Kindern der unteren 5% und älteren Grundschuljahre hoch, was auf die Bedeutung der Prophylaxe (frühen Förderung) in der Schuleingangsphase und im Anfangsunterricht und z. T. davor hinweist.

- Es gibt keinen Zuwachs an Lernmotivation, Lernfreude und Selbstvertrauen im Verlauf der Schulzeit: Hohe Lernfreude, gesundes Selbstvertrauen, geringe Versagensängstlichkeit wurden vor allem bei den Kindern im Kindergarten und in Klasse 1 festgestellt. Ab Klasse 2 beginnt eine Abnahme der Lernfreude, des Selbstvertrauens und eine Zunahme an Versagensängstlichkeit bis Klasse 3, welche in den folgenden Schuljahren stabil (ohne Scheren-effekt), aber auf einem relativ niedrigen durchschnittlichen Entwicklungsniveau verbleiben.

- Die Schüler neigen zur Selbstüberschätzung, besitzen ein z. T. sehr unrealistisches Selbstbild ihrer eigenen Fähigkeiten (Jungen mehr als Mädchen). Dies wirkt leistungshemmend. Notwendig ist die Arbeit an einem positiven, aber realistischen Selbstbild.

- Der Lehrer beeinflusst die Leistung und das Selbstkonzept der Kinder *indirekt* über den Klassenkontext. Hierbei sind besonders wirksam: die Betonung fachlicher Inhalte, direkte Instruktion (bei leistungsschwächeren Kindern), individuelle Maßnahmen zur Leistungsegalisierung (Z. B. führten Untersuchungen zur Unterscheidung unterschiedsausgleichenden vs. unterschiedsverstärkenden Unterrichts – Treinies & Einsiedler 1992, 1996 – zu der Erkenntnis, dass unterschiedsausgleichender Unterricht allen Kindern zugute kommt, während im unterschiedsverstärkenden Unterricht nur die leistungsstarken profitieren.).

- Erfolgreicher Unterricht zeichnet sich aus durch:

    a) Klarheit der Instruktion (akademischer Fokus), Klassenführung (Management, Interaktion), Motivierungsqualität,

b) Lehrerqualifikation (Fachwissen, Klassenführungskompetenz, Diagnose- und Instruktionskompetenz).

Mit Blick auf den Lehrer verweisen die Forschungen auf ein Problem: Es gibt hohe Kompensationsmöglichkeiten – d. h. es ist kaum möglich, *die* Merkmale des erfolgreichen Lehrers anzugeben. Vielmehr ist es erforderlich, dass jeder Lehrer seinen individuellen Lehrstil ausprägt, der allerdings ist nicht beliebig.

Von daher ist es kontraproduktiv, ideologisch gefärbte Debatten über das Für oder Wider offenen bzw. geschlossenen Unterrichts zu führen oder bestimmte Lehrmodelle (z. B. aus der didaktischen Wunderwelt – vgl. Terhart 1997) zu propagieren.

1.4 Untersuchungen zur Entwicklungsförderung im Unterricht

1.4.1 Aufgaben und Ziele

Ziel und Aufgabenstellung der hier dargestellten eigenen Untersuchungen ist das Beisteuern eines Beitrages zur Diskussion um die Erhöhung der Effektivität des Unterrichts, vor allem im Hinblick auf seine entwicklungsfördernde Wirkung. Dieser Beitrag erfolgt mit den Zielstellungen und Mitteln der empirischen Unterrichtsforschung und bewegt sich zugleich auf dem theoretischen Hintergrund der psychologischen Didaktik (Aebli 1974, Edelstein 1994, Lompscher 1994).

Zwei Forschungsrichtungen werden hierbei in einen Zusammenhang gebracht: Zum einen handelt es sich um Untersuchungen zur Evaluation des (Sach-)Unterrichts, wobei historisch- bzw. kulturvergleichende Aspekte einbezogen werden. Der Fokus liegt auf der Ausgliederung und empirischen Analyse verschiedener Unterrichtsstrategien. Im Mittelpunkt dieser Analyse stehen mit Blick auf die Unterscheidung von Unterrichtsstrategien relevante Grundauffassungen der Lehrer (und Lehramtsstudenten), die Unterrichtsbeobachtung und die Analyse ausgewählter Lernergebnisse der Schüler.

Zum anderen werden mehr in der Tradition der kognitiven Psychologie die Begriffsbildung und das begriffliche Denken thematisiert. Hier geht es besonders um das Abbilden von Entwicklungsprozessen auf dem Hintergrund des Unterrichts resp. verschiedener Unterrichtsstrategien. Im Fokus dieser Untersuchungen stand vor allem die Kognition (im oben genannten Sinne), die Entwicklung kognitiver Komponenten der Lerntätigkeit.

1.4.2. Unterricht und Kognition

Der Zusammenhang zwischen Unterricht und Kognition erscheint auf den ersten Blick trivial. Unterricht ist durch das Wechselverhältnis zwischen Lernen und Lehren gekennzeichnet. Lehren bedeutete ursprünglich „wissen machen" (gotisch laisjan, althochdeutsch lêre – vgl. Graf & Ronecker 1991, S. 1002). Kognition umfasst vor allem das Wissen, den Wissenserwerb und die Wissensnutzung. Wessells (1994, S. 14) versteht unter Kognition

„die Arten von Informationen, die wir in unserem Gedächtnis haben und die Vorgänge, die sich auf die Aufnahme, das Behalten und Verwenden solcher Informationen beziehen".

Nun reduziert sich zwar nach aktueller Auffassung das Lehren nicht auf das Bewirken des Wissenserwerbs durch den Lernenden, auch nicht, wenn man alle drei oben genannten Aspekte einbezieht. Dennoch besteht eine wichtige Aufgabe des Unterrichts darin, die Kognition der Lernenden zu beeinflussen, zu verändern, zu bewirken. Bei dieser Aufgabe angekommen, verliert sich die zunächst ins Auge springende Trivialität. Eine Reihe von Fragen tun sich auf: Kann durch Unterricht Kognition beim Lernenden beeinflusst, verändert, bewirkt werden? Oder genereller: Wie verläuft die kognitive Entwicklung des Menschen? Wovon ist sie abhängig? Welche Rolle spielt der Unterricht im Hinblick auf die kognitive Entwicklung des Kindes?

In welchem Verhältnis stehen angeborene und erworbene Kognition? Verläuft die kognitive Entwicklung kontinuierlich oder in qualitativen Sprüngen, Phasen? Gibt es entwicklungsbedingte (qualitative) Besonderheiten der Kognition bei Kindern oder handelt es sich eher um (quantitative) Defizite gegenüber der des Erwachsenen (z. B. bedingt durch fehlendes domänenspezifisches Wissen, inadäquate interne Modelle)? Welche Rolle spielen die in der aktuellen Diskussion benutzten Begriffe „misconception" und „conceptual change" im Hinblick auf die kognitive Entwicklung der Kinder (Carey 1984, 1985, Carey & Gelman 1991, Schauble & Glaser 1990, Chi, Slotta & de Leeuw 1994, Vosniadou 1994, Caravita & Hallden 1994, Spada 1994, White 1994, Sodian 1992, Markman 1998, Weinert 1994, West & Pines 1985)? Wie entwickelt sich das begriffliche Denken, welches sind Bedingungen und Faktoren – gegebenenfalls Determinanten – dieser Entwicklung und kann diese bzw. wie kann diese im Unterricht beeinflusst werden (Weinert & Waldmann 1988, Grzesik 1992, Graf 1989, 1995, Berry & Dienes 1993)?

In unserem Forschungsansatz gehen wir davon aus, den Unterricht als eine wesentliche Bedingung für die Begriffsbildung, den Begriffserwerb und die Entwicklung des begrifflichen Denkens anzusehen. Diese Annahme ist nur sinnvoll, wenn höhere, in der Kultur wurzelnde Prozesse des begrifflichen Denkens in den Mittelpunkt der Untersuchungen rücken. Schule und Unterricht sind eine wichtige Bedingung und bedeutende Bestandteile höherer menschlicher Kultur. Diese wiederum ist als Ursache für die höheren psychischen Funktionen anzusehen. Und eben diese sind es, die im Falle des Unterrichts, aus dem Blickwinkel des didaktischen Fragehorizonts, von Interesse sind: die Entwicklung wissenschaftlichen (theoretischen) Denkens, der Übergang vom kindlichen Alltagshandeln und -denken zum erkenntnisgeleiteten und reflektierten Handeln und (selbst-)bewussten Denken. Nach wie vor ist nicht geklärt, welchen Anteil schulischer Unterricht an der Denkentwicklung der Kinder hat bzw. unter (welchen) geeigneten Bedingungen haben kann: determiniert er diese oder ist er nur als moderierender Faktor einer von Unterricht relativ unabhängigen Entwicklung psychischer Operationsmodi anzusehen (vgl. Jüngst 1992 zur Bedeutung Piaget's Entwicklungsphasen geistiger Operationen als Interpretationsmuster für Lernprozesse und -ergebnisse im Unterricht); bestimmen (aus konstruktivistischer Perspektive) ausschließlich die Lernvoraussetzungen der Kinder, was diese im Unterricht zu lernen vermögen oder ist die Lerntätigkeit der Kinder „ausbildbar"; welche Rolle spielt der Lehrer im Hinblick auf die kognitive Entwicklung der Kinder und wie muss ein entwicklungsfördernder Unterricht aussehen, der ein pädagogisches Einfädeln in die Entwicklungsdynamik des Kindes und gleichzeitig diesem die Gewährleistung optimaler Lernaktivität gestattet (vgl. auch Popp 1994, Meiers 1989)?

Auf dem Hintergrund der Mehrzahl entwicklungs- und kognitionspsychologischer Arbeiten lassen sich diese, also Fragen, welche für Fachdidaktik interessant sind, nicht beantworten. Berck (1986, zitiert bei Graf 1998, S. 49) führt dazu aus:

„Zusammenfassend kann festgestellt werden, dass sich aus den unterschiedlichen Arbeiten so gut wie keine Ergebnisse gewinnen lassen, die darauf hinweisen, dass die entwicklungs- und lernpsychologischen Erkenntnisse unmittelbaren Einfluss auf die Auswahl von Stoffen für den Biologieunterricht in der Primarstufe bei diesen Autoren hatte. Es lassen sich vor allem keine Kenntnisse gewinnen, mit deren Hilfe man etwa solche Auswahl vornehmen könnte."

Wir fragten in unseren Untersuchungen vor allem nach der Entwicklung von Komponenten wissenschaftlichen Denkens, wissenschaftlicher Begriffe im Denken der Kinder. Wenn hier von wissenschaftlichem Denken die Rede ist, so ist dies durch Anforderungen des systematischen Erkennens der Wirklichkeit (Erkenntnistätigkeit) gekennzeichnet und lässt sich klar von der Bewältigung von Alltagsanforderungen abgrenzen. Auf der Theorieebene ist wissenschaftliches

Denken durch theoretische Verallgemeinerung (Verallgemeinerung innerer, wesentlicher Eigenschaften – z. B. Inhalt, Umfang, Struktur, Veränderung – Bewegung, Entwicklung), menschliche Vernunft im Gegensatz zum „gesunden Menschenverstand", durch Anwendung objektiver, exakter Erkenntnismethoden (replizierbare wissenschaftliche Methoden wie z. B. Beobachtung, Messung, Experiment – mathematisch-logisches Kalkül u. a.) und das Ziel des Gewinnens von Aussagen, Gesetzen, „scharfen" Begriffen (z. B. Definitionen) gekennzeichnet. Die zugehörige Empirieebene charakterisieren (z. T. fachlich abstraktiv isolierte, „gesäuberte", „reine") Erscheinungen / Phänomene der Wirklichkeit, die weitgehend losgelöst vom Alltagskontext betrachtet werden. Wissenschaftliches Denken zeichnet sich nach Peyer & Künzli (1999) durch Normierung (der Begriffe), Einbettung in einen theoretischen Zusammenhang (damit verbundene Begrenztheit), Begründungspflicht und Metakognition sowie theoretische Reflexion aus.

Es wird deutlich, dass eine solche Entwicklung, ein Übergang, eine Hinwendung zum wissenschaftlichen Denken kaum aus dem Alltag der Kinder stimuliert werden kann und dass hier Unterricht ein entscheidendes Aufgabenfeld zu besetzen hat. Da aber ebenso unstrittig sein dürfte, dass – wieder eine konstruktivistische Perspektive vorausgesetzt – die kindlichen Lernvoraussetzungen (die erreichte Zone der aktuellen Leistung) wesentlich bestimmen, was Kinder und wie Kinder lernen, ist deren Erforschung Voraussetzung für die Beantwortung von Fragen nach einer konkreten Entwicklungsförderung im Unterricht: Ein pädagogisches Einfädeln in die kindliche Entwicklungsdynamik macht deren Kenntnis zur Voraussetzung. Genau an dieser Stelle setzen unsere Untersuchungen zur kognitiven Entwicklung der Kinder an: Beabsichtigt wird die Analyse der Entwicklung der Begriffsbildung und des begrifflichen Denkens bezogen auf Komponenten wissenschaftlichen Denkens auf dem Hintergrund verschiedener Unterrichtsstrategien und schließlich das Entwickeln und Erproben (im Ausbildungsexperiment im Unterricht) einer mit Blick auf die genannte Zielstellung effektiven Unterrichtsstrategie.

2. Zusammenfassende Darstellung der Ergebnisse der empirischen Erhebungen zum Lernen und Lehren in der Grundschule

2.1. Unterrichtsstrategien im Grundschulunterricht

Unterricht ist durch eine spezifische Art und Weise der pädagogischen Interaktion, der Wechselwirkung zwischen Lehren und Lernen, Lehrer und Lerner gekennzeichnet. Besonderheiten dieser Wechselwirkung charakterisieren verschiedene Unterrichtsstrategien. Lernen und Lehren können im Rahmen verschiedener Unterrichtsstrategien allerdings unterschiedlich betont werden. Konkrete Unterrichtsstrategien können so in das Spektrum zwischen den Polen der Dominanz des Lernens oder der des Lehrens im Unterricht eingeordnet werden.

2.1.1. Die Unterrichtsstrategie des dominanten Lehrens (direkte Instruktion)

Die Dominanz des Lehrens gegenüber dem Lernen charakterisiert den traditionellen Unterricht. Die folgenden Merkmale sind kennzeichnend für diese Unterrichtsstrategie:

- Unterricht geht der Entwicklung des Kindes voraus.
- Oft basieren diese Unterrichtsstrategien auf exogenistischen Entwicklungstheorien.
- Die Tätigkeit des Lehrers ist durch ein hohes Maß an pädagogischem Optimismus gekennzeichnet (Der Lehrer vertraut darauf, dass sich Entwicklungseffekte bei den Kindern einstellen, die in gewisser Weise Resultate seiner eigenen Aktivität sind.).
- Der Lehrer nimmt eine führende Rolle im Unterrichtsgeschehen ein.

Helmke und Weinert (1997b – vgl. auch Weinert 1996) bezeichnen diese Unterrichtsstrategie als *direkte Instruktion*.

2.1.2. Die Unterrichtsstrategie des dominanten Lernens (indirekte Instruktion)

Die Alternative zur direkten Instruktion, also dem stärkeren Betonen des Lehrens gegenüber dem Lernen besteht darin, das Lernen in den Mittelpunkt des Unterrichts zu rücken. Diese Unterrichtsstrategie ist durch folgende Merkmale zu kennzeichnen:

- Der Unterricht folgt der Entwicklung des Kindes.
- Diese Unterrichtsstrategie basiert häufig auf endogenistischen (oder mentalistischen) Entwicklungstheorien.
- Sie kennzeichnet ein relativ geringer pädagogischer Optimismus auf Seiten des Lehrers und daher baut dieser mehr auf die kindliche Aktivität, das (selbst regulierte) Lernen der Kinder.
- Die Rolle des Lehrers ist durch die Moderation kindlichen Lernens gekennzeichnet, er begleitet das kindliche Lernen, dessen stringente Führung er ablehnt und dem Kind mehr oder weniger selbst überlässt.

Diese Unterrichtsstrategie kann als *indirekte Instruktion* bezeichnet werden.

Die Unterrichtsstrategie der direkten Instruktion, also der Dominanz des Lehrens gegenüber dem Lernen, repräsentiert in der einen oder anderen Weise die Idealform des Unterrichts in der Schule der DDR. Dieser und seine Effekte sind relativ gut untersucht.

Die Unterrichtsstrategie der indirekten Instruktion korrespondiert mit dem „offenen Unterricht", hat aber bis heute nur partiell in der Praxis des Unterrichtens an den Schulen Eingang gehalten. Brügelmann (1996) berichtet in einer Untersuchung von ca. 5-10%, in einer anderen von 20-30% der Lehrerinnen und Lehrer, die ernsthaft versucht haben, ihren Unterricht zu öffnen (vgl. auch Brügelmann 1998b). Diese Einschätzung trifft nach unseren Erfahrungen auch für das Land Brandenburg zu.

Beide Unterrichtsstrategien werden bis heute kontrovers diskutiert und schließen sich gegenseitig aus. Untersuchungsergebnisse der empirischen Unterrichtsforschung, so weit sie überhaupt vorliegen, klären die Frage nach den Vorteilen der einen gegenüber der anderen Unterrichtsstrategie kaum (Brügelmann 1996, 1998b, Weinert 1996, 1997, Weinert & Helmke 1997b, Einsiedler 1997). Hinzu kommt, dass diese Untersuchungen überaus kompliziert und komplex sind (Einsiedler 1998, Giest 1998b).

Zusammenfassend ist zu sagen, dass alle im Zusammenhang mit den Wirkungen unterschiedlicher Unterrichtsstrategien auf die kindliche Entwicklung und kindliches Lernen gestellten Fragen nach wie vor kaum befriedigend beantwortet werden können.

2.1.3. Die Unterrichtsstrategie des entwicklungsfördernden Unterrichts

Betrachten wir die soeben getroffene Feststellung und ferner die Diskussion um die Ansätze „guided participation" bzw. „cognitive apprenticeship" (Newman, Griffin & Cole 1998, Rogoff 1990, Rojas-Drummond, Hernandez, Velez & Villagran 1998) wird verständlich, dass es höchste Zeit ist, die in Antinomien geführte Diskussion um verschiedene Unterrichtsstrategien (offener vs. geschlossener Unterricht, direkte vs. indirekte Instruktion, eigenreguliertes entdeckendes Lernen vs. angeleitetes Lernen) zu überwinden. Wir sind der Auffassung, dass hierzu die Konzeption der Ausbildung und Entwicklung der Lerntätigkeit (Lompscher 1999, Giest 1999a) beitragen kann. Diese Konzeption erlaubt es, die Einheit zwischen Lernen und Lehren im Unterricht, spontanem und systematischem, eigenreguliertem und angeleitetem Lernen, Projekt und Lehrgang konkret herzustellen. Lernen und Lehren verbinden sich in ihr im Sinne der Kooperation, der gemeinsamen Tätigkeit von Lerner und Lehrer. Man könnte diese Unterrichtsstrategie als *entwicklungsfördernde Instruktion* bezeichnen.

Entwicklung ist durch Veränderungen in der Zeit gekennzeichnet. Diese Veränderungen können mehr unter quantitativen (evtl. nach Piaget im Sinne der Assimilation – Anwendung und Erweiterung von Wissen und Fähigkeiten in der Zone der aktuellen Leistung) oder auch qualitativen Aspekten (Akkomodation – Umbau, strukturelle Veränderung, Entwicklung tieferen Verständnisses, neuer psychischer Qualitäten – psychische Neubildungen in der Zone der nächsten Entwicklung) gesehen werden.

Mehr als alles andere ist die menschliche Entwicklung, so weit man höhere psychische Funktionen im Auge hat, ein Resultat der kulturellen Entwicklung in der Geschichte der Menschheit. Kontext, also Kultur und Sozialisation sind determinierende Faktoren dieser Entwicklung. Deshalb muss Unterricht, welcher auf die Aneignung höherer Kultur (psychische Neubildungen, neue psychische Qualitäten) gerichtet ist, dieser Entwicklung vorausgehen und darf nicht versuchen wollen, ihr zu folgen. Dennoch ist der Unterricht nicht unabhängig von der Entwicklung des Kindes, von seinen Entwicklungsvoraussetzungen. Die kindliche Entwicklung kann nur durch Unterricht beeinflusst werden, wenn er auf die Zone der nächsten Entwicklung des Kindes gerichtet ist.

Wenn wir diese auf Wygotski zurückgehende Zonenproblematik in der Entwicklung des Kindes beachten, wird es möglich, bestimmte Momente der beiden oben näher beschriebenen Unterrichtsstrategien zu integrieren. Immer dann, wenn das Lernen in der Zone der aktuellen Leistung des Kindes (Assimilation als dominanter Prozess) verläuft, spielt die indirekte Instruktion eine entscheidende

Rolle. Immer dann aber, wenn die Lernanforderungen sich auf die Zone der nächsten Entwicklung beziehen (Akkomodation als dominanter Prozess), spielen Momente der direkten Instruktion eine größere Rolle.

Drei Phasen sind bei der entwicklungsfördernden Instruktion zu unterscheiden:

In einer *ersten Phase* sichert der Lehrer ein hohes Maß an selbstreguliertem und entdeckendem Lernen in der Zone der aktuellen Leistung der Kinder.

Sie oder er wird bemüht sein, den Unterricht so zu gestalten, dass Problemsituationen beim Lernen der Kinder entstehen. Die aus diesen abzuleitenden Probleme müssen mit wesentlichen Aufgaben, Zielen, Inhalten der Grundbildung korrespondieren[5]. In solchen Problemsituationen entdecken die Kinder ihre (durchaus individuellen) Lernziele, wenn die Lernaktivität nicht nur auf das Lösen der Probleme selbst, sondern auf die Reflexion der eigenen Lernvoraussetzungen in Beziehung zu den Lernanforderungen gerichtet wird. Die Kinder müssen auf diese Weise herausfinden, was sie beispielsweise noch nicht wissen und können, um ein Problem zu lösen und warum gerade dieses Wissen und Können sie dazu befähigt. Diese (bewussten) Lernziele sind Voraussetzungen für die Entfaltung von Lernmotiven, welche Voraussetzungen für die Entwicklung der Lerntätigkeit und den dadurch erreichbaren Lerneffekt der direkten Instruktion in der nächsten Phase des Unterrichts darstellen.

Diese *zweite Phase* ist mehr durch systematisches Lernen und Lehren gekennzeichnet. Die Aufgabe des Lehrers ist es nun, den Kindern zu helfen, ihre Lernziele zu verwirklichen. Dies erreicht er, indem er ihre *Lerntätigkeit* beeinflusst. Der zentrale Punkt hierbei ist, den Kindern differenziert zu helfen, sich jenes Wissen anzueignen, welches erforderlich ist, um die selbstgestellten Probleme zu lösen und die Lernziele zu erreichen. Neben anderem kann dies auf dem Weg der Modellierung von Lernanforderungen und der pädagogischen Einflussnahme auf die Aneignung von Lernhandlungen erfolgen.[6]

---

[5] Da es nicht beliebig ist, was Kinder lernen, besteht eine wesentliche Aufgabe des Lehrers in dieser Unterrichtsphase darin, den potentiellen Lerngegenstand der Kinder gründlich zu analysieren (Analyse objektiver Lernanforderungen, die notwendig sind, um sich den Lerngegenstand anzueignen) und diese Lernanforderungen mit den Lernvoraussetzungen der Kinder (Zone der aktuellen Leistung) in Beziehung zu setzen. Auf der Basis dieser Analyse entwickelt sie oder er einen (hier noch abstrakten und hypothetischen) Entwicklungsprozess (Lehrgang), der im Unterricht zu initiieren ist. Der Lehrgang wird im realen Unterrichtsprozess laufend modifiziert und konkretisiert (den realen Bedingungen des Lernens und Lehrens im Unterricht angepasst). Eine präzise Vorplanung von einzelnen Unterrichtsstunden ist hier nicht möglich, sondern bestimmte Notwendigkeiten der Unterrichtsgestaltung ergeben sich aus den konkreten Lern- und Entwicklungsprozessen der Kinder.
[6] Etappenweise Ausbildung von geistigen Handlungen (Galperin 1992, vgl. auch Giest 1999b).

In der *dritten Phase* der Unterrichtsstrategie der entwicklungsfördernden Instruktion sollten die Kinder nunmehr befähigt sein, die selbstgestellten Probleme und Lernaufgaben zu lösen. Sie können dazu beispielsweise Projekte bearbeiten. Die nunmehr erreichte Zone der (neuen) aktuellen Leistung erlaubt ihnen selbstreguliertes, entdeckendes Lernen. In dieser Situation kann eine neue Phase der indirekten Instruktion beginnen – nun jedoch auf einem höheren Niveau des Lernens und Lehrens (vgl. hierzu ausführlich Giest 1994a, 1996b, 1998b, 1999b).

2.2. Anlage der empirischen Untersuchungen

Durch die mit den politischen Veränderungen in der DDR zurzeit der Wende verbundenen Änderungen in den Schulen und im Unterricht ergab sich für uns die Möglichkeit, (in einer Art natürlichem Experiment) vergleichende Untersuchungen durchzuführen. Im Zentrum dieser Untersuchungen standen Aspekte der kognitiven Entwicklung der Kinder auf dem Hintergrund verschiedener Unterrichtsstrategien.

Zu diesem Zweck führten wir eine Reihe unterschiedlicher Untersuchungen in der Grundschule durch. Zum einen wurden in Studien Unterrichtsbeobachtungen (UB-Studien) durchgeführt und zum anderen Analysen der Lernergebnisse (LE-Studien) vorgenommen. Ergänzt wurden diese Studien durch Interviews von Lehrern, Studenten als auch Kindern (I-Studien). Diese waren darauf gerichtet, die Auffassungen der Probanden von Schule, Unterricht, Lernen und Lehren zu erfassen.

UB-Studien wurden in den Jahren 1984-1987 in der DDR (dominierende direkte Instruktion im Unterricht – vgl. Giest 1991, 1997c) sowie von 1994-1995 in Brandenburger Schulen (Tendenzen der Öffnung von Unterricht – indirekte Instruktion – vgl. Giest 1997a) durchgeführt. Da man mit querschnittlich angelegten Untersuchungen kein reales Bild von Entwicklungstendenzen erhält, haben wir gleichzeitig mit einer Langzeitstudie begonnen, in der wir jährlich 80-100 Unterrichtsstunden (je ein verschiedener Lehrer) analysieren. Die Interviews führten wir in den Jahren 1994 / 95 durch.

LE-Studien haben wir 1984-1987 in der DDR (Giest 1991, 1995a) und 1992-1996 in Brandenburg durchgeführt (Giest 1994b, 1996a, 1998a, 1999a).

1988 begannen wir noch in der DDR eine Längsschnittuntersuchung, die 1991 abgeschlossen werden konnte und auf die Analyse von Besonderheiten der kognitiven Entwicklung von Kindern erster bis vierter Klassen gerichtet war (Begriffsbildung und begriffliches Denken). Eine analoge Untersuchung wurde im Jahr 1996 in Brandenburg begonnen und wird 2001 abgeschlossen werden.

Im Jahr 1991 haben wir ein Unterrichtsexperiment in zwei 4. Klassen durchgeführt, im Rahmen dessen wir den Unterricht und seine Ergebnisse mit denen aus drei Kontrollklassen verglichen (Giest 1994a, 1996c, 1997b). Das Ziel dieser Untersuchung bestand besonders darin, die von uns entwickelte Unterrichtsstrategie der „entwicklungsfördernden Instruktion" daraufhin zu überprüfen, ob sich die von ihr erwarteten Entwicklungsimpulse im Hinblick auf Komponenten wissenschaftlichen Denkens tatsächlich in der kindlichen Entwicklung nachweisen lassen. Seinem Wesen nach handelte es sich bei diesem Unterrichtsexperiment um ein Ausbildungsexperiment (AE-Studie). Vereinfacht dargestellt, folgt unsere Unterrichtsstrategie einem Modell des entwicklungsfördernden Unterrichts, bei dem direkte und indirekte Instruktion den im Entwicklungsprozess des Kindes sich wandelnden Zonen der Entwicklung angepasst werden (Ausgehend von indirekter Instruktion bzw. entdeckenden Lernen in der Zone der aktuellen Leistung wird über direkte Instruktion bzw. angeleitetes Lernen eine Zone der nächsten Entwicklung angesteuert, um dann schrittweise wieder – auf höherem Entwicklungsniveau – zur indirekten Instruktion und zum entdeckenden Lernen zurückzukommen – vgl. oben und Bliss, 1996 zum Problem der Verbindung der Zone der nächsten Entwicklung mit dem „Scaffolding" aus konstruktivistischer Perspektive.).

Die folgende Übersicht soll die Anlage der Gesamtuntersuchung und ihre Datenbasis verdeutlichen (vgl. Tabelle 1):

Tabelle 1: Datenbasis

UB-Studien und I-Studien		
Gegenstand	**Untersuchungsmethode**	**Stichprobe**
Handlungsorientierung im Unterricht	Beobachtung im Unterricht – DDR (1984-87)	200 Lehrer
	Beobachtung im Unterricht / Datenerhebung über Fragebogen (1994 / 95)	67 Lehrer
	Langzeitstudie – begonnen 1994	pro Jahr 80-100 Lehrer
Auffassungen zur Grundschule und zum Unterricht	Fragebogen	43 Lehrer
	Fragebogen	39 Studenten
	Interview	60 Kinder

LE-Studien									
Gegenstand	**Untersuchungs-methode**	**N**	**Klassen**						
			1	**2**	**3**	**4**	**5**	**6**	**7**	**8**
Kenntnisaneignung im Sach- und naturwissenschaftlichen Unterricht	Testarbeiten (1984-87 – DDR)	1800		800	600	400				
	Testarbeiten (1996 – Brandenburg)	964			204	216	277	267		
Problemlösen	Strukturierte Interviews 1992 – Berlin	237				118		119		
	Strukturierte Interviews 1994 – Brandenburg	234				72		88		74
Besonderheiten der Begriffsbildung und des wissenschaftlichen Denkens	Strukturierte Interviews (Längsschnitt, 1988-91 – DDR)	138	30	36	40	32				
	Strukturierte Interviews 1996 – Brandenburg	197	47	42	61	47				
	Strukturierte Interviews Längsschnitt, 1996 in Brandenburg begonnen	240	60	60	60	60				

AE-Studie									
Entwicklung von Komponenten wissenschaftlichen Denkens	Ausbildungsexperiment 1991					26				
	Kontrollklassen					60				

2.3. Ausgewählte Ergebnisse des Vergleichs verschiedener Unterrichtsstrategien bezüglich der Besonderheiten der Tätigkeit von Lehrern und Schülern

2.3.1. Heimatkundeunterricht in der DDR (direkte Instruktion)

Analysen zum Lehrerhandeln

Die Lehrertätigkeit ist zentral für die Unterrichtsstrategie der direkten Instruktion. Dennoch hängen die Lernresultate der Kinder, also der Effekt des Unterrichts, maßgeblich von der Lerntätigkeit der Kinder ab (vgl. zum Pädagogischen Paradox – Luhmann & Schoor 1982, Giest 1999b). Insofern muss die Tätigkeit des Lehrers sich in einer produktiven Wechselbeziehung zur Lerntätigkeit der Kinder befinden, diese anregen, beeinflussen, helfend steuern u. a.

Die Analysen zum Lehrerhandeln, welche im Rahmen der Bewährungsanalysen des Lehrplans und zentraler Unterrichtsmaterialien in den Jahren 1984-87 auf der Basis von Unterrichtsbeobachtungen durchgeführt wurden (siehe Kapitel 5), verwiesen auf Schwierigkeiten bei den Lehrern,

- die allgemeinen Ziele und Aufgaben der Disziplin im Lehrplan mit den konkreten Angaben zu den Unterrichtseinheiten in Beziehung zu setzen, was zu *Tendenzen des Abarbeitens des Stoffes* führte und den Beitrag des Unterrichts mit Blick auf längerfristige Prozesse der Entwicklung der kindlichen Persönlichkeit minimierte,
- beim Ausgehen von der Lebenswirklichkeit[7] der Kinder im Unterricht – die durchaus geforderte Auseinandersetzung der Kinder mit der unmittelbaren Wirklichkeit wurde oft dem „*Buchunterricht*" geopfert,
- bei der *rationellen Unterrichtsgestaltung* (vor allem bezogen auf das Stoff-Zeit-Verhältnis),
- das „Stoffschütten" zu überwinden und dafür die (hauptsächlich immer wieder geforderte geistige) *Aktivität der Schüler* im Unterricht zu erhöhen,
- bei der Sicherung eines *entwicklungsgerechten Anforderungsniveaus im Unterricht* (also weder Über- noch Unterforderung zulassend) inklusive der

---

[7] Auf die prinzipiellen, ideologisch bedingten Grenzen des Unterrichts gingen die Analyseberichte selbstredend nicht ein – vgl. hierzu Giest 1989a, b, 1990a, 1990b, 1991, Baier et al. 1994.

pädagogisch sinnvollen Sicherung der Unterrichtsergebnisse, insbesondere der Lernergebnisse der Kinder.

Letztlich verwiesen die Analysen vor allem darauf, dass die Kinder selbst zu wenig als Subjekte ihres Lernens angesprochen und berücksichtigt wurden, was in gewisser Weise mit den Grenzen des zu Grunde liegenden Instruktionsmodells zusammenhängt.

Lernergebnisse

Die in den Jahren 1984-87 durchgeführten Analysen im Heimatkundeunterricht der DDR belegten, bezogen auf das im Lehrplan geforderte Wissen:

- eine gute Ausstattung der Kinder mit *Faktenwissen* (ca. 60-80% der Kinder verfügten über das im Lehrplan geforderte Faktenwissen),

- eine Tendenz zum *Verbalismus* nach Klasse 4 (vor allem bei Inhalten zur Gesellschaft), die sich darin äußerte, dass in den Kenntnissen gleichzeitig die Zunahme abstrakter und die Abnahme konkreter Merkmale zu beobachten war (nur 30% der Kinder waren in der Lage, auf einer abstrakten Ebene formulierte Aussagen mit konkreten Fakten zu begründen),

- Schwierigkeiten beim Erkennen von Zusammenhängen und beim *Problemlösen,*

- geringe Tendenzen zur Entwicklung von *Komponenten wissenschaftlichen Denkens* (auf der Ebene der Begriffe – eine geringe Bewusstheit der Begriffe und der Hierarchisierung innerhalb von Begriffsstrukturen, unscharfe definitorische Kerne, ein Operieren mit Worthülsen und ebenfalls eine geringe Bewusstheit und Verfügbarkeit wissenschaftlicher Methoden – Beobachtung, Experiment, Fragestellung, Problemlösen),

- wenig Kompetenz in der *Kooperation beim Lernen.*

(Berücksichtigt werden muss, dass politische und ideologische Positionen einer wenig pluralistischen und demokratischen Gesellschaftsordnung vor allem bei den gesellschaftlichen Inhalten den „Verbalismus" im Sinne des „Nachbetens" ideologischer Dogmen geradezu herausforderten – und das nicht nur im Heimatkundeunterricht der unteren Klassen.)

Insgesamt zeigten die Analysen, dass die Kinder kaum Gelegenheit bekamen, Subjekt ihrer eigenen Lerntätigkeit zu sein. Aber auch der Lehrer war ferngesteuert durch den Lehrplan und die Vorgaben der zentralen Unterrichtsmaterialien, denn diese waren mit genau diesem Ziel entwickelt worden. Hier zeigten sich deutlich die Probleme der Konzeption des „geschlossenen Unterrichts", nämlich die mit dem Konzept beabsichtigte „Fernsteuerung" der Kinder und Lehrer durch zentrale Lehrpläne und Unterrichtsmaterialien.

Diese Ergebnisse waren für uns nicht besonders überraschend, da sich in ihnen unsere zentrale Kritik an der Theorie und Praxis der vorherrschenden Unterrichtsstrategie widerspiegelte. Dies waren auch die Gründe für die Entwicklung unserer Alternative (entwicklungsfördernde Instruktion).

2.3.2. Sachunterricht in Brandenburg / Berlin (1992-1996)

Analysen zum Lehrerhandeln

Die politischen und gesellschaftlichen Veränderungen in den Neuen Bundesländern waren auch mit Veränderungen in der Schule und im Unterricht verbunden. Die Lehrerinnen und Lehrer suchten engagiert nach neuen Lehrstrategien und versuchten ihren Unterricht im Sinne der indirekten Instruktion zu öffnen. Zentral in ihrem Bemühen war, den Kindern mehr Raum für deren eigenes Lernen zu geben.

Diese allgemein zu beobachtende Tendenz sollte sich auch in den Grundauffassungen der Lehrer zur Grundschule und zum Unterricht, im Sinne der theoretischen Grundlagen einer veränderten Unterrichtsstrategie, niederschlagen. Mit Hilfe eines Fragebogens befragten wir 43 Lehrerinnen und Lehrer und 39 Studenten des Lehramtes für die Primarstufe an der Universität Potsdam. Unsere Befragung bewegte sich im Spannungsfeld zwischen direkter und indirekter Instruktion und konzentrierte sich auf die Schwerpunkte: Grundkonzept des Unterrichts, Planung, Durchführung und Auswertung des Unterrichts. Die Befragung der Lehrer (Sachunterricht) wurde mit einer Befragung von Studenten gekoppelt und von diesen im Rahmen des Studiums realisiert.

Die Daten stützen folgende Aussagen:

- Es gibt in der gesamten Untersuchung kaum Unterschiede zwischen den befragten Lehrern und den Studenten, obwohl Ausbildung und Erfahrung zwischen beiden Gruppen beträchtlich divergieren.

- Die Lehrer wünschen sich mehr Autonomie für sich und ihre Schüler, was das Bestimmen der Ziele und Inhalte des Unterrichts betrifft, wenngleich der Lehrplan in dieser Hinsicht weiterhin bedeutsam bleibt. Gegenwärtig wird seine Bedeutung allerdings als zu hoch bewertet. Eine Öffnung des Unterrichts in Richtung Eltern und Gemeinde bzw. Öffentlichkeit wird weitgehend abgelehnt.

- Im Unterricht sollen die Ziele und Inhalte mit den Kindern verhandelt werden. Guter Unterricht ist vor allem durch Methodenvielfalt gekennzeichnet und dadurch, dass die Kinder selbstbestimmt lernen dürfen. Eine ausführliche Vorplanung des Unterrichts wird für erforderlich gehalten, wobei sich diese auf Unterrichtseinheiten und weniger auf konkrete Unterrichtsstunden bezieht und allein, d. h. überwiegend nicht in Kooperation mit anderen Lehrern vorgenommen wird.

- Die konkrete Unterrichtsplanung erfolgt jedoch in erster Linie orientiert an vorhandenen Unterrichtsmaterialien und erst dann an Fragen und Problemen der Kinder. Eine besondere Rolle spielt die Konzentration auf die Schülertätigkeit (darunter wird offensichtlich sichtbare Aktivität der Schüler vs. [selbst-]bewusste Tätigkeit verstanden, wie aus weiteren Angaben der Lehrer in den Fragebögen ersichtlich wurde). Im Unterricht wird auf die Kooperation mit den Kindern Wert gelegt, wobei die Fragen, Wünsche und Intentionen der Kinder im Zentrum stehen.

- Bei der Durchführung des Unterrichts liegt die Konzentration auf der Schülertätigkeit und auch bei der Auswertung des Unterrichts steht der erreichte Grad an Aktivität der Kinder im Mittelpunkt.

- 49% der Lehrer sind der Überzeugung, ihre Vorstellungen von gutem Unterricht vollkommen und 47% noch teilweise realisieren zu können. Ursachen dafür werden im positiven Sinne vor allem in der eigenen Qualifikation gesehen. Hinderlich ist vor allem der Zeitfaktor.

Damit spiegelt sich sowohl in den Vorstellungen der befragten Lehrer als auch der Studenten in weiten Teilen das Leitbild der Öffnung von Unterricht wider. Guter Unterricht ist geöffneter Unterricht, wenngleich er dies vor allem im Hinblick auf das Berücksichtigen der Intentionen und des selbstbestimmten Handelns der Kinder und ihrer Lehrer ist.

Berücksichtigt man die Untersuchungen von Brügelmann (1996, 1998b), der über eine relativ geringe praktische Präsens eines geöffneten Unterrichts berichtet, mussten wir danach fragen, ob sich denn im realen Unterricht der befragten Lehrerinnen und Lehrer ihre theoretischen Auffassungen auch widerspiegeln. Aus diesem Grund wurden von uns zielgerichtete Unterrichtsbeobachtungen durchgeführt.

Ein wesentliches Merkmal der indirekten Instruktion ist die Orientierung des Unterrichts an der Aktivität des Kindes, am kindlichen Lernen und mithin am kindlichen Handeln, über welches sich Lernen nur realisieren kann. Insbesondere interessierte uns die Wechselbeziehung zwischen den Handlungen des Lehrers (Lehrhandlungen) und denen der Schüler (Lernhandlungen). Wir konzentrierten unsere Beobachtungen deshalb auf Komponenten der Handlungsregulation beim Schüler (Lernzielbildung, Lernhandlungsplanung, Handlungsausführung, -kontrolle und -bewertung) sowie auf Besonderheiten der Beeinflussung dieser Komponenten durch das Handeln der Lehrer im Unterricht.

Ausgewertet wurden bisher 70 hospitierte Unterrichtsstunden bei 50 Lehrerinnen und Lehrern des Landes Brandenburg (Grundschulen, vorrangig Klasse 4 – Zufallsstichprobe, in der aber auch die 43 von uns befragten Lehrerinnen und Lehrer einbezogen waren).

Die Auswertung der Beobachtungsprotokolle (vgl. auch Kapitel 5.) ergab:

- Die *Lernzielbildung* erfolgt vor allem im Unterrichtsgespräch, durch den Lehrer geführt, oder der Lehrer selbst nannte das Stundenziel.
- Eine *eigenständige Handlungsplanung* der Kinder fehlte, entsprechende Orientierungen erfolgten, wenn überhaupt, im Unterrichtsgespräch durch den Lehrer.
- Die *Lernhandlungsausführung* wechselte zwischen Versuch-und-Irrtum-Lernen und Nachmachen vom Lehrer vorgemachter Handlungen.
- *Lehrer-Schüler- und Schüler-Schüler-Kooperationen* fanden kaum statt.
- Die *Handlungskontrolle* erfolgte nicht immer und wenn, dann resultativ durch den Lehrer und frontal im Unterrichtsgespräch.
- Eine *Handlungsbewertung durch die Schüler* wurde kaum beobachtet (beobachtbare Bewertungsreaktionen auf der Seite der Schüler waren die absolute Ausnahme).

Es gelingt wohl eher nicht, die oben dargestellten und von den Lehrern hoch bewerteten Merkmale „guten Unterrichts" umzusetzen. Handlungsorientierter Unterricht, in dem von uns verstandenen Sinne der Öffnung von Unterricht, findet wenig statt.

Im Rahmen derselben Studie befragten wir auch 60 Kinder zum Unterricht, den die Beobachter im Fragebogen bewerteten. Die Interviews der Kinder stützten unsere Beobachtungsergebnisse: Die Kinder geben an, häufig machen zu müssen, was die Lehrerin sagt und nicht mitbestimmen zu können, was im Unterricht behandelt wird. Spaß macht ihnen der Unterricht dann, wenn sie selbst etwas tun dürfen, mitbestimmen können, was im Unterricht behandelt wird. Dabei gehen die Kinder durchaus gern zur Schule. Nur ca. 10% geben an, dass ihnen die Schule keinen Spaß macht.

Vielleicht spiegelt sich in dem aus den Daten abzuleitenden Widerspruch zwischen pädagogischen Absichten und Selbstauskünften der Lehrer und der real beobachteten und von den Kindern entsprechend erlebten Unterrichtsrealität auch eine Veränderung der pädagogischen Grundsätze wider. Hoyer (1996) verglich im Rahmen zweier Befragungen Brandenburger Lehrer ihre pädagogischen Grundsätze im Jahr 1989 mit denen von 1993: Bis auf die Förderung von Selbständigkeit und Eigenverantwortung der Schüler werden alle 1989 erhobenen pädagogischen Grundsätze 1993 geringer bewertet. Einen besonders großen Bedeutungsabfall haben die Umsetzung des Lehrplanes, die Lernkollektiventwicklung und -förderung, die besondere Förderung leistungsversagender Schüler und die Verbindung von Unterricht und außerunterrichtlicher Arbeit erfahren. Möglich ist auch, dass jenes mit der Öffnung von Unterricht vielfach erwähnte Problem des „Sich-Zurücknehmens" des Lehrers im Unterricht hier falsch verstanden wird, indem die Kinder weitgehend ohne pädagogische Unterstützung in die Freiheit der Selbstständigkeit und Eigenverantwortung für ihr Lernen entlassen werden. Schließlich ist nicht zu übersehen, dass didaktische Konzeptionen des „offenen Unterrichts" dazu tendieren, Lehrer mit Ansprüchen an ihre Arbeit zu konfrontieren, bei konkreten Fragen ihrer Realisierung jedoch vornehme Zurückhaltung an den Tag zu legen (Hänsel 1980, Terhart 1997). Die Folge ist das Fehlen konkreter Handlungsorientierungen für die Unterrichtsgestaltung.

Lernergebnisse

Die oben dargestellten Ergebnisse gestatten keine direkten Schlussfolgerungen bezüglich des Einflusses des Unterrichts auf die (kognitive) Entwicklung der Kinder. Untersucht wurden jedoch Bedingungen, von denen erwartet werden konnte, dass sie auf die kindliche Entwicklung einigen Einfluss haben.

Um Aussagen über die Entwicklungsförderung im Unterricht zu gewinnen, analysierten wir zunächst Lernergebnisse der Kinder. Der Fokus lag hierbei auf Resultaten kognitiven Lernens der Kinder (Problemlösen, Begriffsbildung, begriffliches Denken). Dies zum einen deshalb, weil damit ein zentraler Punkt des Zusammenhangs zwischen Lernen und Entwicklung angesprochen ist und zum anderen, weil hier direkte Vergleiche und Bezüge zu den in der DDR erhobenen Daten hergestellt werden konnten.

Problemlösen

Um erste Hypothesen über Trends der kognitiven Entwicklung der Kinder auf dem Hintergrund des Unterrichts gewinnen zu können, präsentierten wir in zwei Untersuchungen Schülern 4., 6. und 8. Klassen eine auf der Basis des Unterrichtsstoffes zu lösende komplexe Problemaufgabe[8] (vgl. Kapitel 6.3. – Problemlösen).

Untersucht wurde in zwei Staffeln 1992 in Berliner Grundschulen (Klassen 4 und 6 – vgl. Giest 1996b) und 1994 in Brandenburger Schulen. Die hier mitgeteilten Daten beziehen sich auf die Brandenburger Studie, in die 234 Schüler (122 Mädchen, 112 Jungen, Klasse 4 – 72 Schüler; Klasse 6 – 88 Schüler, Klasse 8 – 74 Schüler) einbezogen waren.

In der Tabelle 2 ist die Güte der Problembearbeitung im Überblick für die Gesamtstichprobe, die Klassenstufen, Geschlechtergruppen sowie Leistungsgruppen (Notendurchschnitt in den Hauptfächern) dargestellt.

Tabelle 2: Mittelwerte und Standardabweichungen der Güte der Problembearbeitung

	Güte der Problembearbeitung		
	Mittelwert	Standardabweichung	Stichprobenumfang
Gesamt	2.77	1.67	234
Jungen	2.66	1.76	112
Mädchen	2.87	1.59	122
Klasse 4	2.90	1.78	72
Klasse 6	2.88	1.49	88
Klasse 8	2.50	1.76	74
Leistungsgruppe[9]			
Gruppe I	2.62	1.70	78
Gruppe II	2.90	1.61	78
Gruppe III	2.78	1.72	78

---

[8] **Rinderherdenaufgabe:** In Landschaften, wo nur Gras wächst, leben die Menschen oft von der Viehzucht. Das ist z. B. in Afrika so. Hier regnet es wenig und das Wasser in den wenigen Wasserstellen ist knapp. Die Rinderherden der Menschen sind klein, denn die Rinder brauchen Wasser, um leben zu können. Die Menschen haben deshalb wenig zu essen.
Stell Dir vor, Du willst den Menschen helfen, ihre Herden zu vergrößern und schlägst vor, Brunnen zu bauen. Durch Brunnen sollen die Menschen mehr Wasser für ihre Herden bekommen.
Nach 10 Jahren besuchst Du die Menschen wieder. Wie werden sich ihre Rinderherden verändert haben? (Das Problem entsteht dadurch, dass die Schüler, obwohl sie das Gegenteil vermutet hatten, von der Verkleinerung der Herden erfahren.)

[9] Die Leistungsgruppen wurden über den Mittelwert der Zeugnisnoten in den Hauptfächern ermittelt.

Die dargestellten Mittelwerte entsprechen dem Durchschnitt aller in Anspruch genommenen Hilfen[10], die eine Lösung des Problems den Schülern ermöglichten, abgebildet auf ein Intervall von 1 bis 6. Der Wert für die Güte der Problembearbeitung ist im Sinne einer Zensurenskala zu interpretieren.

Diese Untersuchung zum Problemlösen (ökologische Problemaufgabe – Anwendung des Wissens über den Wasserkreislauf) erbrachte:

- Unterschiede zwischen den Klassenstufen, den Geschlechtergruppen und den Leistungsgruppen (Jungen lösten das Problem besser als Mädchen, Schüler 8. Klassen besser als jene in 6. und 4. Klassen und leistungsstarke Schüler sind jenen mit weniger guten schulischen Leistungen überlegen).[11]

- Dennoch ergaben sich keine statistisch relevanten Unterschiede zwischen den Klassen 4, 6 und 8 bezüglich der Fähigkeit zur Lösung dieser ökologischen Problemstellung (Die Daten stützen eine Entwicklungshypothese nicht – ebenso muss eine entwicklungsfördernde Wirkung des Unterrichts im Zusammenhang mit der geprüften Anforderung in Zweifel gezogen werden.).

- Eine positive Leistungsentwicklung nach Klasse 8 bei leistungsstarken Schülern wird durch den Leistungsabfall bei leistungsschwächeren Schülern zu großen Teilen kompensiert.

- Als Hauptkomponenten des Erfolgs beim von uns geprüften Problemlösen zeichneten sich ab: das Selbstvertrauen, die Verfügbarkeit des vor allem im Unterricht erworbenen bereichsspezifischen Wissens, die Intuition und die Fähigkeit, durch gezieltes Fragen lösungsrelevante Informationen verfügbar zu machen.

- Leistungsstarke Jungen zeigten gegenüber den Mädchen (vor allem in der Klasse 6) Vorteile, Jungen mit geringer schulischer Leistung (vor allem jene, die Deutsch nicht als Muttersprache sprechen) zeigten ein unrealistisch überhöhtes Selbstvertrauen und deutlich geringere Leistungen.

- Gestützt wird die Vermutung, dass es sich im Falle der geprüften Problemaufgabe um eine für die Unterrichtspraxis eher untypische Anforderung handelt. Erstens weisen Mädchen im betrachteten Alter generell und ebenso in

---

[10] Das Problemlösen war so organisiert, dass die Kinder je nach Bedarf unterschiedliche Hilfen (Konzepte, Zusammenhänge – jeweils verbal bzw. auch bildlich präsentiert) in Anspruch nehmen konnten, um zur Lösung vorzudringen.
[11] Die etwas besseren Resultate der Leistungsgruppe III (geringe schulische Leistungen) im Vergleich zur Gruppe II sind aus einer Interaktion der Variablen schulische Leistung und Geschlecht zu erklären: Die Gruppe III rekrutiert sich zu zwei Dritteln aus Jungen, die jedoch als Gruppe insgesamt das Problem besser lösten als Mädchen.

unserer Stichprobe bessere schulische Leistungen auf, lösen die Problemaufgabe hier aber weniger gut und zweitens fehlt ein durch Unterricht zu erwartender Entwicklungseffekt.

- Als Hauptkomponenten des Erfolgs beim von uns geprüften Problemlösen zeichneten sich ab: das Selbstvertrauen (vgl. auch Helmke 1992a, b), die Verfügbarkeit des vor allem im Unterricht erworbenen bereichspezifischen Wissens (vgl. auch Baumert, Evans & Geiser 1998) sowie die Intuition und die Fähigkeit, durch gezieltes Fragen lösungsrelevante Informationen verfügbar zu machen. Vor allem bezüglich des Selbstvertrauens zeigten sich größere geschlechtsspezifische Differenzen.

Es kann geschlussfolgert werden, dass 4 Jahre Unterricht keinen signifikanten Einfluss auf die Entwicklung der Fähigkeit zum Problemlösen (zumindest in der hier geprüften Form) hatten. Dies ist für mich ein klarer Indikator dafür, dass der gegenwärtige Unterricht einen eher geringen Einfluss auf die Förderung der kognitiven Entwicklung der Schüler ausübt. Ähnlich ernüchternde Ergebnisse erbrachten die Analysen zu Kenntnisumfang und -inhalt der Schüler (Artenkenntnisse – Pflanzen) sowie zur Entwicklung des begrifflichen Denkens, über die weiter unten, im Zusammenhang mit dem Vergleich der Wirkungen verschiedener Unterrichtsstrategien auf die Lernleistungen der Schüler, zu berichten sein wird.

2.3.3. Lernergebnisse der Kinder im Vergleich verschiedener Unterrichtsstrategien

Welche der von uns untersuchten Unterrichtsstrategien hat den größten Einfluss auf die kognitive Entwicklung der Kinder? Um erste Antworten auf diese Frage zu erhalten, verglichen wir die LE-Studien von 1988-91 (direkte Instruktion), 1996 (gegenwärtiger Unterricht in Brandenburg) und unsere AE-Studie (Unterrichtsexperiment 1991: Versuchsklassen – entwicklungsfördernde Instruktion; Kontrollklassen – direkte Instruktion).

Inhalt und Umfang der Kenntnisse

In einer querschnittlich angelegten Untersuchung analysierten wir Umfang, Inhalt und Qualität der Kenntnisse der Schüler. In Erkundungsuntersuchungen (Giest 2000) erwiesen sich bei vielen Kindern besondere Probleme bei der Begriffsbildung und Begriffsverwendung bei Begriffen mit gesellschaftswissenschaftlichem Inhalt (selbst auf einem sehr elementaren Niveau des wissenschaftlichen Denkens). Diese Probleme traten bei naturwissenschaftlichen Begriffen in bedeutend geringerem Maße auf. Aus diesem Grund konzentrierten wir unsere

Untersuchungen zur Begriffsbildung und zur Entwicklung begrifflichen Denkens zunächst auf die Analyse der Kenntnisse über Pflanzen. Es handelt sich hierbei um einen für den Sachunterricht prototypischen Gegenstand.

Die Analysen exemplarisch ausgewählter Kenntnisse zu Pflanzen stützen eine Entwicklungshypothese (Unterricht fördert die Entwicklung von Artenkenntnissen in den Klassen 1 bis 6 – vgl. Tab. 3), wenngleich Kenntnisumfang, -inhalt und -qualität hinter den Erwartungen zurückbleiben. Bei Inhalt und Umfang der Kenntnisse sind keine relevanten Veränderungen gegenüber 1988-91 festzustellen. Aber es ist nicht genau zu entscheiden, ob dies Effekte der Wirkung des Unterrichts oder der allgemeinen kognitiven Entwicklung der Schüler sind. Denn auch im Alltag werden die Schüler mit verschiedenen Pflanzenarten konfrontiert. Deshalb haben wir uns bemüht, die Kenntnisse nach Merkmalen zu untersuchen, welche im Alltag und mithin im Alltagsdenken eine geringere Rolle spielen. Besonders zu beachten sind in diesem Zusammenhang die Strukturiertheit, Differenziertheit, Hierarchisierung der Kenntnisse. Diese Merkmale korrespondieren mit wissenschaftlichem Denken in höherem Maße als z. B. der Umfang an Kenntnissen (Anzahl reproduzierbarer Artenkenntnisse). Hierbei handelt es sich um das Wirken sekundärer psychischer Funktionen, welche an explizites Lernen gebunden sind, währenddessen das Alltagsdenken in höherem Maße an primäre psychische Funktionen (z. B. das mechanische Gedächtnis) gebunden ist, die eng mit implizitem Lernen zusammenhängen (Geary 1995).

Im Einzelnen wurden folgende Ergebnisse wahrscheinlich gemacht:

Tabelle 3: Frei reproduzierte Baumarten

	Mittelwert	Std. Dev.	Meist reproduzierte Anzahl
Gesamt	6.69	3.49	6
Klasse 3	4.65	2.39	3
Klasse 4	6.02	3.17	4
Klasse 5	6.96	3.34	6
Klasse 6	8.49	3.63	8

- Die Kinder reproduzieren nach Klasse 6 zu mehr und unterschiedliche Baumarten (vgl. Tabelle 3), insgesamt jedoch im Durchschnitt nur maximal 8, während zu erwarten war, dass wenigstens jeweils 4 Obst-, Nadel- und Laubbaumarten gedächtnismäßig verfügbar sein müssten. Bei entsprechender Strukturierungshilfe konnte (in Einzelfällen geprüft) diese Anforderung auch erfüllt werden, was dafür spricht, dass der Gedächtnisbesitz auf Grund einer geringen Geordnetheit bzw. Strukturiertheit nicht mühelos verfügbar gemacht werden kann. Allerdings hatten die Kinder bei weniger im urbanen Alltag vertrauten, für Brandenburgs Wälder jedoch typischen Baumarten (Kiefer, Lärche) deutliche Schwierigkeiten bei der Identifikation (anhand präsentierter Bilder). Insgesamt sind die Durchschnittswerte (ca. 65% erfolgreiche Anforderungsbewältigung) durchaus vergleichbar mit denen der Analysen zum Heimatkundeunterricht (ca. 70%).

- Die Kenntnisse sind allerdings wenig konkret und differenziert (eine selbst gewählte Baumart beschreiben nur ca. 16% der Kinder so konkret, dass sich aus der Merkmalsangabe die Baumart identifizieren lässt), wobei die Klassen 4 und 6 den Klassen 3 und 5 hierbei überlegen waren. (Hier liegen Vergleichsdaten aus der DDR nicht vor.) Eine differenzierte Darstellung der Untersuchung erfolgt im Kapitel 6.1. – Kenntniserwerb.

Allgemeinheit und Systematik der Kenntnisse

Um Aussagen über die Allgemeinheit und Systematik der Kenntnisse der Kinder zu gewinnen, baten wir sie, eine begriffliche Pyramide zum Oberbegriff Pflanze aufzubauen (Klasseninklusion). Wie man klar in Abb. 1 erkennen kann, bereitet gegenwärtig diese Anforderung größte Probleme. Die Unterrichtsstrategie, welche heute im Unterricht vorherrscht, scheint einen geringen Einfluss auf die Entwicklung dieser Komponente des kindlichen Denkens zu haben.

Zwar sind die Allgemeinheit und Systematik der Kenntnisse in Klasse 6 höher ausgeprägt als in den Klassen 3-5, dennoch fällt der „Entwicklungseffekt" eher bescheiden aus: nur 18% der Kinder in Klasse 6 gelangten zu einer vollständigen Lösung. Hier zeigten sich signifikante Unterschiede im Vergleich zu den Untersuchungen von 1988-91. Die 1991 im Zusammenhang mit unserem Unterrichtsexperiment (AE-Studie) untersuchten Kontrollklassen (n = 60) bewältigten die Anforderung vergleichbar mit den 6. Klassen 1996. Immerhin waren 1991 noch 37% der Kinder aus den Kontrollklassen und 68% der aus den Versuchsklassen in der Lage, die begriffliche Pyramide vollständig aufzubauen.

Auch dieses Ergebnis kann im Sinne einer zu geringen entwicklungsfördernden Wirkung des aktuellen Unterrichts bezüglich des begrifflichen Denkens und der Begriffsbildung interpretiert werden, währenddessen die in unserem Unterrichtsexperiment praktizierte Unterrichtsstrategie (entwicklungsfördernde Instruktion) hier positive Effekte zeitigte.

Anzumerken ist, dass die geprüfte Anforderung im Rahmen unseres Unterrichtsexperiments weder explizit noch implizit trainiert wurde. Vielmehr legten wir darauf Wert, im Unterricht die Lerntätigkeit der Kinder mit Blick auf die Bewältigung domänenspezifischer Anforderungen des naturwissenschaftlichen Denkens auszubilden (vgl. Kapitel 6.1.).

Abbildung 1 a, b: Vergleich des Aufbaus einer Begriffspyramide (Kategorie Pflanzen) in Untersuchungen 1991 und 1996 (VK – Versuchsklassen, KK – Kontrollklassen)

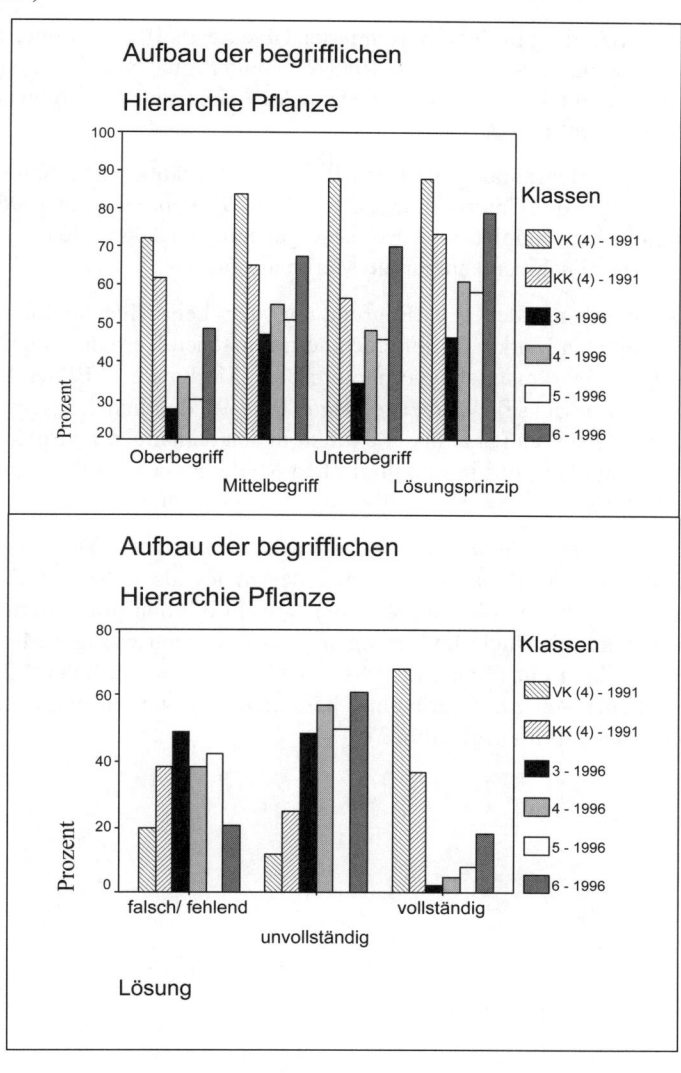

Besonderheiten der Begriffsbildung und der begrifflichen Identifikation

In einer weiteren Untersuchung analysierten wir Besonderheiten der Begriffsbildung und der begrifflichen Identifikation am Beispiel des Begriffs Pflanze.

In Einzeluntersuchungen (LE-Studien 1988-91, 1996) führten wir strukturierte Interviews durch. Die hierbei gewonnenen Daten stützen folgende Aussagen:

- Die Identifizierung bildlich präsentierter Objekte als Pflanzen oder als keine Pflanzen gelang 1996 wie auch 1988-91 ähnlich gut. Nur der Baum wurde 1988-91 in den Klassen 3 und 4 etwas, jedoch nicht statistisch relevant besser als Pflanze identifiziert.

- Auch bei der Begründung der begrifflichen Identifikation unterschieden sich die Ergebnisse der Untersuchungen von 1988-91 von denen in 1996 nur unwesentlich: Es dominierten sensorische gegenüber kategorialen Merkmalen. Nach Klasse 6 nahmen kategoriale Merkmale zu.

- Die Eingrenzung der zur Begründung der begrifflichen Identifikation herangezogenen Merkmale auf einen definitorischen Kern des Begriffs (z. B. Pflanze $=_{Df}$ Merkmalssatz morphologischer Merkmale – Blüte, Laubblatt, Stängel [Sprossachse], Wurzel) erfolgte 1988-91 deutlicher ausgeprägt. Die Ursachen hierfür sind u. a. in der explizit in den damaligen Lehrplänen geforderten Behandlung des morphologischen Merkmalssatzes (ab Klasse 1 bzw. 2) zu suchen.

- 1996 begründeten die Kinder hochsignifikant weniger systematisch (Konstanthalten des Merkmalssatzes bzw. Merkmales als Indiz des sich entwickelnden wissenschaftlichen Denkens), warum bildlich präsentierte Objekte Pflanzen sind oder nicht und bezogen hochsignifikant weniger Merkmale in die Begründung ein. Während 1991 noch in Klasse 4 im Schnitt 2,4 Merkmale systematisch zur Begründung herangezogen wurden, wurde 1996 nur ein Merkmal geprüft (vgl. Abb. 2).

Abbildung 2 a, b: Systematisches Prüfen eines oder mehrerer Merkmale im Rahmen von Begründungsanforderungen begrifflicher Identifikation in den Untersuchungen 1988-91 und 1996

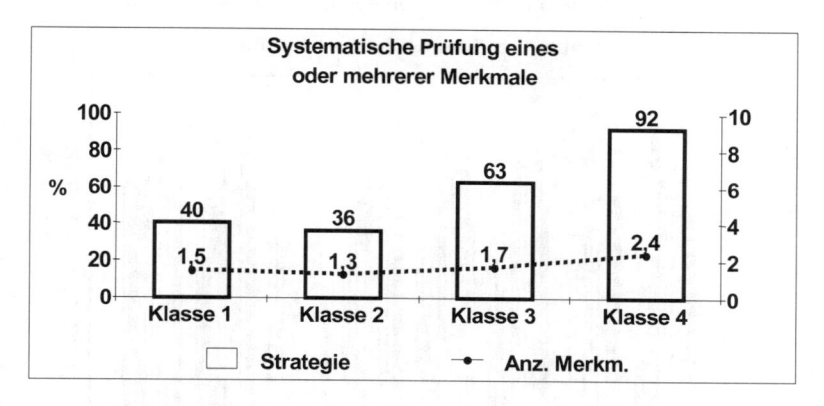

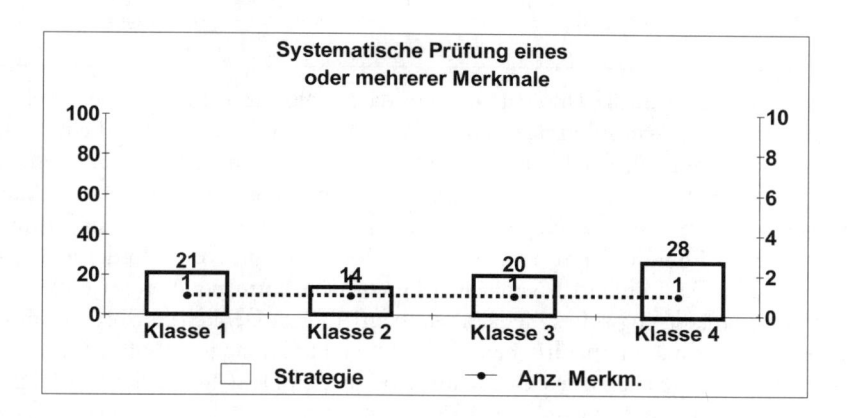

- Schließlich baten wir die Kinder, in Aussagesätzen verschiedene Merkmale in ihrer Relevanz dafür zu bewerten, dass sie erklären, warum Frühblüher Pflanzen sind. Die 1988-91 untersuchten Klassen 3 und 4 gaben signifikant weniger häufig irrelevante Merkmale (grün, gepflanzt werden ...) an (vgl. Abb. 3).

Abbildung 3: Bewertung von Merkmalen dafür, dass Frühblüher Pflanzen sind im Rahmen von Begründungsanforderungen

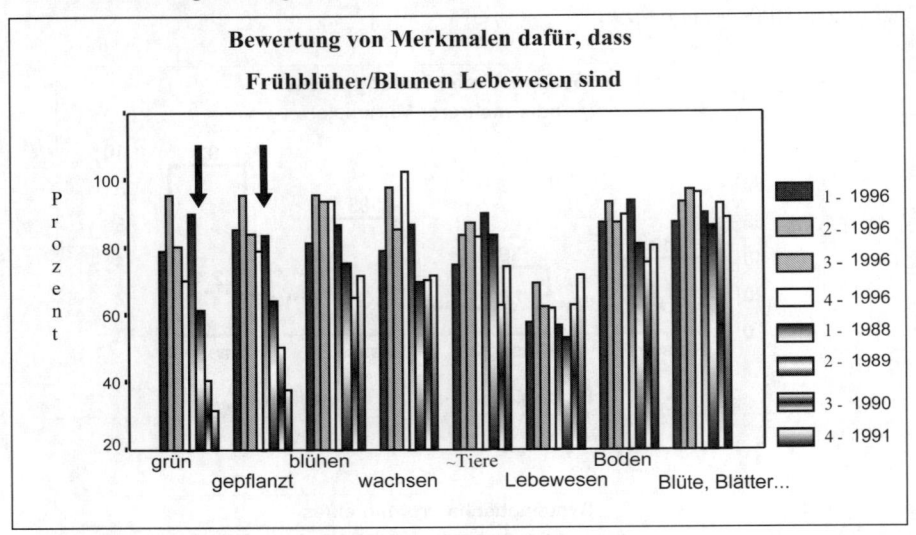

Bewertung von Merkmalen dafür, dass Frühblüher/Blumen Lebewesen sind

(Diagramm: Prozent; Kategorien: grün, gepflanzt, blühen, wachsen, ~Tiere, Lebewesen, Boden, Blüte, Blätter...; Legende: 1-1996, 2-1996, 3-1996, 4-1996, 1-1988, 2-1989, 3-1990, 4-1991)

Insgesamt zeigen die Untersuchungen, dass 1996 die Kinder größere Schwierigkeiten hatten, Anforderungen zu bewältigen, die mit wissenschaftlichem Denken korrespondieren. Andererseits zeigten sich kaum Unterschiede bei Anforderungen des mechanischen Memorierens (Reproduktion von Fakten, Artenkenntnissen), die eine gewisse Nähe zum Alltagsdenken aufweisen und mit primären psychischen Funktionen korrespondieren. Höhere kognitive Anforderungen, die mit höheren (kulturellen) psychischen Funktionen korrespondieren (willkürliche Aufmerksamkeit, logisches Gedächtnis, begriffliches Denken), erfordern im Gegensatz zu primären (natürlichen) kognitiven Funktionen (unwillkürliche Aufmerksamkeit, mechanisches Gedächtnis, bildhaftes Denken) gezielter pädagogischer Beeinflussung. Sowohl die Veränderung in den pädagogischen Grundsätzen der Lehrer als auch die Unterrichtsbeobachtungen sprechen jedoch dafür, dass diese nicht stattfindet. Damit scheint die Wirkung des Unterrichts auf die kognitive Entwicklung der Kinder weiter zurückgegangen zu sein. Näheren Aufschluss darüber wird die detaillierte Auswertung der Längsschnittuntersuchung (LE-Studie, Klassen 1 bis 4) geben. Weder direkte (Unterricht in der DDR), noch indirekte Instruktion (Tendenzen des gegenwärtigen Unterrichts) scheinen die Aufgabe der Entwicklungsförderung im Unterricht lösen zu können. Der Vergleich mit den Daten aus unserem Unterrichtsexperiment (entwicklungsfördernde Instruktion) zeigt jedoch, dass diese Aufgabe im Rahmen unseres Ansatzes vergleichsweise effektiv bewältigt wird.

2.4. Folgerungen

Unsere Untersuchungen zeigten, dass der traditionelle Unterricht (direkte Instruktion) wenig Einfluss auf die kognitive Entwicklung der Kinder ausübt: Das dominierende Lehren behindert das Lernen der Kinder (Holzkamp 1990).

Im Unterricht der Gegenwart (zumindest in den untersuchten Schulen) bemühen sich die Lehrer, der Aktivität des Kindes mehr Raum zu geben: Sie versuchen ihren Unterricht zu öffnen. Dennoch, das alleinige Vertrauen in selbstreguliertes Lernen ohne eine adäquate pädagogische Stützung und Hilfe (im Sinne der Ausbildung und Entwicklung der Lerntätigkeit) führt nicht zu einem anderen Effekt: Im Gegenteil, der Einfluss des Unterrichts auf die kognitive Entwicklung der Kinder scheint weiter zurückgegangen zu sein. An den Hauptproblemen des Unterrichts, die in den Analysen von 1984-87 festgestellt wurden (geringe entwicklungsgerechte Aktivität der Kinder, geistige Aktivität – Selbstständigkeit beim Lernen, kooperative Lerntätigkeit, entwicklungsfördernde Gestaltung des Unterrichts), hat sich trotz des Wandels in den pädagogischen Grundsätzen und im Instruktionsmodell nichts wesentlich geändert. Beide Unterrichtsstrategien scheinen als Konzeptionen in ihrer Orientierungswirkung zur Einseitigkeit zu neigen. Es fehlt an für das praktische Handeln der Lehrer relevanten Ansatzpunkten dafür, Unterricht im pädagogischen Alltag zu innovieren. Die Ergebnisse unserer Untersuchungen machen dringlich auf die Notwendigkeit der Überwindung einer immer wieder in der Literatur, aber mehr noch in der täglichen Argumentation unter Lehrern anzutreffenden Antinomie zwischen direkter und indirekter Instruktion, offenem Unterricht und systematischem Lernen usw. aufmerksam.

Einen möglichen Ansatz zum Erreichen einer breiteren Wirkung des Unterrichts (im Sinne einer entwicklungs- und damit schülerorientierten Innovation) zeigen unsere Untersuchungen zur entwicklungsfördernden Instruktion. Diese Unterrichtsstrategie zeichnet sich vor allem durch eine Orientierung auf die Wechselwirkung zwischen Lehren und Lernen aus (vgl. auch Vermunt & Verloop 1999). Hier kommt es darauf an, die Wechselwirkung zwischen Schüler- und Lehrerhandlung konkret im Unterricht zu beachten. Das ist der tiefere Sinn handlungsorientierten Unterrichts (gegenüber einer formalen Handlungsorientierung im Unterricht – vgl. Giest 1999b). Dieser besteht in der Orientierung auf die bewusste pädagogische Beeinflussung der Komponenten der Handlungsregulation im Unterricht (Sicherung von Bedingungen dafür, dass die Kinder Lernziele selbst bilden, Lernhandlungen planen, durchführen, kontrollieren und mit Blick auf das Lernziel bewerten können). Eine wichtige Bedingung dafür ist allerdings, dass dies zum Gegenstand des Lernens der Kinder bzw. auch gelehrt wird.

Bei Berücksichtigung der Entwicklungsdynamik, die sich in der Beziehung zwischen den jeweiligen Zonen der aktuellen Leistung und der nächsten Entwicklung ausdrückt, kann eine konstruktive Synthese zwischen direkter und indirekter Instruktion (im Sinne einer dialektischen Negation) hergestellt werden: Wenn die Lernanforderungen mehr in der Zone der aktuellen Leistung der Kinder liegen, sollte der Unterricht durch die Merkmale der indirekten Instruktion gekennzeichnet sein. Immer dann jedoch, wenn die Lernanforderungen über diese Zone hinausgehen und auf die Aneignung höherer, kultureller psychischer Funktionen gerichtet sind (bei Dewey sekundäre Erfahrung) sowie in der Zone der nächsten Entwicklung der Kinder liegen, sollten Momente der direkten Instruktion den Unterricht kennzeichnen. Hierbei ist zu beachten, dass Entwicklungsprozesse konkret und individuell ablaufen. Insofern darf dieses Vorgehen im Unterricht keinen abstrakten Durchschnittsschüler im Auge haben, sondern macht Individualisierung unbedingt erforderlich.

Sowohl psychische Neubildungen, wodurch sich die Zone der nächsten Entwicklung hauptsächlich von jener der aktuellen Leistung unterscheidet, als auch die entsprechenden Lernanforderungen beziehen sich niemals auf singuläre, sondern auf Klassen von Anforderungen, die selbstredend im konkreten Fall eine individuelle Bewältigung gestatten bzw. erfordern. Zunächst steht jedoch diese individuelle, stets auf konkrete Aufgaben bezogene Anforderungsbewältigung nicht im Mittelpunkt des Unterrichts, sondern das gemeinsame Gewinnen von Handlungsorientierungen im Sinne heuristischer Strategien zur Anforderungsbewältigung, die es zunächst nur prinzipiell gestatten, die Zone der nächsten Entwicklung zu erreichen. Bedingt durch diese Anforderungsklassen „zerfällt" die Schulklasse in dieser Unterrichtsphase nicht sofort in je individuell, konkrete Aufgaben bearbeitende Lerner, sondern es entstehen „Lernergruppen" (im Idealfall eine Lernergruppe) mit gleicher Zone der nächsten Entwicklung. Dies gestattet, Binnendifferenzierung zunächst auf diese Anforderungsklassen zu beziehen. Eine völlige Individualisierung ist im Rahmen der direkten Instruktion im Klassenunterricht kaum möglich, sondern nur unter der Bedingung der indirekten Instruktion, bei weitgehend eigenreguliertem Lernen prinzipiell gegeben. Ergänzt werden frontale (gruppenbezogene) differenzierende Maßnahmen durch das eigenregulierte Lernen in inhomogenen Schülergruppen, wobei die Schüler gegenseitig voneinander lernen können. Anzumerken bleibt, das auch dies Gegenstand gezielter Instruktion sein, d. h. bewusst gelernt werden muss.

Zweiter Teil: Evaluation im Sachunterricht
3. Von der Heimatkunde zum Sachunterricht

3.1. Vorbemerkung

Das Ziel unserer Untersuchungen war es, auf der Basis einiger empirischer Erhebungen, Probleme der Praxis des Sachunterrichts, unter besonderer Beachtung der Bedingungen in den Neuen Bundesländern zu benennen. Damit sollte ein konkreter Beitrag zur Evaluation des Sachunterrichts geleistet werden. Ferner sollten auf dem Hintergrund zurückliegender Untersuchungen im Heimatkundeunterricht der DDR sowie einer Fragebogenerhebung im Land Brandenburg exemplarisch Aspekte der Veränderung trendbestimmender Unterrichtsstrategien diskutiert werden.

Eine systematische Evaluation des Sachunterrichts und des Vorläufigen Rahmenplanes wurde weder vom zuständigen Ministerium gefordert, noch gefördert. Es blieb daher der Initiative der Wissenschaft überlassen, sich Aspekten dieser Problemstellung nach Maßgabe der beschränkten personellen und finanziellen Möglichkeiten zuzuwenden.

Wir konzentrierten unsere Untersuchungen auf den Unterricht. Schwerpunkt der Analysen waren:

- das Problemlösen (siehe unten und Giest 1996a, b) (Im Problemlösen besteht ein besonderes Moment der in den Rahmenplänen geforderten Qualität des Lernens der Kinder[12] und gleichzeitig ein Manko des in den o. g. Analysen untersuchten Heimatkundeunterrichts in der DDR.),

- die Begriffsbildung und kognitive Entwicklung im Unterricht (siehe unten und Giest 1995a) (Wenngleich die geistige Entwicklung der Kinder nicht der alleinige Zielpunkt pädagogischer Intentionen sein kann, so handelt es sich doch um einen wesentlichen Aspekt, bei dem in den Analysen zum Heimatkundeunterricht deutliche Probleme auftraten.),

- die Handlungsorientierung im Unterricht (siehe unten und Giest 1997a) (Hierin kommt ein wesentlicher Aspekt der Veränderungen des Sachunterrichts gegenüber der Heimatkunde in der DDR zum Ausdruck. Wenngleich Handlungsorientierung im Sinne der Betonung der Aktivität des Schülers im Unterricht durchaus eine bedeutsame Forderung an den Unterricht in der

---

[12] vgl. hierzu auch Klieme et al. 2001.

DDR war, handelt es sich aktuell um ein prinzipiell weiter gefasstes Qualitätsmerkmal des Unterrichts. Handlungsorientierung bedeutet in besonderem Maße, dass die Kinder aktiv an der Bestimmung der Ziele und Inhalte sowie an der Gestaltung des Unterrichts teilhaben können.),

- besondere Merkmale der Lehrtätigkeit (Lehrstrategien). Diese Untersuchung in Form einer Befragung ist Gegenstand der folgenden Darstellung.

Wenngleich mit der politischen Wende in der DDR und der Einheit Deutschlands ein mehr oder weniger rigoroser Bruch in der Entwicklung des Bildungswesens in den Neuen Bundesländern verbunden war, können Entwicklungsprobleme des Unterrichts, kann seine Praxis nicht ohne einen Blick auf die Geschichte verstanden werden. Dies gilt erst recht, da der größte Teil der Lehrerschaft in den Schulen der Neuen Bundesländer seine Ausbildung und einen großen Teil prägender beruflicher Erfahrungen in der DDR gemacht hat. Diese wurden in spezifischer Weise durch die stattgefundenen Veränderungen gebrochen, müssen insgesamt jedoch nachwirken und so die Praxis des Sachunterrichts mehr oder weniger deutlich beeinflussen.

3.2. Die Entwicklung des Heimatkundeunterrichts in der DDR (1951-1990)[13]

In der DDR war die Heimatkunde formal als Disziplin in den Deutschunterricht integriert. Der Unterricht in der Disziplin Heimatkunde unterschied sich in wesentlichen Momenten vom Konzept des vorfachlichen Unterrichts in der Grundschule der Alten Bundesländer. Diese Unterschiede waren vor allem durch das in der DDR vorherrschende Gesellschaftssystem bedingt. Hauptunterschied war hier die ständig gesteigerte Ideologisierung des Unterrichts und der Lehrpläne in der DDR. Der Heimatkundeunterricht war, auch fußend auf gewissen Traditionen der Heimatkunde in Deutschland, ein auf die herrschende Ideologie orientierter Gesinnungsunterricht. Sein Bildungs- und Erziehungskonzept sah eine emanzipato-

---

[13] Die bilanzierenden Aussagen müssen, bedingt durch die Publikationspraxis in der DDR, bei Berücksichtigung der Lehrplanreferate (Drefenstedt & Szudra 1983 und Drefenstedt & Rehak 1985), auf der Grundlage der Auswertung größtenteils unveröffentlichter Materialien der Arbeitsstelle für Unterstufe der APW erfolgen. Als solche sind an dieser Stelle zu nennen: Konzeptionen der Bewährungsanalysen der Lehrpläne (1984, 1986, 1987); Abschlussberichte zur Bewährungsanalyse Heimatkunde Klasse 2 (1986); Klasse 3 - Entwurf (1986); Gesamtbericht zur Bewährungsanalyse Heimatkunde, Klassen 2 bis 4 - Entwurf (1988); Aspektberichte zur Bewährungsanalyse; Einschätzung der Wirksamkeit der Veränderungen in den neuen Lehrplänen für den Deutschunterricht der Klassen 2 bis 4: Lesen Klasse 2 bis 4; Muttersprache Klasse 4; Heimatkunde Klassen 3 und 4 (Mai 1988); Problemliste - Heimatkunde (Oktober 1988), Konzeption für die Entwicklung der Disziplin Heimatkunde in den Jahren 1986 - 1990 - Entwurf (September 1987), Disziplin- und Kaderentwicklungsprogramm „Deutsch - untere Klassen" (1989).

rische Erziehung kritischer, mündiger Staatsbürger weitgehend nicht vor. Statt dessen ging es ihm um eine funktional-technokratische Erziehung an das herrschende Gesellschaftssystem gut angepasster junger Menschen.

Es gab insgesamt vier Lehrplangenerationen in der DDR (1951, 1959, 1971, 1984 – vgl. Neuner et al. 1976, 1988, Neuner 1989), die durch einzelne präzisierte Lehrpläne ergänzt wurden.

Bei der Konzipierung der Lehrplangeneration von 1951 wurde politisch von der Offenheit der Deutschen Frage in Ostdeutschland ausgegangen (vgl. Deiters 1948). Dies hatte für die Schule und den Unterricht besonders in den unteren Klassen die Folge, dass die deutsche Sprache als „festes Bindeglied zwischen den deutschen Menschen" (S. 10) im Zentrum des Unterrichts stand. Heimatkundliche Inhalte wurden im Rahmen des „Erläuternden Lesens" behandelt. Der Unterricht orientierte sich in großen Teilen am Gesamtunterricht der Volksschule und an reformpädagogischen Traditionen, auf die man nach dem Zusammenbruch des Dritten Reiches notgedrungen zurückgriff.

Ab 1959 war aus Sicht der ostdeutschen Machthaber die vorher als offen betrachtete Deutsche Frage mehr oder weniger in Richtung auf die längerfristige Existenz zweier unabhängiger deutscher Staaten entschieden, welche durch unterschiedliche und insgesamt konkurrierende Gesellschaftssysteme gekennzeichnet waren. Der Bau der Mauer 1961 war eine logisch zwingende Folge aus dieser Entwicklung. Es konnte deshalb nicht verwundern, dass diese Entwicklungen nachhaltige Folgen für die Volksbildung zeitigten.

Die zehnklassige polytechnische Oberschule, welche durch die Dominanz der polytechnischen Bildung und Erziehung (gerichtet auf Voraussetzungen für die Herausbildung des sozialistischen Facharbeiters) sowie der weltanschaulichen und politisch-moralischen Bildung und Erziehung (Erziehung sozialistischer Staatsbürger) gekennzeichnet war, sollte der gesellschaftlichen und politischen Entwicklung entsprechen. Die Schule sollte damit einen wesentlichen Beitrag leisten, die Kinder im Sinne des herrschenden Gesellschaftssystems zu erziehen.

Die Disziplin Heimatkundliche Anschauung im Rahmen des Heimatkundlichen Deutschunterrichts, welche mit der ab 1959 eingeführten Lehrplangeneration das Erläuternde Lesen ablöste, nahm eine zentrale Position im Deutschunterricht ein. Insbesondere sollten durch die Heimatkundliche Anschauung

- der Deutschunterricht mit dem gesellschaftlichen Geschehen verbunden (d. h. es war vor allem eine gesinnungsbildende Wirkung angezielt) sowie

- zentrale Inhalte für den Deutschunterricht gestiftet und insgesamt eine Erhöhung der Sachbezogenheit des Unterrichts erzielt werden.

Dennoch kam der Unterricht in den unteren Klassen, vor allem die Heimatkundliche Anschauung, in die Kritik, weil es nach Ansicht der schulpolitischen Administration noch nicht gelang, Überreste des „bürgerlichen" Volksschulunterrichts zu überwinden (vgl. Hagemann 1964), einen fachwissenschaftlich einwandfreien, erziehungswirksamen und methodisch modernen Unterricht zu erteilen und vor allem die inzwischen eingeleiteten Veränderungen in der Oberstufe angemessen zu berücksichtigen (vgl. Lüdtke 1965). Die vorgegebene schulpolitische Linie wurde nach Verabschiedung des „Gesetzes über das einheitliche sozialistische Bildungssystem" im so genannten „Unterstufenbeschluss" 1965 niedergelegt.

Der Kern der Überlegungen bestand darin, in einer gewissen Analogie zur Situation nach dem so genannten „Sputnikschock" in den Alten Bundesländern, ausgehend von einer Erhöhung vor allem des Niveaus und Anspruches naturwissenschaftlich-mathematischer Bildung im Fachunterricht der Oberstufe, diese Anforderungen an den Unterricht in den unteren Klassen weiterzugeben. Dem kamen auch die Ergebnisse der damaligen psychologischen Forschung entgegen (Begabungsbegriff, neue Auffassungen über die Leistungs- und Entwicklungsfähigkeit des Kindes – Überwindung einer starren Orientierung am Alter bzw. an Altersphasen, Ergebnisse didaktischer Forschung, die insgesamt mit einem hohen Maß an pädagogischem Optimismus – „Das Kind entwickelt sich, indem es gebildet und erzogen wird." – verbunden waren).

Im Gefolge des „Unterstufenbeschlusses" wurden die Lehrpläne von 1959 überarbeitet. Kennzeichnend für diese Zeit, wie auch in den Alten Bundesländern, war die Auffassung, mit curricularen Entscheidungen bedeutende Veränderungen in Schule und Unterricht bewirken zu können. Während man sich in den Alten Bundesländern (u. a. auch im Zusammenhang mit der Überwindung des Behaviorismus) schon bald von dieser Auffassung trennte, blieb sie für die DDR-Schule tragend. Die Mittel, um angestrebte Veränderungen im Unterricht zu erreichen, waren

- die Präzisierung der Lehrplanangaben zum Niveau des zu vermittelnden Wissens, Könnens und zur Erzogenheit,
- die exaktere Abgrenzung der Aufgaben und Ziele der einzelnen Disziplinen im Zusammenhang mit dem Trend, den Fachunterricht vorzuverlagern (Insgesamt dominierte die Auffassung, dass Wissenschaftlichkeit des Unterrichts im Wesen Fachunterricht bedeutet.),

- die exakte Darstellung und Abgrenzung der Stoffe der Disziplinen, vor allem der Disziplin „Heimatkundliche Anschauung",
- die Aufnahme von Koordinierungshinweisen, um der Zersplitterung des fachorientierten Unterrichts entgegenzuwirken,
- die Aufnahme von Stoffverteilungsplänen, um die längerfristige Planung des Unterrichts zu erleichtern.

Die Präzisierung der Lehrpläne 1964 / 68 war eine Episode auf dem Weg zur neuen Lehrplangeneration 1968-71. Während 1964 / 68 zwar die Heimatkundliche Anschauung zur selbstständigen Disziplin im Rahmen des Heimatkundlichen Deutschunterrichts wurde (dies war sie ab 1955 nur für die Klasse 4), blieb in ihr der Unterricht im Schulgarten integriert. Erst mit den Lehrplänen von 1968-71 wurde auch der Schulgartenunterricht ein separates Fach.

Die Bearbeitung der Lehrpläne im Zusammenhang mit der Konzipierung der letzten Lehrplangeneration von 1984-1990 war darauf gerichtet, die Lehrplanziele weiter zu präzisieren, die Systematik (u. a. Lehrgangsaufbau) bei der Auswahl und der Anordnung des Stoffes im Lehrplan zu erhöhen sowie das Niveau des von den Kindern anzueignenden Wissens und Könnens noch genauer zu bestimmen.

In gewisser Weise zeigte sich an dieser Aufgabenstellung die Stagnation in der Volksbildung – als Ausdruck der Stagnation in der Gesellschaft.

Bei den Reformbemühungen nach 1990 musste davon ausgegangen werden, dass eine erforderliche tiefgreifende Reform ein Prozess konsequenter, aber mittelfristiger Veränderungen „von oben" und zugleich „von unten" sein würde. Deshalb wurde in den Rahmenrichtlinien für den Heimatkundeunterricht in den neuen Bundesländern (Rahmenrichtlinien 1990)[14] versucht, einen Neuanfang, eine prinzipielle Wende in der Konzeption der Erziehung und Bildung *einzuleiten,* nicht jedoch vornehmen zu wollen (Giest 1990b). Von vornherein stand außer Frage, dass diese Rahmenrichtlinien nur einen Übergangscharakter besitzen würden (Peplowski 1990). In den Klassen 1 und 2 (der Lehrplan der Klasse 1 erschien erst im Herbst 1989 – vgl. auch Lehrplan Deutsch Klassen 1-4 1990) wurden durch relativ wenige Stoffstreichungen und -präzisierungen Übergangslösun-

---

[14] Diese Rahmenrichtlinien wurden auf der Grundlage der Bewährungsanalysen (1984-1987) von einer mit Fachvertretern und Vertretern der Öffentlichkeit zusammengesetzten Arbeitsgruppe erarbeitet. Die Grundpositionen wurden in der damaligen Fachzeitschrift „Die Unterstufe" als auch in verschiedensten öffentlichen Veranstaltungen zur Diskussion gestellt.

gen geschaffen, die den gesellschaftlichen Veränderungen weitgehend Rechnung tragen sollten. Grundüberlegungen waren hierbei:

1. die Erhöhung der Heimatbezogenheit des Unterrichts (stärkere stoffliche Bindung des Bezuges der zu behandelnden Inhalte zur Heimat – Schule, Wohngebiet, Heimatort[15]),

2. konsequentes Ausgehen vom Kind, die bessere Berücksichtigung seiner Erfahrungswelt, womit auch eine Präzisierung der Niveauanforderungen des Lernens im Heimatkundeunterricht verbunden war,

3. das Wesentliche in Ziel und Stoff des Lehrplans besser zu bestimmen, d. h. in erster Linie Möglichkeiten anzubieten, freier mit dem Lehrplan umzugehen, durch Konzentration auf das Wesentliche Freiräume für die Berücksichtigung individueller Bedürfnisse zu schaffen (Giest 1989b). Natürlich bewegten sich diese Veränderungen (Verzicht auf die Verbindlichkeit der Zeitvorgaben und die Orientierung auf einen flexiblen Umgang mit den im Lehrplan fixierten Inhalten) im Rahmen des bislang dem Heimatkundeunterricht zugrundegelegten Konzepts und versuchten dieses zu öffnen.

Das gilt in gewisser Weise auch für die Klassen 3 und 4. Hier war jedoch die Situation vor allem für die Inhalte aus dem Teillehrgang „Gesellschaft" anders. Die in den Jahren 1984-87 durchgeführten wissenschaftlichen Analysen (s. u.) führten zur Schlussfolgerung, dass „die Ziele des Lehrplans trotz aufopferungsvoller Arbeit der Lehrer, trotz vielfältiger Initiativen im Wesentlichen nicht erfüllt werden (konnten)" (Giest 1989a, S. 227). Die Ursachen hierfür lagen einerseits in der politisch-ideologischen Konzeption des Lehrplans, der konzeptionellen Grundanlage des Unterrichts (systematische Teillehrgänge zur direkten Fachvorbereitung) und andererseits in seiner Lebensferne, der Kopflastigkeit, der Idealisierung gesellschaftlicher Zustände und der für Kinder diesen Alters unfasslichen Beschäftigung mit der jüngeren Geschichte (vgl. Giest 1989a).

Neue Momente in den Rahmenrichtlinien für die Klassen 3 und 4 waren:

1. die Betonung des Erwerbs einer „aktiven Lebensposition des Kindes" gegenüber dem „Erwerb grundlegender Kenntnisse", der (kognitiven) Kopflastigkeit in den alten Lehrplänen,

---

[15] Die Wortwahl legt nahe, dass die Heimat hier nur in der territorialen Enge gesehen wird. Es ging jedoch um die stärkere Berücksichtigung der Lebenswirklichkeit des Kindes. Man ging davon aus, dass diese vor allem durch die sozialen Institutionen Schule, Familie (Wohngebiet) und das gesellschaftliche Leben sowie die Natur im Heimatort geprägt wird.

2. die Kennzeichnung von Themenkreisen und der Verzicht auf einen starren Lehrgang (bzw. auf Teillehrgänge – Natur und Gesellschaft),
3. die Aufhebung der Verbindlichkeit der Inhalts- und Zeitvorgaben,
4. die Orientierung auf die Öffnung des Unterrichts, auf Gelegenheits- und Projektunterricht und auf die Integration verschiedener Lernziele und Lerninhalte der Themenkreise in einen fächerverbindenden Unterricht (Abkehr von der formalen „Abarbeitung" des Lehrplans)[16],
5. die Aufnahme von Inhalten, welche dem Bestreben einer stärkeren Berücksichtigung der Lebenswirklichkeit der Kinder entsprachen.

Dennoch war auch hier die Lehrplanarbeit die Hauptform, Veränderungen im Unterricht herbeizuführen. Diese Veränderungen sollten vor allem betreffen:

1. Entideologisierung, Humanisierung und Demokratisierung des Unterrichts,
2. konsequente Kind- und Wirklichkeitsorientierung des Unterrichts in Einheit von Orientierung auf die aktuelle Lebenssituation und die künftige Entwicklung des Kindes,
3. Erhöhung der Effektivität des Lernens im Hinblick auf Selbstständigkeit, Eigenverantwortlichkeit und Kreativität,
4. das Finden von Unterrichtsmethoden, die entdeckendes Lernen und zugleich kohärente Wissensbestände beim Schüler realisieren,
5. optimale Ausprägung der Individualität der Kinder in der Einheit von Förderung und Ausgleich" (Giest et al. 1990, S. 3).

3.3. Evaluation des Heimatkundeunterrichts

Auf Grund fehlender wissenschaftlicher Kapazität wurden fachdidaktische bzw. methodische Forschungen zum Heimatkundeunterricht erst ab Mitte der 60er Jahre in Angriff genommen, eine Methodik des Heimatkundeunterrichts als Wissenschafts- und Ausbildungsdisziplin existierte erst seit Mitte der 70er Jahre – gezielte Methodikausbildung in den IfL (Institut für Lehrerbildung) und am IfU (Institut für Unterstufenmethodik) in Erfurt. Im Zusammenhang mit dem Unterstufenbeschluss und der Überarbeitung der Lehrpläne von 1959 wurden einige prinzipielle Probleme aufgeworfen. Dies betraf u. a.:

---

[16] In einem Unterrichtsexperiment wurde im Schuljahr 1990/91 die Möglichkeit der Verbindung von Projektarbeit und Lehrgang auf der Grundlage der Rahmenrichtlinien erprobt (Giest 1994a).

- die Verbindung von Schule und Leben, von Theorie und Praxis in der Unterstufe,
- das Prinzip der Wissenschaftlichkeit des Unterrichts in der Unterstufe (Möglichkeit und Grenzen der Propädeutik, Vorverlagerung des Fachunterrichts),
- psychische Besonderheiten jüngerer Kinder und der Lernprozesse des Unterstufenkindes,
- die prinzipielle Leistungsfähigkeit der Schule und des Unterrichts im Verhältnis zu Elternhaus und Gesellschaft,
- die Möglichkeiten und Grenzen des Fachlehrereinsatzes vs. Klassenlehrerprinzips,
- Konzept und Praxis der Schulfähigkeit,
- Theorie und Praxis der Unterrichtsprogrammierung in der Unterstufe.

Diesen Problemen konnte jedoch aus den genannten Gründen heraus wissenschaftlich nicht systematisch nachgegangen werden. Es gab nur zwei Untersuchungen, die sich der prinzipiellen Weiterentwicklung des Heimatkundeunterrichts und hier auch nur bezogen auf den Bereich der Natur zuwandten. Das war einerseits ein Schulversuch in Löbau (verantwortet durch das Institut für den mathematisch-naturwissenschaftlichen Unterricht der APW) und ein Unterrichtsexperiment, welches der Einführung der Schüler in die Naturwissenschaften diente (verantwortet durch das Institut für Pädagogische Psychologie der APW – vgl. Irmscher 1982). Diese wiesen fehlende fachdidaktische Bezüge und eine zu geringe Bezugsetzung zur Aufgabe der Unterstufe auf und blieben wirkungslos für den Heimatkundeunterricht.

In der Folgezeit wurden kaum Grundlagenuntersuchungen durchgeführt, sondern Kraft und Zeit wurden auf die Evaluation des Lehrplans und auf seine Weiterentwicklung konzentriert.

Es gab zwei größere Erhebungen in den Jahren 1974-1978 und 1984-1987. Diese Analysen bedienten sich vielfältiger Methoden und wurden mit großem personellen Aufwand betrieben. Im Rahmen der Analysen konnte ein relativ konkretes Bild vom Unterricht (Lehrplanerfüllung, Orientierungswirkung des Lehrplans, Ausstattungsgrad und Qualität der Unterrichtsmittel und Unterrichtsmaterialien, Qualität des Lehrerhandelns usw.) gezeichnet werden.

Die Hauptfragen betrafen das Lehrplanverständnis der Lehrer (als Voraussetzung dafür, dass der Lehrplan praktische Wirkung zeigen kann), die Unterrichtsgestaltung und die Lernresultate der Schüler. Als Methoden kamen zum Einsatz: Gesprächsrunden mit Lehrern und Fachberatern, die Dokumentenanalyse (Auswertung der vielfältigen Berichte, die vor allem von den staatlichen Stellen eingeholt und beginnend mit den Fachberatern auf Kreis- und Bezirksebene abgefordert wurden); Unterrichtsbeobachtungen und Dokumentenanalyse (Schülerarbeitshefte und Klassenbücher) bzw. Testarbeiten in der Regel mit Stichproben von 600-800 Schülern pro Klassenstufe.

Im Ergebnis der Analysen von 1974-78 wurden eine große Differenziertheit im Umgang der Lehrer mit dem Lehrplan, fachliche Probleme, Mängel bei der Konzentration auf das Wesentliche im Unterrichtsstoff, Verbalismus und geringe Anschaulichkeit des Unterrichts festgestellt. Der Stoff und der Lehrer dominierten den Unterricht, aktiv und damit eigenreguliert lernende Schüler wurden kaum angetroffen. Es gab Versuche, zumindest ab Klasse 4 Fachlehrer für den Heimatkundeunterricht einzusetzen, um damit den fachlichen Problemen der Lehrer im Zusammenhang mit dem erhöhten fachwissenschaftlichen Anspruch an den Unterricht begegnen zu können.

Die Analysen der Jahre 1984-87 verwiesen auf Schwierigkeiten vor allem bei den Lehrern,

- die allgemeinen Ziele und Aufgaben der Disziplin mit den konkreten Angaben zu den Unterrichtseinheiten in Beziehung zu setzen, was zu Tendenzen des Abarbeitens des Stoffes führte und den Beitrag des Unterrichts mit Blick auf längerfristige Prozesse der Entwicklung der kindlichen Persönlichkeit minimierte,
- beim Ausgehen von der Lebenswirklichkeit[17] der Kinder im Unterricht – die durchaus geforderte Auseinandersetzung der Kinder mit der unmittelbaren Wirklichkeit wurde oft dem „Buchunterricht" geopfert,
- bei der rationellen Unterrichtsgestaltung (vor allem bezogen auf das Stoff-Zeit-Verhältnis),
- das „Stoffschütten" zu überwinden und dafür die (hauptsächlich immer wieder geforderte geistige) Aktivität der Schüler im Unterricht zu erhöhen,
- bei der Sicherung eines entwicklungsgerechten Anforderungsniveaus im Unterricht (also weder Über- noch Unterforderung zulassend) inklusive der pä-

---

[17] Auf die prinzipiellen, ideologisch bedingten Grenzen des Unterrichts gingen die Analyseberichte selbstredend nicht ein – vgl. hierzu (Giest 1989a, 1990a, 1990d, 1991, Bayer et al. 1994).

dagogisch sinnvollen Sicherung der Unterrichtsergebnisse, insbesondere der Lernergebnisse der Kinder.

Hauptforschungsfragen, die sich aus den Analysen ableiteten und Hauptprobleme markierten (vgl. Disziplin- und Kaderentwicklungsprogramm Deutsch – untere Klassen 1988), waren:

- Worin bestehen die konkret im Heimatkundeunterricht aufzugreifenden Entwicklungsbesonderheiten der Kinder?

- Worin besteht die Spezifität der Aneignung verschiedener heimatkundlicher Gegenstände[18] (Aneignungsweisen und ihr Verhältnis zu heimatkundlichen Zielen)?

- Wie kann die Effektivität des Unterrichts durch Einsatz ziel-, inhalts- und entwicklungsadäquater Methoden und Organisationsformen des Unterrichts erhöht werden? (Potenzen und Grenzen problemhaften Unterrichtens, kooperative Lernformen, Spiel als didaktisches Mittel, Nutzung vielfältiger didaktischer und materieller Mittel für die Gestaltung adäquater Erkenntnisprozesse, die Koordinierung der Disziplinen des Deutschunterrichts und der anderen Fächer sowie der außerunterrichtlichen Tätigkeit der Kinder mit Blick auf die Entwicklung der Gesamtpersönlichkeit des Kindes, Nutzung der erzieherischen Potenzen des Stoffes)?

- Wie sind Erziehungsprozesse im Heimatkundeunterricht langfristig und effektiv zu gestalten?

In gewisser Weise erfolgte, wenn auch wenig explizit gemacht, mit den Ergebnissen der Analysen der Jahre 1984-87 eine Umorientierung in der Forschung. Diese rückte vom Mittel des Lehrplans als hauptsächlichem Steuerungselement der Schulpraxis ab und wandte sich dem Kind und seiner Entwicklung zu.

Aus den solchermaßen umorientierten Analysen ergaben sich nach der Wende neue Qualitätsanforderungen an die Erziehung und Bildung, welche durch

- „die konsequente Orientierung am Kind,

- die Demokratisierung des Unterrichts in seinen Zielen, Inhalten und der Gestaltung,

---

[18] Der Terminus „heimatkundliche Gegenstände" ist im Sinne von Gegenständen des Unterrichts mit engem Bezug zu den Realien (Geschichte, Erdkunde, Biologie am Beispiel des Heimatortes, Heimatkreises, Heimatbezirkes) zu verstehen. Es ging dabei weniger um den traditionellen Heimatkundeunterricht und den damit verbundenen Heimatbegriff.

- die Freisetzung der schöpferischen Kräfte der Schüler und des Lehrers, die bessere Durchsetzung des Rechts auf freie Entfaltung der Individualität des Kindes im Unterricht"

gekennzeichnet waren (Giest 1990a, S. 158).

Das Hauptproblem der Entwicklungen nach 1990 bestand aus meiner Sicht darin, dass

- neue Unterrichtsdokumente (Rahmenpläne) erstellt wurden, welche die Lehrer vor allem mit den Ansprüchen an einen mehr oder weniger modernen Sachunterricht konfrontierten, ohne dass ausreichend begleitende Maßnahmen vorhanden waren, auch die erforderliche didaktische Kompetenz zu vermitteln,

- neue Lehrbücher (in z. T. schwer zu überschauender Vielfalt) erschienen, die oft schlecht an die regionalen Bedingungen der Neuen Bundesländer angepasst waren und (anders als die Lehrbücher in der DDR) nicht direkt auf der Grundlage der Lehrpläne entstanden und einen anderen Stellenwert im Hinblick auf die Unterrichtsgestaltung haben sollten und hatten,

- in der Gestaltung des realen Unterrichts und in der zugrundegelegten didaktisch-methodischen Konzeption bei vielen Lehrern wenig Veränderungen stattfanden. Die Lehrer unterrichteten z. T. auf der Grundlage vorhandener alter Bücher und Unterrichtsmaterialien – z. T. auch der Tatsache geschuldet, dass nicht immer genügend neue Bücher vorhanden waren. Die neuen Rahmenpläne waren nicht nur in den Stoffangaben ungewohnt offen. Auch hier konfrontierte man die Lehrer mit Ansprüchen an ihre eigene Arbeit, die einzulösen, sie mitunter allein gelassen wurden. Hinzu kommt, dass in Brandenburg der Schulgarten- und Werkunterricht in den Sachunterricht curricular integriert wurde, ohne – flankiert durch eine breite Weiterbildungsaktion – die Lehrer in dieser Hinsicht zu qualifizieren (in der DDR waren Fachlehrer für Werken und Schulgarten tätig, die Qualifikation für die Disziplin Heimatkunde hatten alle Unterstufenlehrer im Rahmen ihrer Ausbildung an den IfL zu erwerben). Ein weiteres Problem ist die Beschäftigungsperspektive angesichts der demografischen Entwicklung in den Neuen Bundesländern, was keineswegs positiv zur Motivation der Lehrer beiträgt (Auf weitere, nicht immer positiv wirkende Auswirkungen des gesellschaftlichen Wandels auf die Schule, die Lehrer, die Familien und damit auf die Kinder kann an dieser Stelle nur global verwiesen werden.).

4. Lehrerbefragung zu Grundschule und Unterricht

4.1. Ziel, Fragestellung und Methoden der empirischen Untersuchung

Der Vorläufige Rahmenplan für den Sachunterricht in Brandenburg sollte einen wichtigen Beitrag leisten, „das veränderte Konzept des Sachunterrichts in schulisches Alltagshandeln einzubringen" (Beier et al. 1994, S. 190). Wesentliche Momente dieses veränderten Konzepts waren neben veränderten Zielen und Inhalten der Erziehung und Bildung die Öffnung des Unterrichts in Richtung auf die Kinder und deren Lebenswirklichkeit und damit einhergehend der Abbau von Momenten der „Fernsteuerung" der Lehrer und Schüler durch die Lehrplanmacher; die prinzipielle Erhöhung der Handlungsorientiertheit des Unterrichts und der Orientierungswirkung des Lehrplans im Hinblick auf das Herstellen der Einheit von Lernen und Lehren als untrennbare Planungsgrößen (vgl. Beier et al. 1994, S. 192).

Der Gegenstand unserer Untersuchung[19] waren Auffassungen der Lehrer zur Grundkonzeption des modernen Sachunterrichts sowie zur Planung, Durchführung und Auswertung des Unterrichts in den Dimensionen Offenheit und Geschlossenheit, worin ja hauptsächliche Veränderungstendenzen im Unterricht zum Ausdruck kommen.

Im Einzelnen fragten wir:

- Worin werden Qualitätsmerkmale des Unterrichts gesehen (Offenheit, Disziplin, Rolle des Lehrers, geschaffter Stoff)?

- Woran orientieren sich Lehrer bei der Bestimmung der Ziele des Unterrichts?

- Worauf bezieht sich vorzugsweise die Vorplanung des Unterrichts? (Welche Rolle spielen Lehrertätigkeit, Schülertätigkeit, didaktische Funktionen, Methoden und Verfahren der Stoffvermittlung, der Stoff, die Zeit, Medien usw.?)

---

[19] Unsere Untersuchungen waren ursprünglich in Bemühungen um die Erforschung des Zusammenhangs zwischen Lehr- und Lernstrategien im Unterricht (vgl. Lompscher 1996, Giest 1996c) eingeordnet. Im Rahmen dieser Untersuchungen sollte versucht werden, unterschiedliche Unterrichtsstrategien und den Zusammenhang zwischen den darin vorkommenden Lehr- und Lernstrategien zu erhellen. Aus verschiedenen (nicht inhaltlichen) Gründen konnten diese Untersuchungen nicht in der geplanten Art und Weise abgeschlossen werden. Die vorliegenden Untersuchungsergebnisse sind jedoch geeignet, auf dem Hintergrund der oben dargestellten Problemlage, Fragen für eine Evaluation des Sachunterrichts abzuleiten.

- Worauf bezieht sich die Kooperation der Lehrer bei der Unterrichtsplanung / Stundenvorbereitung, falls vorhanden?
- Wie erfolgt die Unterrichtsplanung?
- Worauf konzentrieren sich Lehrer beim Unterrichten und bei der Auswertung des Unterrichts?

Mit diesen Fragen wollten wir zugleich auch unsere Studenten konfrontieren. Die Bezugsetzung zu den entsprechenden Auffassungen der Studenten, die intensiv die Wendesituation (erst IfL-Ausbildung, dann Hochschulstudium) mitgemacht hatten, sollte Tendenzen in der Entwicklung der Auffassungen zum Sachunterricht deutlich werden lassen.

Untersucht wurden im Sinne einer Zufallsstichprobe 43 Lehrer aus Brandenburg und 39 Studenten der Universität Potsdam (Lehramt Primarstufe). Die Untersuchung erfolgte im Rahmen einer streng anonymisierten Fragebogenerhebung, die in die Ausbildung der Studenten integriert war. Gleichzeitig wurden 60 Kinder zum Unterricht befragt. (In der Regel sollten zwei Schüler pro Klasse durch Studenten zum Unterricht befragt werden. Dies gelang leider nur bei ca. 60% der Klassen, so dass in der Auswertung etliche „missing values" zu beklagen waren.) Die untersuchte Lehrerstichprobe ist eine Teilstichprobe aus der Untersuchung zur Handlungsorientierung im Unterricht (siehe unten und Giest 1997a), so dass die Fragebogenergebnisse mit denen der Unterrichtsbeobachtung in Beziehung gesetzt werden können. Untersuchungszeitraum war das Sommersemester 1994 sowie das Wintersemester 1994 / 1995.

Im Verlauf der Untersuchung zeigte sich, dass der Aufwand der Untersuchung an die Grenzen der im Rahmen der universitären Ausbildung möglichen Forschung stieß. Insbesondere traten bei den Studenten, die hauptsächlich an der Erhebung beteiligt waren, größere Probleme bei der Handhabung des Forschungsinstrumentariums auf. Vor allem erfolgte die Bearbeitung der Fragebögen nicht immer mit der größtmöglichen Sorgfalt. Bei nicht wenigen Studenten bestand, trotz eingehender Instruktion, Unklarheit darüber, ob die Beantwortung der Fragen aus der Sicht ihrer realen Situation als Student (Ausbildungssituation im Rahmen des Studiums) oder ihrer Berufsperspektive (Orientierung auf die zukünftige Tätigkeit – das war beabsichtigt) erfolgen sollte. Zwar ist die interne Konsistenz (Cronbachs Alpha) der nach Anforderungsbereichen zusammengestellten Itemgruppen im Fragebogen durchaus zufrieden stellend (für die Fragen zum Grundkonzept – .6848; zum Unterricht – .7774; zur Planung – .7999), dennoch sollten die Ergebnisse nur im Sinne von Tendenzen interpretiert werden. Die

Befragung erfolgte mit Hilfe eines halb offenen Fragebogens (Auswahlantworten – dreifach gestuft [20] – und Möglichkeit der freien Beantwortung).

Aus dem o. g. Grund wurden bei der Auswertung der Fragebögen den Items auf der Grundlage der Mediane Ränge zugewiesen. Die statistische Prüfung erfolgte mit dem Wilcoxon Signed Ranks Test (SPSS).

4.2. Ergebnisse

4.2.1. Fragen zum Grundkonzept des Unterrichts in der Grundschule

Wir fragten: Was sollte im Mittelpunkt des Grundkonzepts der Grundschule stehen, was steht im Mittelpunkt?

Mit dieser Fragestellung sollte es möglich sein, Tendenzen im Denken der Lehrer sichtbar zu machen, indem ein gewünschter Zustand mit der erlebten Realität in Beziehung gebracht wird. Die Frage nach den Parteien wurde aus der Perspektive auf die DDR-Geschichte gestellt, da hier die SED einen umfassenden Einfluss auf Schule und Unterricht hatte.

Tabelle 4: Frage: Was sollte, was steht im Mittelpunkt des Grundkonzepts der Grundschule?

Wünsche, Intentionen, Forderungen bzw. Anforderungen	Lehrer Soll / Ist	Studenten Soll / Ist
des Staates (Schulgesetz, Rahmenpläne)	2 / 1	2 / 1
der LehrerInnen	3 / 3	3 / 2
der SchülerInnen	1 / 2*	1 / 3*
der Öffentlichkeit	6 / 6	6 / 5
der Eltern	4 / 5*	4 / 4
der Schule als Institution	5 / 4	5 / 4
der Parteien	7 / 7*	7 / 6*

("+" – $p < .10$; "*" – $p < .05$; "**" – $p < .01$; "***" – $p < .001$) [21]

Zunächst ist erwähnenswert, dass es keine statistisch relevanten Unterschiede zwischen Lehrern und Studenten gibt, was uns zumindest erstaunt hat.

---

[20] Eine zunächst vorgenommene fünffache Stufung hat sich als wenig zweckmäßig erwiesen, weil die Extrempole kaum besetzt waren.
[21] In den Tabellen sind zur besseren Übersicht die Rangplätze 1-3 besonders gekennzeichnet: 1 - fett; 2 - unterstrichen; 3 - kursiv.

Nach der Auffassung von Lehrern und Studenten sollten die Kinder eine stärkere Rolle im Grundkonzept der Grundschule spielen (jeweils signifikante Unterschiede). Die Eltern sollten, zumindest nach Auffassung der Lehrer, auch stärker einbezogen werden, wenngleich sie auf einem hinteren Rangplatz rangieren. Obwohl nur auf dem letzten Rangplatz, so spielen bei Lehrern und Studenten Parteien eine noch zu große Rolle im Hinblick auf ihren Einfluss auf das Grundkonzept der Grundschule (signifikanter Unterschied). Obwohl es sich hierbei nicht um einen statistisch relevanten Unterschied handelt, sei dennoch betont, dass nach Auffassung der Lehrer und Studenten der Staat (Schulgesetz, Rahmenpläne) einen zu großen Einfluss auf die Grundschule nimmt, obwohl andererseits ihm mit dem Rangplatz 2 eine dominante Einflusssphäre im Sollzustand eingeräumt wird.

Aus der Befundlage lässt sich keine eindeutige Aussage hinsichtlich der Tendenzen zur Öffnung der Grundschule machen. Denn einerseits sollten die Kinder eine größere Rolle spielen, andererseits wird dem Staat eine dominierende Einflussnahme eingeräumt und drittens sollten nach Ansicht der Lehrer und Studenten die Öffentlichkeit und die Eltern keinen bedeutenden Einfluss haben. Gegenwärtige Auffassung ist es wohl eher, dass alles, was in der Grundschule passiert, im Spannungsverhältnis zwischen Kindern, Staat und Lehrern zu verhandeln ist. Mit der klaren Kindorientierung ist jedoch die Grundkonzeption der Grundschule deutlich akzeptiert worden, wobei ich nicht sicher bin, ob mit Blick auf das Kind 1988 / 89 prinzipiell andere Ergebnisse erreicht worden wären.

Wir fragten ferner: Wer bestimmt Ziele und Inhalte des Unterrichts? Wer sollte Ziele und Inhalte des Unterrichts bestimmen?

Tabelle 5: Frage: Wer sollte, wer bestimmt Ziele und Inhalte des Unterrichts?

Ziele und Inhalte des Unterrichts sollten bestimmen	Lehrer Soll / Ist	Studenten Soll / Ist
der Lehrplan und die Unterrichtsmaterialien	3 / 1***	3 / 1***
die Eltern	6 / 6	6 / 6+
die SchülerInnen (bei Soll von Studenten höher bewertet –*)	1 / 4***	1 / 4***
der Direktor / die Klassenkonferenz (bei ist – dito +)	5 / 5	5 / 3
die Lehrerin / der Lehrer (bei soll – dito+)	2 / 2	2 / 2
die Schule als sozialer Organismus	4 / 3+	4 / 5+
die Parteien (bei soll – dito+)	8 / 7*	8 / 8**
die Öffentlichkeit	7 / 8	7 / 7

(„+" – p < .10; „*" – p < .05; „**" – p < .01; „***" – p < .001)

Insgesamt bewerten Lehrer und Studenten die Bedeutung des Lehrplanes im Hinblick auf das Bestimmen der Ziele und Inhalte des Unterrichts als zu hoch (hochsignifikanter Unterschied). Damit scheint die mit der Konzipierung des Vorläufigen Rahmenplans verbundene Absicht der Offenheit bei den Adressaten weitgehend nicht angekommen zu sein. Dennoch erreicht der Rahmenplan den Rangplatz 3 in der Bedeutung für die Bestimmung der Ziele und Inhalte, was mit dem bei der ersten Fragestellung ermittelten Ergebnis korrespondiert. Die Kinder sollten im Hinblick auf das Bestimmen der Ziele und Inhalte des Unterrichts einen höheren Stellenwert besitzen (Studenten bewerten die Rolle der Kinder noch höher als Lehrer). Der Direktor bzw. die Klassenkonferenz haben nach Ansicht der Studenten einen höheren Einfluss als nach Auffassung der Lehrer; der Einfluss der Parteien ist den Lehrern und Studenten noch zu hoch, wobei Studenten gegenüber Lehrern dem Einfluss der Parteien toleranter gegenüberstehen. Studenten wünschen sich einen tendenziell höheren Einfluss des Lehrers als die Lehrer selbst. Auch bei dieser Frage werden Öffentlichkeit und Eltern nicht gern als Partner bei der Bestimmung der Ziele und Inhalte des Unterrichts gesehen – dies soll Angelegenheit der Akteure im Unterricht und des Staates bleiben, wobei, ganz im Sinne einer kindorientierten Schule, hauptsächlich den Kindern ein größeres Mitspracherecht, dem Lehrplan ein „geringeres" eingeräumt werden. Offenbar wird der Rahmenplan, in der Tradition der DDR-Schule, als Haupthinderungsgrund für einen stärker kindorientierten Unterricht angesehen, was offenkundig seinen Intentionen widerspricht. Auch bei dieser Fragestellung gibt es keine deutlichen Unterschiede zwischen Lehrern und Studenten.

Wir fragten: Was entspricht Ihrer Vorstellung von „gutem Unterricht"?

Tabelle 6: Frage: Was entspricht Ihren Vorstellungen von gutem Unterricht?

Guter Unterricht weist die Merkmale auf:	Lehrer	Student
Behandlung der Themen des Rahmenplans	8	6
wissenschaftliche Exaktheit der Themenbehandlung (+)	9	10
spielerisches, aus dem Kind kommendes Lernen (+)	5	2
eindeutige Identifizierbarkeit didaktischer Funktionen	10	9
Einsatz möglichst vielfältiger Methoden	2	1
gute Disziplin	7	7
„Schaffen" des geplanten Stoffes	12	11
ein hohes Niveau der sprachlichen Kommunikation	6	8
immanente Kontrolle, Bewertung und ggf. Zensierung	11	12
vielfältige Sozialformen	4	5
straffe Führung durch den Lehrer	13	13
selbstbestimmtes Lernen der Kinder	1	3

(„+" – $p < .10$; „*" – $p < .05$; „**" – $p < .01$; „***" – $p < .001$)

An vorderer Stelle der Vorstellungen von einem guten Unterricht stehen bei Lehrern und Studenten die Methodenvielfalt, selbstbestimmtes Lernen der Kinder, spielerisches, aus dem Kind kommendes Lernen. Weniger relevant erscheinen in dieser Hinsicht das Schaffen des Stoffes, immanente Kontrolle und Bewertung sowie die straffe Führung durch den Lehrer. Damit werden auch hier durchaus die Orientierung der Rahmenpläne geteilt und die für den Unterricht in der DDR typischen Merkmale der Stoffdominanz und straffen Führung durch den Lehrer abgelehnt. Immanente Kontrolle und Bewertung (was ja auch die Rückmeldung der Lernergebnisse, Aufmunterung und Ermunterung für die Kinder bedeutet) spielen für einen guten Unterricht eine geringe Rolle. Dahinter kann sich das Moment des „Zurücknehmens des Lehrers im Unterricht" verbergen. Es stellt sich in diesem Zusammenhang die Frage nach der Bewertung des Frontalunterrichts. Betrachtet man die weiter oben gemachten Aussagen zum Stellenwert des Rahmenplans, so wird deutlich, dass die Behandlung der Themen des Rahmenplans auf einem mittleren Rangplatz rangiert. Erstaunlich ist auch hier die geringe Differenz zwischen den Bewertungen der Lehrer und Studenten.

4.2.2. Fragen zur Planung des Unterrichts

Wir fragten: Wie planen Sie Ihren Unterricht?

Tabelle 7: Frage: Wie planen Sie Ihren Unterricht?

Rangplätze / (Prozentsätze)	Lehrer	Studenten
Ich führe eine Themenplanung durch	86%	100%
Wenn ja,		
sehr ausführlich (für jede Unterrichtsstunde detailliert)	3	2
ausführlich (für Unterrichtskomplexe / „Unterrichtseinheiten")	**1**	**1**
grob (Grobplanung für das Thema der „Stoffeinheit")	2	2
sehr grob (Themenverteilung im Schuljahr)	4	4
nicht (der Unterricht soll aus aktuellen Lernsituationen entstehen und kann nicht geplant werden)	5	3

Immerhin führen 86% der Lehrerstichprobe und 100% der Studentenstichprobe eine Themenplanung durch (sehr signifikanter Unterschied – $p < .01$). Wenn alle Studenten hier angeben, eine Themenplanung durchzuführen, dann entspricht dies jedoch der Situation im Rahmen des Studiums, nicht in jedem Fall ihrer Überzeugung. Denn 12% der Lehrer und Studenten (Rangplatz 5 bzw. 3) geben nämlich an, dass der Unterricht nicht geplant werden kann. In der Regel wird die Themenplanung bis auf die Unterrichtseinheit konkretisiert (2/3 der Lehrer und Studenten). Insgesamt bestehen hierbei keine statistisch relevanten Unterschiede zwischen Lehrern und Studenten.

Wir fragten weiter: Wen beziehen Sie bei der Themenplanung ein?

Tabelle 8: Frage: Wen beziehen Sie bei der Unterrichtsplanung ein?

Die Themenplanung („Stoffeinheitenplanung") erfolgt	Lehrer	Studenten
allein *	**1(51%)**	*3(32%)*
gemeinsam mit Kollegen aus der Klassenstufenkonferenz *	2(48%)	4(24%)
gemeinsam mit anderen Kollegen *	4(28%)	**1(43%)**
gemeinsam mit den SchülerInnen	3(46%)	2(38%)
gemeinsam mit den Eltern	5(12%)	5(11%)

(„*" – $p < .05$)

Da sich die Angaben notwendigerweise überschneiden, sind in der Summe der Items Prozentsätze über 100 anzutreffen. Jeder zweite Lehrer plant allein, während nur 1/3 der Studenten angibt, allein zu planen bzw. auf eine allein vorgenommene Planung orientiert ist (signifikanter Unterschied). Nur die Hälfte der

Lehrer und 38% der Studenten geben an, die Kinder in die Planung einzubeziehen. Die Studenten scheinen, betrachtet man die Rangplätze, die Einbeziehung der Kinder in die Themenplanung etwas höher zu bewerten als Lehrer. Dennoch besteht hierbei kein statistisch relevanter Unterschied zwischen Lehrern und Studenten. Andererseits sind 2/3 der Studenten auf eine gemeinsame Planung orientiert, wobei hier bei Studenten die Klassenstufenkonferenz keine bedeutende Rolle spielt. Dies sollte jedoch auch wieder auf die Situation der Studenten im Studium zurückgeführt werden, welche ihnen kaum die Integration in die Klassenkonferenz erlaubt. Es bleibt unklar, ob die im ersten und zweiten Item bestehenden signifikanten Unterschiede zwischen Lehrern und Studenten der geringen Berufserfahrung der Studenten geschuldet sind. Dennoch sollte die höhere Kooperationsbereitschaft der Studenten hervorgehoben werden. Die Mitarbeit der Eltern wird von Lehrern und Studenten offenbar gering geschätzt (letzter Rangplatz – 5).

Die Lehrer geben an, ihre Unterrichtsstunden zu 85% schriftlich vorzubereiten, Studenten nur zu 70%. Es besteht allerdings kein statistisch relevanter Unterschied zwischen beiden Stichproben auf dem 5%-Niveau. Damit scheint das Merkmal der sorgfältigen Stundenplanung dominant zu sein, Gelegenheitsunterricht spielt eine untergeordnete Rolle.

Wir fragten weiter: Woran orientieren Sie sich bei der Bestimmung der Ziele und Inhalte der Unterrichtsstunde?

Tabelle 9: Frage: Woran orientieren Sie sich bei der Bestimmung der Ziele und Inhalte der Unterrichtsstunde?

Bestimmung der Ziele und Inhalte der Unterrichtsstunde erfolgt orientiert an	Lehrer	Studenten
Rahmenplänen	4	3
Unterrichtsmaterialien (Bücher, Arbeitshefte, Arbeitsgeräte u. a.)	**1**	**2**
eigenen Erfahrungen im Unterricht	2	5
Fragen, Wünschen, Intentionen der Eltern	9	8
Fragen, Wünschen, Intentionen der Kinder	5	4
der Schulleitung / Klassenkonferenz	10	10
den Medien	8	9
aktuellen Tendenzen und Problemen der Lebenswelt der Kinder	3	1
eigenen Interessen	7	7
fachlichen Grundlagen (z. B. aus der Ökologie)	6	6

Es bestehen keine statistisch relevanten Unterschiede zwischen Studenten und Lehrern. Beide geben an, sich vor allem an Unterrichtsmaterialien und an aktuellen Problemen der Lebenswelt der Kinder bei der Bestimmung der Ziele und Inhalte des Unterrichts zu orientieren. Die Fragen und Wünsche der Kinder rangieren nach dem Lehrplan. Durch Eltern und Schulleitung bzw. Klassenkonferenz lassen sich die Lehrer und Studenten am wenigsten bei der Bestimmung von Zielen und Inhalten der Unterrichtsstunden beeinflussen. Damit dominieren Unterrichtsmaterialien, vom Lehrer wahrgenommene (z. T. vermeintliche?) Probleme der Lebenswelt der Kinder, die eigenen Unterrichtserfahrungen der Lehrer sowie der Lehrplan die Ziele und Inhalte des Unterrichts. Erst danach werden Fragen der Kinder und deren Interessen aber auch fachliche Anforderungen berücksichtigt. Hier tut sich ein Widerspruch zwischen den Auffassungen der Lehrer und Studenten zum Bestimmen von Zielen und Inhalten des Unterrichts und zu gutem Unterricht sowie zur Grundkonzeption des Unterrichts in der Grundschule auf (die Aussagen zu diesen letzten beiden Aspekten sind nahezu deckungsgleich, was die Akzeptanz des Grundkonzepts unterstreicht). Während in der realen Tätigkeitssituation Unterrichtsmaterialien, (vom Lehrer wahrgenommene und damit z. T. für Kinder abstrakte) aktuelle Tendenzen und Probleme der Lebenswelt, der Rahmenplan und die eigenen Unterrichtserfahrungen (also auch gewisse „Traditionen") die Ziele und Inhalte der Unterrichtsstunde bestimmen, war dies bei den Vorstellungen der Lehrer zu Grundkonzept des Unterrichts und gutem Unterricht anders. Hier dominierten vielfältige Methoden und die Kinder, deren Wünsche und Fragen bei der realen Unterrichtsvorbereitung erst nach dem Lehrplan Berücksichtigung finden. Offenbar gibt es einen deutlichen Widerspruch zwischen dem eigenen Anspruch der Lehrer und Studenten an den Unterricht und ihren Möglichkeiten, diesen in der Praxis umzusetzen. Hier wäre nach den Ursachen zu fragen. Dies könnte eine Schwerpunktfrage der weiteren Untersuchung sein.

Ferner fragten wir: Auf welche Schwerpunkte konzentrieren Sie Ihre Unterrichtsvorbereitung?

Tabelle 10: Frage: Auf welche Schwerpunkte konzentrieren Sie Ihre Unterrichtsvorbereitung?

Die Unterrichtsvorbereitung erfolgt konzentriert auf	Lehrer	Studenten
die Lehrertätigkeit	7	7
die Schülertätigkeit	**1**	**1**
didaktische Funktionen	6	6
Methoden und Verfahren der Stoffvermittlung	*3*	*4*
den Stoff	*4*	*3*
die Zeit	8	8
die Medien (+ – von Lehrern höher bewertet)	9	9
die Lernsituationen	2	2
verschiedene Varianten für Lernsituationen	5	5

(„+" – $p < .10$; „*" – $p < .05$; „**" – $p < .01$; „***" – $p < .001$)

Auch hierbei bestehen zwischen Lehrern und Studenten keine statistisch relevanten Unterschiede. Beide Gruppen geben an, sich bei der Unterrichtsvorbereitung vor allem auf die Schülertätigkeit und die Gestaltung der Lernsituationen zu orientieren, wobei das Planen von Varianten für Lernsituationen und damit das Einstellen auf die Berücksichtigung der Wünsche und Fragen der Kinder eine geringere Rolle spielen. Es liegt die Vermutung nahe, dass Schülertätigkeit und Gestaltung von Lernsituationen hier nicht im Sinne der eigenregulierten und selbstbestimmten Lerntätigkeit der Kinder interpretiert wurden. Vielmehr scheint es beim Item Schülertätigkeit darum zu gehen, durch die Gestaltung der Lernsituationen alle Kinder im Unterricht möglichst in Aktivität zu versetzen, wobei offen bleibt, ob die Kinder schlicht beschäftigt werden, oder ob es sich tatsächlich um eigenregulierte *Lerntätigkeit* handelt. Diese Interpretation wird durch das oben referierte Faktum gestützt, dass sich Lehrer und Studenten bei der Ziel- und Inhaltsbestimmung ihrer Unterrichtsstunden weniger von den Intentionen der Kinder leiten lassen. Die Lehrertätigkeit, die Zeit und die Medien rangieren am Ende der Rangskala. Verwundern muss etwas, dass die eigenen Erfahrungen, die bei der Ziel- und Inhaltsbestimmung der Unterrichtsstunde den Rangplatz 2 einnehmen, nichts mit der Lehrertätigkeit (niedriger Rangplatz 7 bei Lehrern und Studenten) zu tun haben sollen. Zudem verwundert, dass zwar Unterrichtsmaterialien bei der Bestimmung der Ziele und Inhalte des Unterrichts eine große Rolle eingeräumt werden, zugleich die Medien hier eine untergeordnete Bedeutung haben sollen. Offenbar wird der Begriff „Medien" auf Fernsehen, Video, Diareihen u. a. eingeengt. Der Computer spielte zurzeit der Erhebung in Brandenburgs Grundschulen noch keine besondere Rolle im Unterricht, wie wir aus einer anderen Untersuchung wissen (vgl. Raudis & Zander 1996).

Wie aus den Unterrichtsbeobachtungen (siehe unten und Giest 1997a) deutlich wurde, gibt es hier einen krassen Widerspruch zwischen den Intentionen der Lehrer und Studenten und ihrem real beobachtbaren Handeln im Unterricht: Von einem handlungsorientierten Unterricht kann keine Rede sein.

60% der Lehrer und 44% der Studenten realisieren die Stundenvorbereitung allein (kein signifikanter Unterschied). Damit wird der Trend, der sich bei der Themenplanung abzeichnete, unterstrichen – Lehrer sind in der Mehrzahl „Einzelkämpfer", Studenten orientieren sich mehr an einer Kooperation (evtl. aber auch Ausdruck der Ausbildungssituation).

Auf die Frage „Mit wem kooperieren Sie?" konnten folglich nur 40% der Lehrer, aber 56% der Studenten antworten.

Tabelle 11: Frage: Mit wem kooperieren Sie?

Kooperation erfolgt mit	Lehrer	Studenten
den Kindern	1	1
den KollegInnen der Klassenstufenkonferenz	2	2
den Eltern	4	4
anderen Personen der Lebenswelt der Kinder	3	3

Da es sich hierbei um die Angaben der 40% kooperierenden Lehrer handelt, sind die Aussagen zu relativieren. Deutlich an erster Stelle steht die Kooperation mit den Kindern und den Kolleginnen. Öffnung der Schule in Richtung Gemeinde bzw. in Richtung auf die Eltern findet weniger statt.

Es taucht sofort die Frage auf: Worauf bezieht sich Ihre Kooperation?

Tabelle 12: Frage: Worauf beziehen Sie Ihre Kooperation?

Kooperation bezieht sich auf	Lehrer	Studenten
die Beachtung der Fragen, Wünsche, Intentionen der Kinder	1	1
die Beachtung der Fragen, Wünsche, Intentionen der Eltern	7	8
die Zielplanung	4	4
die Stoffplanung	5	5
die Zeitplanung	6	6
die Sozialformen	3	2
die Organisationsformen (z. B. Projektunterricht, Exkursion u. a.)	2	2
Medien (+ – von Studenten höher bewertet)	8	7

(„+" – p < .10; „*" – p < .05; „**" – p < .01; „***" – p < .001)

Die Kooperation bezieht sich in erster Linie auf die Beachtung der Wünsche und Fragen der Kinder, die Organisationsformen und Sozialformen des Unterrichts. Projektarbeit ist ohne Kooperation zwischen den KollegInnen kaum möglich. Ziel-, Stoff- und Zeitplanung sowie Medien und Elternwünsche spielen eine untergeordnete Rolle. Das aber bedeutet doch nichts anderes, als dass die Kinder vor allem (und notwendigerweise) bei der Projektarbeit und bei Exkursionen und bei Sozialformen (wie Gruppenarbeit, Partnerarbeit) einbezogen werden, die eigentliche Unterrichtsplanung dominiert der Lehrer (Ziel-, Stoff-, Zeitplanung). Die Lehrer sind offenbar der Ansicht, dass es genügt, die Wünsche der Kinder anzuhören, planen ihren Unterricht jedoch nach anderen Kriterien selbst. Es bereitet offenbar größte Schwierigkeiten, Kinder real in die Planung des Unterrichts einzubeziehen. Zu bedenken ist ferner, dass auch diese Aussagen nur für knapp die Hälfte der Lehrer gelten – die andere Hälfte kooperiert erst gar nicht. Aus dieser Perspektive heraus können dann auch die Ergebnisse zur Handlungsorientierung im Unterricht (siehe weiter unten) nicht verwundern.

4.2.3. Fragen zum eigenen Unterricht

Können nun aber die Lehrer ihre Vorstellungen von einem guten Unterricht verwirklichen?

Wir fragten: Können Sie Ihre Vorstellungen von „gutem Unterricht" verwirklichen?

Tabelle 13: Frage: Können Sie Ihre Vorstellungen von gutem Unterricht verwirklichen?

Lehrer / Studenten	ja	teilweise	kaum
Können Sie Ihre Vorstellungen von „gutem Unterricht" verwirklichen?	48.5%	46.5%	5.1%
	27.3%	42.2%	30.5%

Wir fragten ferner: Worin sehen Sie Ursachen dafür?

Tabelle 14: Frage: Worin sehen Sie Ursachen für guten Unterricht?

Ursachen für guten Unterricht	Lehrer Median / Summe	Studenten Median / Summe
die eigene Qualifikation ⭘⭘⭘	1 / 42	1 / 26
der Zeitfaktor ⭗⭗⭗	-1 / -7	-1 / -5
die Disziplin der SchülerInnen ⭘	1 / 19	1 / 25
die Klassenstärke ⭗⭗	-1 / 8	-1 / 1
die Rahmenpläne	1 / 19	1 / 17
die Ausstattung der Schule ⭗	1 / 13	-1 / -2
die soziale Zusammensetzung der Klasse ⭘⭘	1 / 25	1 / 27
die Arbeitsmittel- und Medienausstattung ⭘	1 / 18	1 / 27
das Arbeitsklima an der Schule	1 / 19	-1 / 5

⭘ – positiv wirkend / ⭗ – negativ wirkend

Knapp die Hälfte der Lehrer und ein knappes Drittel der Studenten schätzen ein, dass sie ihre Vorstellungen von gutem Unterricht verwirklichen können. Etwa die Hälfte der Lehrer und Studenten können dies noch teilweise. Einem Drittel der Studenten gelingt dies nicht. Die bei „ja" signifikant (Konfidenzintervall – $p < .05$) geringeren und bei „kaum" sehr signifikant ($p < .01$) höheren Werte bei den Studenten können der fehlenden Berufserfahrung zugeschrieben werden. Dies verdeutlicht vor allem die Frage nach den Ursachen. Insgesamt scheinen die Lehrer jedoch mit sich erstaunlich zufrieden zu sein, was man angesichts der oben erhobenen Daten vielleicht nicht erwartet hätte. Es gibt auch keine statistisch relevanten Unterschiede zwischen den Studenten und Lehrern, was die Ursachen für Zufriedenheit und Unzufriedenheit mit dem eigenen Unterricht betrifft. Für die Verwirklichung der eigenen Vorstellungen von gutem Unterricht wird die eigene Qualifikation, die soziale Zusammensetzung der Klasse, die Verfügbarkeit von Arbeitsmitteln und Medien sowie die Disziplin der Schüler positiv bewertet. Negativ wirken sich nach Ansicht der Lehrer und Studenten der Zeitfaktor, die Klassenstärke und Ausstattung der Schule aus. Rahmenpläne und das Arbeitsklima an der Schule werden weniger eindeutig positiv noch negativ bewertet. Bei der Wirkung des Arbeitsklimas ist zu beachten, dass Studenten dies als stärker negativ wirkend einschätzten, obwohl der Unterschied zu den Lehrern nicht signifikant ist. Dies korrespondiert gut mit der bei Studenten festgestellten höheren Kooperativität. Jene 50% der Lehrer, die allein arbeiten, werden evtl. vom Arbeitsklima an der Schule auch weniger beeinflusst, andererseits wird die Bedeutung des Arbeitsklimas von den Lehrern eher positiv bewertet.

Leider können an dieser Stelle keine Aussagen zur Rolle der Lernvoraussetzungen der Kinder (Vorkenntnisse, Entwicklung der Handlungsfähigkeit usw.) im Zusammenhang mit den Ursachen für guten oder weniger guten Unterricht gemacht werden.

Wir fragten: Worauf konzentrieren Sie sich besonders während des Unterrichts?

Tabelle 15: Frage: Worauf konzentrieren Sie sich besonders während des Unterrichts?

Konzentration erfolgt im Unterricht auf	Lehrer	Studenten
die Gestaltung von Lernsituationen (z. B. durch Animation)	2	2
die Disziplin (+ von Lehrern höher bewertet)	4	5
den Stoff	3	3
die Lehrertätigkeit	5	4
die Schülertätigkeit	1	1
die Einhaltung des Zeitplanes	6	6

(„+" – $p < .10$; „*" – $p < .05$; „**" – $p < .01$; „***" – $p < .001$)

Es ergeben sich gleiche Ergebnisse wie bei der Unterrichtsvorbereitung. An erster Stelle der Konzentration im Unterricht stehen bei Lehrern und Studenten gleichermaßen die Schülertätigkeit und das Gestalten von Lernsituationen. Der Stoff rangiert auf dem dritten Rangplatz. Der Stoff, die Animation im Unterricht (Spaß und Freude) und die Schülertätigkeit (worunter häufig jegliche Aktivität der Kinder bzw. Aktivität schlechthin verstanden wird – so zumindest äußerten sich die Studenten) sind jene Punkte, auf denen die Konzentration der Lehrer und Studenten liegt. Damit wird durchaus versucht, die Intentionen eines modernen, kindorientierten (zugleich wissenschaftsorientierten?) Unterrichts umzusetzen. Dennoch scheint es dabei, wie die Unterrichtsbeobachtungen deutlich machten, größere Probleme zu geben. Auf die eigene Tätigkeit im Unterricht konzentrieren sich Lehrer und Studenten weniger. Wenn aber (evtl. einem modernen Trend folgend) die Konzentration im Unterricht sehr wenig auf der eigenen Tätigkeit liegt, wie kann dann eine möglichst adäquate Reflexion des Lehrerhandelns im Unterricht erfolgen? Oder sollte etwa die Routine im Lehrerhandeln dominieren, so dass die Konzentration nicht auf dem eigenen Handeln liegt – allerdings auch die Reflexion nahezu unmöglich wird (angesichts der Widersprüche zwischen realem Unterricht sowie den Einschätzungen der Kinder – s. u. – und unseren Unterrichtsbeobachtungen spricht einiges dafür)?

Wir fragten denn auch: Worauf beziehen Sie Ihre Unterrichtsauswertung?

Tabelle 16: Frage: Worauf beziehen Sie Ihre Unterrichtsauswertung?

Unterrichtsauswertung wird bezogen auf	Lehrer	Studenten
den geschafften / nicht geschafften Stoff	4	6
die realisierte / nicht realisierte Zeitplanung	8	3
den Grad erreichter Aktivität der Schüler	1	1
den Grad erreichter eigener Aktivität	6	7
den Grad der Realisierung der Stundenziele	3	2
den Beitrag der Stunde zur Realisierung der Themenplanung	4	5
den erreichten Grad an Disziplin	7	8
das Ableiten neuer Unterrichtsziele	2	4

Die Stundenauswertung wird nach Aussagen der Lehrer und Studenten (nicht signifikanter Unterschied) auf die Schüleraktivität, die Realisierung des Stundenziels und das Ableiten neuer Stundenziele konzentriert. Der Beitrag der Stunde im Rahmen einer langfristigen Planung scheint weniger bedeutsam zu sein. Diese Selbstauskunft der Lehrer – aber interessanterweise auch der Studenten – deckt sich gut mit Ergebnissen der oben dargestellten Analysen zum Heimatkundeunterricht in der DDR. Längerfristig zu erreichende Ziele, die mit der Persönlichkeitsentwicklung der Kinder eng zusammenhängen, gerieten aus dem Blickfeld der Lehrer. Dies scheint auch heute so zu sein (vgl. Rolle der Themenplanung). Auch der geschaffte oder nicht geschaffte Unterrichtsstoff spielt dabei eine geringere Rolle, obwohl im Unterricht selbst die Konzentration auf den Stoff den dritten Rangplatz einnimmt. Diese Selbstauskunft steht denn auch in seltsamem Widerspruch zu den Unterrichtsbeobachtungen. Offenbar spielt zwar die Orientierung der Lehrer und Studenten auf aktives Lernen der Kinder eine dominierende Rolle, doch scheint es schwer zu fallen, diese Orientierung im realen Unterricht umzusetzen. Von besonderer Bedeutung ist, dass die Orientierung auf eine mehr oder weniger globale Aktivität der Kinder nicht ausreicht. Bedeutsam ist zudem die zielgerichtete Befähigung der Kinder zum eigenregulierten Handeln, das Ausbilden der Lernhandlungen. Diese mehr differenzierte Orientierung auf das Lernen der Kinder fehlt in der Unterrichtspraxis bzw. bereitet die größten Schwierigkeiten. So ist es erklärlich, dass zwar die Orientierung auf aktives Lernen aller Kinder bei vielen Lehrern anzutreffen ist, dennoch gelingt es nicht, die Kinder selbst aktiv handeln zu lassen bzw. diese zum aktiven Handeln zu befähigen (vgl. Giest 1997a).

4.2.4. Befragung der Schüler zur „Offenheit des Unterrichts"

Abschließend befragten wir jeweils zwei Kinder pro Klasse (Zufallsstichprobe) zum Unterricht. Wir fragten:

Macht Dir die Schule bzw. wann macht Dir Unterricht Spaß?

Tabelle 17: Spaß im Unterricht aus Sicht der Kinder

	ja	mal ja / mal nein	nein
1. Macht Dir die Schule Spaß?	16.9%	38%	4%
2. Wann macht Dir Unterricht Spaß?			
Wenn die Lehrerin etwas vormacht?	29.5%	28.4%	4%
Wenn ein Film gezeigt wird?	*33.6%*	*18.1%*	*1.9%*
Wenn Du selbst etwas machen darfst?	**47.2%**	**10.8%**	**0%**
Wenn die Kinder bestimmen können, was im Unterricht behandelt wird?	<u>41%</u>	<u>16.5%</u>	<u>0%</u>
Wenn es keine Zensuren gibt?	20.3%	25.1%	10.9%
Wenn die Lehrerin bestimmt, was die Kinder machen sollen?	7.8%	20.4%	29.5%

und: Wie ist euer Unterricht tatsächlich?

Tabelle 18: Realität des Unterrichts aus Sicht der Kinder

	ja	mal ja / mal nein	nein
Ich kann mitbestimmen, was im Unterricht behandelt wird.	5.2%	37%	17%
Ich muss machen, was die Lehrerin sagt.	**29.1%**	**24.9%**	**4%**
Wir beraten mit der Lehrerin gemeinsam, was wir im Unterricht behandeln und wie der Unterricht ablaufen soll.	<u>9.2%</u>	<u>33%</u>	<u>15.8%</u>
Ich kann im Unterricht machen, was mir Spaß macht.	2.0%	31.3%	25.5%

Die Befragung der Kinder spiegelt die Unterrichtsbeobachtung besser wider als die Lehrerbefragung: Die Kinder wünschen sich, selbst etwas machen zu dürfen und möchten bestimmen, was im Unterricht behandelt wird. Zensuren trüben im Übrigen nicht die Freude am Unterricht. Sie akzeptieren jedoch auch, wenn die Lehrerin etwas vormacht. Die Wirklichkeit des Unterrichts erleben die Kinder jedoch anders: Sie können eher nicht mitbestimmen, was im Unterricht gemacht wird, müssen sich danach richten, was die Lehrerin sagt und empfinden eher nicht im Unterricht machen zu können, was ihnen Spaß macht. Immerhin ist die mittlere Ausprägung der Merkmale besser besetzt, woraus zu schließen ist, dass die

Kinder die Erfahrung der Mitbestimmung, der gemeinsamen Beratung und des Spasses im Unterricht wenigstens zeitweise machen.

4.3. Schlussfolgerungen

Wenngleich mit den Transformationsprozessen in den Neuen Bundesländern deutliche Veränderungen in den Zielen, Inhalten und der didaktisch- methodischen Konzeption des Unterrichts sowie der Grundkonzeption der Grundschule verbunden waren, gab es auch ein Stück Kontinuität, was vor allem die Hinwendung zum Kind betraf. Diese spielte in der Unterstufe der DDR-Schule stets eine größere Rolle als in der Mittel- und Oberstufe, wurde jedoch auch von Seiten der Wissenschaft im Zusammenhang mit der Evaluation des Unterrichts nach 1987 stärker betont. Hauptprobleme des realen Heimatkundeunterrichts waren sein Beitrag für die Persönlichkeitsentwicklung des Kindes (im Sinne der Gestaltung eines längerfristigen pädagogischen Prozesses), die fachliche und didaktisch-methodische Qualifikation der Lehrer, die Sicherung von Aktivität der Kinder im Unterricht. Dies sollte bei der Interpretation der Ergebnisse der Befragung und bei zukünftigen Befragungen Beachtung finden.

Brandenburgs Lehrer haben den veränderten Anspruch an die Grundschule und den Grundschulunterricht durchaus vernommen, sind von daher nicht als „Altlasten" eines überkommenen Bildungssystems zu betrachten. Es gibt kaum diesbezüglich Unterschiede zwischen modern ausgebildeten Studenten und den Lehrern.

Die Hälfte unserer Lehrerstichprobe schätzt ein, guten Unterricht zu erteilen, nur einer verschwindenden Minderheit ist dies nicht möglich. (Leider sind die Auswertungen nicht so weit gediehen, dass differenzierte Analysen von Untergruppen aus den Stichproben erfolgen könnten, zudem ist die Gesamtstichprobe für eine solche Auswertung zu klein.) Lehrer und Studenten wünschen sich mit Blick auf einen guten Unterricht mehr Autonomie für die Schule (Lehrer und Kinder sollten hauptsächlich über Ziele und Inhalte des Unterrichts bestimmen), räumen jedoch auch dem Rahmenplan (und mithin dem Staat) einen relativ hohen Stellenwert ein, wenngleich er gegenwärtig noch als zu hoch bewertet wird. Hier tut sich ein interessanter Widerspruch auf. Einerseits bewerten die Lehrer den Stellenwert des Rahmenplanes in unserer Studie als zu hoch. Andererseits wird gegenwärtig im Lande diskutiert, dass die Rahmenpläne – hier nicht nur für den Sachunterricht – den Rahmen nicht klar genug abstecken und viele Lehrer sich hier eine Konkretisierung und Präzisierung vor allem in den Rahmenplaninhalten wünschen.

Die Ursachen für diesen Widerspruch könnten vielfältig sein. Auf der einen Seite gibt es erhebliche Unterschiede zwischen dem Sachunterricht und dem mathematischen und sprachlichen Unterricht. Der Sachunterricht bedarf im Zusammenhang mit der Umsetzung seiner tragenden Aufgabe, den Kindern bei der Erschließung ihrer Lebenswirklichkeit zu helfen und dem damit verbundenen wesentlichen Gegenstand „Lebenswirklichkeit" weitgehender Offenheit und ist eindeutig überfachlich angelegt. Ein die Inhalte stark vorgebender Rahmenplan kann daher als einengend empfunden werden, vor allem dann, wenn es darum geht, lebensweltliche Bezüge zu den Inhalten herzustellen bzw. darüber hinausgehende, von den Schülern ausgehende Impulse aufzugreifen (Problem „Stoff schaffen"). Andererseits ist vor allem seit der hier referierten Erhebung einiges geschehen. Der Grundschulunterricht wird stärker nach seinen Wirkungen (Wirkevaluation) befragt und die Frage der Anschlussfähigkeit an den Fachunterricht hat eine stärkere Bedeutung gewonnen (vgl. Schreier 2001, GDSU 2001). Daraus könnte man den aktuell vorzufindenden Trend erklären, auch den curricularen Rahmen für den Sachunterricht stärker zu konturieren. Andererseits muss ein genaueres Abstecken dieses Rahmens im Sinne eines Kerncurriculums nicht unbedingt bedeuten, dass der Rahmenplan als einengend zu empfinden wäre. Ist beispielsweise der Kernstoff eindeutig gekennzeichnet und allerdings begrenzt (60-70%), dann kann sich durch eine solche Maßnahme durchaus der Handlungsspielraum des Lehrers erhöhen. Wie dem auch immer sei, dies sollte nicht Gegenstand der Spekulation, sondern sorgfältiger empirischer Untersuchung sein, die hiermit angeregt werden soll.

Der Öffentlichkeit (also zum Beispiel der Gemeinde, was im Hinblick auf die Entwicklungen in Brandenburg – Kleine Grundschule als kulturelles Zentrum in den Gemeinden – bedeutsam erscheint) und leider auch den Eltern werden kaum Mitspracherechte mit Blick auf die Schule und den Unterricht eingeräumt. Vor allem die Eltern sollten jedoch als „Verbündete" im Erziehungs- und Bildungsprozess an der Grundschule gewonnen werden.

Der Hauptweg der Verbesserung der Unterrichtsergebnisse wird in der Erhöhung der eigenen Qualifikation gesehen. Das ist durchaus positiv zu werten, sollte aber auch konkreter durch die Schulverwaltung unterstützt werden. Die Veränderung der Rahmenpläne wird in diesem Zusammenhang nicht hoch bewertet. Andererseits spielen Unterrichtsmaterialien eine zu große Rolle im Unterricht, so dass die Gefahr besteht, dass die Bestimmung der Ziele und Inhalte des Unterrichts mehr oder weniger dem Zufall (des Vorhandenseins eines Arbeitsblattes oder eines bestimmten Lehrbuches usw.) überlassen bleibt.

Die Kinder reflektieren Defizite bei der Handlungsorientiertheit des Unterrichts, welche auch in den Unterrichtsbeobachtungen (siehe weiter unten) festgestellt wurden. Interessanterweise markieren die Lehrer genau die von den Kindern präferierten Merkmale des Unterrichts als Momente modernen Unterrichts (Vorstellungen von gutem Unterricht und Merkmale der Grundkonzeption der Grundschule). Der Vergleich zwischen Soll- und Istzustand markiert einen Trend genau in diese Richtung. Andererseits scheinen Lehrer mit ihrem Unterricht subjektiv erstaunlich zufrieden zu sein und haben zugleich objektiv größere Probleme, die selbst präferierten Ansprüche an den Unterricht in praktisches Handeln umzusetzen.

Defizite und damit auch mögliche Wege der Weiterentwicklung bestehen offensichtlich in der Qualifikation der Lehrer und in der Kooperation als Merkmal moderner pädagogischer Arbeit an der Schule. Auch die Öffnung der Schule in Richtung der Eltern und der Gemeinde scheint Probleme zu bereiten bzw. nicht hoch bewertet zu werden, wenn es um Innovation des Unterrichts geht (hierin lassen sich Studenten mehr von den Lehrern in ihrer Urteilsbildung als durch die Lehre beeinflussen – Theorie-Praxis-Problem). In gewisser Weise spiegln sich in den Bewertungen der Lehrer Trends wider, die Autonomie der Schulen zu stärken, ein gutes Schulklima zu erzeugen, Kooperation zwischen den Lehrern zu fördern bzw. Hinderungsgründe für Kooperation abzubauen. Rahmenpläne und ihre Veränderung werden offensichtlich und nicht ganz zu Unrecht als weniger probate Möglichkeiten gewertet, Unterricht zu innovieren.

Trotz der methodischen Probleme der Untersuchung, die vor allem den Stichprobenumfang, die Randomisierung, die detaillierte statistische Auswertung, die Reliabilität der Fragegruppen, die fehlende Auswertung der Zusammenhänge zwischen einzelnen Itemgruppen, die fehlende Standardisierung der Items und des Fragebogens insgesamt betreffen, vermag die Auswertung der Befragung Hinweise für die Evaluation im Sachunterricht zu geben. Vor allem kann sie einen Beitrag leisten, auf der Grundlage der ermittelten Trends Schwerpunkte und differenzierte Fragestellungen für weitere empirische Studien zu entwickeln.

5. Unterrichtsbeobachtung (Handlungsorientierung im Unterricht)

5.1. Anliegen der Untersuchung

Mit den neuen Rahmenplänen war im Land Brandenburg ein prinzipieller Wandel der Unterrichtskonzeption auf dem Hintergrund gesellschaftlicher, bildungspolitischer und schulstruktureller Transformationsprozesse verbunden. Dieser Wandel ist durch Demokratisierung, Entideologisierung, Pluralisierung einerseits und Hinwendung zum Kind und der Entfaltung seiner individuellen Persönlichkeit sowie insgesamt durch eine stärkere Orientierung auf einen handlungsorientierten Unterricht andererseits gekennzeichnet (vgl. weiter oben und Vorläufiger Rahmenplan 1991, Plischke 1994). Handlungsorientierung wurde in diesem Zusammenhang häufig als Gegenpol zur dominanten Wissensvermittlung („Stoffschütten") im Heimatkundeunterricht der DDR verstanden. Es darf allerdings nicht unerwähnt bleiben, dass das Prinzip der Handlungsorientierung auch im Unterricht der DDR (Orientierung auf „Schülertätigkeiten"), fußend auf Ergebnissen vor allem der sowjetischen Lernpsychologie (Wygotski 1985, 1987, Leontjew 1979, Galperin 1965, 1992, Elkonin 1980 u. a.) keine Unbekannte war (vgl. auch Lompscher 1989).

Handlungsorientierung im Unterricht kann in zwei Richtungen interpretiert werden:

a) Durch (mitunter etwas einseitige) Betonung praktischen Handelns auf ein materiell-gegenständliches Handlungsergebnis orientiert und

b) durch Betonung der Handlung als elementare, typisch menschliche Aktivität und Medium der Aneignung menschlicher Wesenskräfte (Eingriffstelle zur Ausbildung und Entwicklung der Lerntätigkeit).

(Einen Überblick zu Facetten des Problems der Handlungsorientierung findet man in Einsiedler & Rabenstein 1985, Möller 1987, Meiers 1989, Gudjons 1994, Giest 1994a, 1999b, Kaiser 1995).

Beide Interpretationsrichtungen bilden dem Wesen nach keine Antinomie. Unabhängig davon wird nicht nur in der Praxis oft genug eine Orientierung auf praktische Handlungen (Malen, Basteln, Betasten, Bauen, darstellendes Spielen, Agieren in praktischen Handlungssituationen...) der Orientierung auf geistiges Handeln antinomisch entgegengesetzt. Dabei wird übersehen, dass a) menschliche Entwicklung nur über aktives, bewusstes (d. h. reflexives Handeln auch und besonders auf geistiger Ebene) verläuft und b) die Aneignung (Interiorisation) geistiger Handlungen in der Regel auf der Ebene materiell-gegenständlichen Handelns beginnt und von da aus, über das Medium Sprache, bis zur Ebene geistigen Handelns vordringt (vgl. Galperin 1965 oder auch Aebli 1987). Die Betonung der ersten Interpretationsrichtung hat zur Trivialisierung der Didaktik des Sachunterrichts (Schreier 1989) und zur Fehlinterpretation des Selbsttätigkeitsprinzips geführt (vgl. Duncker & Popp 1994).

Handlungsorientierter Unterricht im Sinne eines modernen, zukunftsorientierten Unterrichts (vgl. Bildungskommission NRW 1995) umfasst daher beide Seiten, wobei das praktische Handeln sowohl Ausgangspunkt (der Aneignung der Lernhandlungen) als auch Endpunkt eines vollständigen Lernprozesses (z. B. im Rahmen des Projektunterrichts – vgl. Meyer 1993, 1994) ist.

5.2. Fragestellung und Methode der Untersuchung

Im Zentrum unserer Bemühungen um Evaluation des Sachunterrichts stand deshalb die Frage nach der Realisierung eines so verstandenen handlungsorientierten Unterrichts in der Schulpraxis in Brandenburg[22].

Evaluation hat die Bewertung von Handlungsalternativen auf der Basis systematisch gewonnener empirischer Daten zum Gegenstand (Sprung & Sprung 1984, Wottawa 1986, Prell 1991).

Unsere Untersuchungen orientieren sich am Ziel der Realisierung eines handlungsorientierten Unterrichts als wesentliches Moment der Weiterentwicklung des Sachunterrichts und wollen in dieser Richtung Innovation unterstützen.

Evaluiert wird der Zusammenhang (die Wechselwirkung) des Handelns von Lernenden und Lehrenden im Sachunterricht. Die Evaluation findet in der Schule, im (Sach-) Unterricht der Klassen 3 und 4 statt.

Da nur eine Handlungsalternative (eben handlungsorientiertes Lernen und Lehren) zur Evaluation anstand, musste die Analyse an theoretisch abgeleiteten Kriterien ausgerichtet werden, mit denen reales Handlungsgeschehen im Unterricht zu vergleichen ist.

Wir wählten hierzu auf den Unterricht konkretisierte Komponenten der psychischen Handlungsregulation (vgl. Kossakowski 1980, Leontjew 1979) aus. Die Schwerpunktsetzung auf diesen Aspekt erfolgte aus zwei Gründen. Zum einen

---

[22] Geplant war eine komplexe Untersuchung zur Evaluation verschiedener Lehrstrategien und die Untersuchung der konkreten Wechselwirkung zwischen Lern- und Lehrstrategien (vgl. Lompscher 1992, Giest 1992b). Diese Untersuchung blieb jedoch im geplanten Umfang aus verschiedenen (nicht inhaltlichen) Gründen unvollendet.

ergab eine Reihe von Diskussionen mit Moderatoren in der Lehrerfortbildung, dass dies ein Ansatz sei, der es gestattet, den eher unscharfen Begriff der Handlungsorientierung für praktische und theoretische Zwecke zu schärfen. Zum anderen zeigte sich in vielen der o. g. Diskussionen, in der Lehrerfortbildung und nicht zuletzt bei Unterrichtsbesuchen im Rahmen der Lehre sowie nach Durchsicht der einschlägigen Fachzeitschriften, dass zwischen den Verfechtern handlungsorientierten Unterrichts ein gemeinsamer Nenner nur dahingehend zu finden war, dass die Aktivität der Kinder im Mittelpunkt des Unterrichts steht. Handlungsorientierter Unterricht ist untrennbar mit der Aktivität der Kinder verbunden. Inwieweit der Lehrer aktiv werden darf, muss und worin diese Aktivität besteht, darin scheiden sich schon die Geister (vgl. Schreier 1993). Aber es herrscht auch durchaus keine Einigkeit darüber, ob es besondere Merkmale der Aktivität der Kinder gibt, die den handlungsorientierten Unterricht kennzeichnen. Daraus folgt aber das Problem, die Aktivität der Kinder in Bezug auf den Unterricht konkret zu beurteilen. Liegen keine Analysekriterien vor, besteht die Gefahr, dass jegliche aus dem Kind kommende Aktivität, die noch irgendwie mit Unterricht zu vereinbaren ist, als wertvoll für seine Persönlichkeitsentwicklung eingeschätzt wird. Werden die Kinder im Unterricht selbst aktiv, erhält er das Prädikat „handlungsorientiert". Dabei wird oft genug eine fehlende Ziel- und Sachbezogenheit der kindlichen Aktivität und mithin des Unterrichts nicht in die Beurteilung einbezogen.

Wir suchten nach Analysekriterien, die es gestatteten, unter die Oberfläche im Unterricht beobachtbarer Aktivitäten der darin handelnden Subjekte zu blicken, seine tiefer liegenden Strukturen zu analysieren.

Das Unterricht konstituierende Verhältnis ist jenes zwischen Lehren und Lernen. Unterricht kann von hier aus als pädagogische Interaktion (Brezinka 1985, Klingberg 1990, Perrez, Huber & Geißler 1996, Giest 1992b) verstanden werden, in deren Rahmen Schüler und Lehrer als Handlungspartner in gemeinsamer Tätigkeit aufgefasst werden (diese Auffassung kommt den Intentionen des Hamburger Modells nahe – vgl. hierzu auch Klafki 1993a, Peterßen 1991). Sie blendet dabei in keiner Weise die Interaktion zwischen den Schülern aus, ordnet diese jedoch aus einer entwicklungspsychologischen Sicht jener der Interaktion zwischen Lehrer und Schüler unter. Dies erfolgt aus der Position heraus, dass a) die Entwicklung höherer psychischer Funktionen wesentlich sozial, im Falle der Kindheit durch die Interaktion zwischen Erwachsenem und Kind, vermittelt und b) wesentliche Stimuli für die Entwicklung der Persönlichkeit des Kindes dann erfolgen, wenn der Unterricht auf die Zone seiner nächsten Entwicklung orientiert ist (Wygotski 1986, Oerter 1985, Ireson & Blay 1999, Schäfer 1999, Vermunt & Verloop 1999, Allal & Ducrey 2000).

Das für die Persönlichkeitsentwicklung des Kindes zentrale Moment des Unterrichts ist die Wechselwirkung zwischen der Aktivität des Lehrers und jener des Schülers bzw. der Schüler (im Sinne eines kollektiven Subjekts). Für den Menschen ist ein besonderes Niveau der Aktivität, in welchem er sich vom Tier wesentlich unterscheidet, charakteristisch. Dieses ist die Tätigkeit, eine Form der Aktivität, für die das Merkmal der reflexiven Gestaltungskompetenz zentral ist. Tätigkeit, als typisch menschliche Aktivität, tritt als Sequenz von Handlungen in Erscheinung, die sich wiederum aus Operationen zusammensetzen, denen funktionale Blöcke zu Grunde liegen.

Die Handlung ist jene Komponente der Tätigkeit, welche so elementar ist, dass man sie als Analyseeinheit betrachten kann. Andererseits weist sie die für die „Ganzheit"-Tätigkeit charakteristischen Eigenschaften auf, so dass durch die Analyse diese „Ganzheit" nicht zerstört wird. Hauptsächlich betrifft dies die Merkmale Bewusstseinspflichtigkeit und Zielbezogenheit. Das Handeln unterliegt der mehr oder weniger bewussten psychischen Regulation. Als wesentliche Komponenten dieser Regulation lassen sich ausgliedern: die *Zielbildung*, die *Handlungsplanung*, die *Handlungsausführung* und die *Handlungskontrolle*. Bezieht man diese Komponenten auf Unterricht, auf das wechselseitige Handeln von Lehrenden und Lernenden, so stellt sich konkret die Frage nach der Wechselwirkung zwischen den Komponenten der Handlungsregulation beim Lehrenden und Lernenden. Betrachtet man die im Unterricht beobachtbare Handlungsaktivität, so liegt die Konzentration auf der Beobachtung des Schülerhandelns und seiner Beeinflussung durch die Aktivitäten des Lehrers. Die Erfassung der vollständigen Struktur des Handelns des Lehrers ist ohne die Einbeziehung der außerhalb der konkreten Unterrichtsstunde liegenden Aktivität (Unterrichtsplanung, -vorbereitung, -auswertung) nicht möglich.

Die methodische Gestaltung der Evaluation sah die Hospitation im Unterricht (Anfertigung eines detaillierten Verlaufsprotokolls, in dem vor allem das Handlungsgeschehen im Unterricht erfasst wird[23]) sowie eine auf dieser Basis vorgenommene fragebogengestützte Unterrichtsanalyse vor. Die Handlungskomponenten des Lehrerhandelns *Lehrzielbildung, Unterrichtsplanung, Nachbereitung*, welche sich konkreten Beobachtungen im Unterricht entziehen, waren in einem umfangreicheren Fragebogen enthalten, der bei einer geringeren Stichprobe (ca.

---

[23] Ursprünglich war die Videographierung von Unterrichtsstunden vorgesehen, ließ sich jedoch aus organisatorischen Gründen nicht verwirklichen.

40 Lehrer) zum Einsatz kam (siehe oben). Dieser Aspekt ließ sich u. a. aus kapazitären Gründen nicht weiter verfolgen und soll in zukünftigen Untersuchungen durch ein Lehrerinterview erfasst werden.

Die im Fragebogen enthaltenen konkreten Analysekriterien bezogen sich auf folgende Komponenten der Handlungsregulation:

a) Gemeinsames Handeln von Schüler und Lehrer – Wechselwirkung zwischen Lehrzielorientierung / Motivierung (als Momente des Lehrerhandelns) und Lernzielbildung; Lehrerhandeln (Unterrichtsmethode) und Lernhandlungsplanung; Lehrerhandlung und Lernhandeln (Ausführungsteil der Handlung), Lehrerhandeln und Lernkontrolle sowie Bewertung des Lernens (die Urteile beruhen auf der Beobachtung des Unterrichtsgeschehens);

b) Individuelles Handeln der Schüler (dazu wurden im Sinne einer Zufallsstichprobe jeweils zwei Schüler beobachtet) – Kriterien: Zielbildungs-, Planungs-, Ausführungs-, Kontroll- und Bewertungsteil der Lernhandlung.

Folgende Fragen waren mit Hilfe eines halb offenen Fragebogens (Auswahlantworten – dreifach gestuft[24] – und Möglichkeit der freien Beantwortung) zu beantworten:

1. *Planung des Unterrichts*[25]

- Worin werden Qualitätsmerkmale des Unterrichts gesehen? (Offenheit, Disziplin, Rolle des Lehrers, geschaffter Stoff)
- Woran orientieren sich Lehrer bei der Bestimmung der Ziele des Unterrichts?
- Worauf bezieht sich vorzugsweise die Vorplanung des Unterrichts? (Welche Rolle spielen Lehrertätigkeit, Schülertätigkeit, didaktische Funktionen, Methoden und Verfahren der Stoffvermittlung, der Stoff, die Zeit, Medien usw.)
- Worauf bezieht sich die Kooperation der Lehrer bei der Unterrichtsplanung / Stundenvorbereitung, falls vorhanden?
- Wie erfolgt die Unterrichtsplanung?

---

[24] Eine zunächst vorgenommene fünffache Stufung hat sich als wenig zweckmäßig erwiesen, weil die Extrempole kaum besetzt waren.
[25] Diese Fragen waren in der ursprünglichen Fassung des Fragebogens enthalten, sollen zukünftig im Interview realisiert werden. Da ich sie im hier dargestellten Zusammenhang für grundsätzlich relevant halte, teile ich sie dennoch mit, auch wenn im Folgenden bei der Ergebnisdarstellung darauf kein Bezug genommen werden kann.

(Inhalt des Fragebogens zur Analyse der beobachteten Unterrichtsstunden:)

2. *Unterrichten (Tätigkeit des Lehrers in Wechselwirkung mit jener der Schüler)*
- Wie erfolgt die Einflussnahme auf die Lernzielbildung?
- Wie erfolgt die Einflussnahme auf die Handlungsplanung?
- Wie erfolgt die Einflussnahme auf das Handeln der Schüler?
- Wie wird die Lernkontrolle beeinflusst?
- Wie / was / durch wen wird bewertet?
- Resultiert aus der Kontrolle und Bewertung ein neuer Lernzyklus?

3. *Lerntätigkeit der Schüler*
- Wie erfolgt die Lernzielbildung?
- Wie erfolgt die Lernhandlungsplanung?
- Wie erfolgt das Handeln?
- Wie erfolgt die Handlungskontrolle?
- Welche Bewertungsreaktionen sind beobachtbar?

5.3. Ergebnisse

Es wurden bislang bei ca. 150 Lehrerinnen und Lehrern ca. 170 Unterrichtsstunden hospitiert. Ausgewertet wurden bisher 67 von Studenten nach eingehender Anleitung hospitierte Unterrichtsstunden bei 50 Lehrerinnen und Lehrern des Landes Brandenburg (Grundschulen, vorrangig Klasse 4 – Zufallsstichprobe). Die exakte Auswertung der Fragebögen erwies sich als nicht ganz problemlos. Einerseits verlangt die Untersuchung gut geschulte Beobachter, andererseits die Bearbeitung der Fragebögen einige Expertise, die nicht bei allen Studenten vorausgesetzt werden konnte. Aus diesem Grund werden mit dem Fortgang der Erhebung die Hospitationsprotokolle noch einmal gesondert ausgewertet. Diese durch Experten vorgenommene Auswertung wird dann mit den Fragebogendaten verglichen und bei Unstimmigkeiten mit dem Beobachter besprochen.

Aus den genannten Gründen stellten wir zunächst Rangreihen aus den dominant beobachteten Merkmalen zusammen (vgl. Tabelle 19).

Tabelle 19: Merkmale des Handelns von Lehrern und Schülern im Unterricht

Lehrer	Schüler
Gestaltung von Lernsituationen:	
1. *Lehrplan* (58%)	
2. Lebensweltliche Bezüge (25%)	
3. Abarbeiten des Stoffes (13%)	
4. Schülerwünsche (13%)	
Lernzielorientierung / Einflussnahme auf die Lernzielbildung:	
1. *im katechisierenden UG (50%)*	1. *katechisierendes UG (65%)*
2. durch Lehrer genannt (44%)	2. Rezeption (36%)
3. durch Schüler (9%)	3. individuell durch Schüler (19%)
	4. kooperative Lerntätigkeit (6%)
Einfluss des Lehrers auf die Handlungsplanung:	
1. *Impulse an Individuen (48%)*	1. *angeleitet durch Lehrer (30%)* (1.1. im UG – 19%; 1.2. Nachmachen – 13%; 1.3. Übernahme von verbalen Vorgaben – 10%)
2. Impulse an die Klasse – dominant im UG (40%)	
3. ohne Einfluss (24%)	2. trial and error (24%)
4. verbale Anleitung (22%)	3. ohne (22%)
5. vormachen (22%)	4. selbstständig (6%)
Einfluss auf die Lernhandlung:	
1. *individuelle Hilfen (40%)*	1. *individuell selbstständig (25%)*
2. frontale Hilfen (36%)	2. Vorgaben abarbeitend (22%)
3. frontale Impulse (33%)	3. ohne Handeln (22%)
4. ohne (22%)	4. raten (19%)
5. vormachen (13%)	5. helfende Impulse vom Lehrer verarbeitend (15%)
	6. kooperativ handelnd (15%)
	7. Orientierungsgrundlagen bewusst nutzend (6%)
Kontrolle / Bewertung:	
1. *externe Lehrerkontrolle – resultativ (40%)*	1. *bezogen auf unmittelbares Handeln (33%)* (verbal – 31%; Zensur – 2%)
2. durch Kooperation mit den Schülern (27%)	2. Erreichen des Lehrziels (27%)
3. Selbstkontrolle individuell (19%)	3. Erreichen des Lernziels (9%)
4. ohne (12%)	
5. Selbstkontrolle anleitend (8%)	
6. gegenseitige Kontrolle veranlassend (7%)	

Fortsetzung Tabelle 19:

> **Ableitung eines neuen Lernziels (oft Lehrziel):**
> 1. *geführt durch den Lehrer im UG (28%)*
> 2. durch den Lehrer direkt (21%)
> 3. in Kooperation mit dem Lernpartner (9%)
> 4. individuell (8%)
> 5. durch Misserfolg in der praktischen Handlung (2%)
> 6. ohne (9%)

Die Analyse der Rangreihen dominanter Merkmalsausprägung der im Fragebogen in Items erfassten Merkmale des Handelns der Lehrer und Schüler macht für die Itemgruppe „Gestaltung von Lernsituationen" deutlich:

Nur in 13% der beobachteten Unterrichtsstunden entstehen Lernsituationen, in denen Schülerwünsche konkret berücksichtigt werden. Wenngleich das reine Abarbeiten des Stoffes (13%) ebenso wenig beobachtet wurde, dominiert dennoch vor allem der Lehrplan (58%) die Lernsituation. Das wird bei der Lernzielorientierung noch deutlicher, da in 44% der beobachteten Unterrichtsstunden der Lehrer das Ziel nennt. Sinnvoller mit Blick auf die Berücksichtigung der Schülerwünsche wäre es wohl, wenn zunächst Bezüge zur Lebenswelt der Kinder hergestellt würden (25% der beobachteten Unterrichtsstunden), um hiervon und ausgehend von den Wünschen und Fragen der Kinder die Lehrplaninhalte zu vermitteln.

Insgesamt wird deutlich, dass Schülerwünsche im Unterricht eine geringe Rolle zu spielen scheinen. Lebensweltliche Bezüge sind aber nur dann für Schüler sinnvoll zu erleben, wenn auch ihre Wünsche Berücksichtigung finden, Lernbedürfnisse konkret aufgegriffen werden.

Eine analoge Auswertung der übrigen Itemgruppen führt zu folgendem Ergebnis:

Bei der Lernzielbildung dominiert der Lehrer (er nennt Lehrziele und erwartet, dass dadurch bei den Kindern Lernziele entstehen) bzw. diese werden im katechisierenden Unterrichtsgespräch (Frage-Antwort) genannt. Lernzielbildung als Funktion der Tätigkeit des Schülers wird weniger beobachtet, auch kooperative Lerntätigkeit als Rahmen, in dem Lernzielbildung erfolgen kann, kommt zu kurz.

Bei der Handlungsplanung (ich habe Zweifel, ob diese tatsächlich real beobachtet wurde) dominiert die verbale Anleitung durch den Lehrer – das aber heißt, dass von einer eigentlichen Planung bei den Kindern keine Rede sein kann.

Diese Aussage gilt auch, wenn man das Geben von Impulsen an einzelne Schüler oder die Klasse nicht auf eine direkte verbale Anleitung bezieht. Aus der Durchsicht der vorliegenden Hospitationsprotokolle verdichtet sich der Verdacht, dass in der Tat die Planung des Handelns als eigenständiger Handlungsteil nicht beobachtet wurde, sondern dass sich die hier gemachten Aussagen auf die Handlungsausführung beziehen.

Dieser Verdacht erhärtet sich bei der Analyse der Handlungsausführung. Frontale und individuelle Hilfen dominieren und weisen darauf hin, dass die Handlungsplanung zumindest unvollständig war. Auf der Schülerseite zeigt sich dies durch den relativ hohen Anteil des Abarbeitens an Vorgaben und fehlendem Handeln. Auch das selbstständige Handeln, welches zwar auf dem Rangplatz 1 liegt, lässt mit Blick auf den Anteil des wenig reflektierten Ratens und den geringen Anteil an bewusster Nutzung von Orientierungsgrundlagen auf die fehlende Handlungsplanung – d. h. fehlendes antizipierendes und damit bewusstes Handeln schließen.

Die Kontrolle und Bewertung erfolgt vor allem auf das Lehrziel bezogen. Hierbei dominiert der Lehrer. Das Lernziel, also das Ziel der Lerntätigkeit der Kinder, spielt dabei eine untergeordnete Rolle. Neue Lehr- (vermeintliche Lern-)ziele werden vom Lehrer abgeleitet, Kinder leiten für sich neue Lernziele kaum selbst ab.

Insgesamt dominiert die Lehrtätigkeit den Unterricht – die Lerntätigkeit der Kinder spielt eine untergeordnete Rolle. Von einer eigenständigen Handlungsregulation in der Lerntätigkeit und damit in unserem Sinne von handlungsorientiertem Unterricht kann also in unserer Stichprobe kaum die Rede sein.

Dieses Bild gewinnt an Konturen, betrachtet man die Mittelwerte und Standardabweichungen wesentlicher untersuchter Komponenten der Handlungsregulation des Schülerhandelns im Unterricht (vgl. Tabelle 20). In diese Analyse gehen nicht nur die dominant beobachteten Merkmale, sondern jeweils alle Ausprägungsgrade ein. Dies erscheint umso sinnvoller, da der mittlere Ausprägungsgrad in der Regel stärker besetzt ist als die Extreme. Auf diese Weise kann die Aussagekraft der Daten erhöht werden.

Da die Merkmale in den Ausprägungsgraden 1 bis 3 erfasst wurden, spiegeln alle Mittelwerte größer als 2.0 eine geringe Ausprägung, alle kleiner als 2.0 eine höhere Ausprägung des entsprechenden Merkmals im Unterricht wider.

Lernsituationen werden bewusst durch den Lehrer gestaltet. Das Merkmal des Abarbeitens des Stoffes wird jedoch in der Mehrzahl der hospitierten Stunden zumindest als vorhanden festgestellt (hochsignifikante Differenz zu den anderen Merkmalsausprägungen). Das spontane Entstehen von Lernsituationen, etwa dadurch, dass die Schüler Wünsche äußern, ein Problem in den Unterricht mitbringen oder Fragen stellen, fehlt weitgehend.

Lernziele (die Frage bleibt ungeklärt, ob es sich dabei tatsächlich um die Handlungsziele der Kinder handelt) werden im Unterrichtsgespräch (vor allem katechisierend) erarbeitet oder vom Lehrer genannt. Es zählt offenbar zu den Ausnahmen, dass die Kinder selbstständig Lernziele generieren (vgl. Abb. 4).

Tabelle 20: Handlungsanalyse im Unterricht (N = 67) (Mittelwerte und Standardabweichungen Handlungsmerkmale – Ausprägungsgrade: dominant – 1; vorhanden – 2; kaum – 3)

Handlungsmerkmal / -komponente	Mean	Std Dev
Entstehen von Lernsituationen		
bewusst durch Lehrer gestaltet	1.57	.68***
Abarbeiten des Stoffes	1.99	.51***
spontane Lernsituation	2.57	.70***
Lernzielbildung		
im Unterrichtsgespräch erarbeitet	1.66	.73***
durch Lehrer genannt	1.82	.82
selbstständig	2.72	.60***
Lernhandlungsplanung		
durch Lehrerimpulse im Unterrichtsgespräch	1.85	.78
durch Lehrer direkt	1.94	.74
ohne Einfluss auf Lernhandlungsplanung	1.65	.58***
selbstständige Handlungsplanung	2.63	.60***
Lernhandlungsausführung		
individuell selbstständig (Versuch – Irrtum)	2.04	.75
ohne Handlungsanleitung	2.06	.59 *
Vor- / Nachmachen	2.07	.59***
durch Lehrer-Schüler-Kooperation	2.49	.75***
durch Schüler-Schüler-Kooperation	2.60	.74***
Handlungskontrolle		
resultativ durch Lehrer	1.85	.82
frontale handlungsbegleitende Kontrolle	1.94	.74
Kontrolle im Unterrichtsgespräch	1.99	.73***
Selbstkontrolle	2.39	.83***

Fortsetzung Tabelle 20:

Handlungsmerkmal / -komponente	Mean	Std Dev
Handlungsbewertung		
Lehrzielbewertung durch Lehrer	2.10	.80
aus Kontrolle neues Lehrziel	2.27	.88***
Lernzielbewertung durch Schüler	2.60	.65***
extern induzierte Bewertungsreaktion	2.78	.57***
intern induzierte Bewertungsreaktion	2.91	.29***

(* – p <,05; ** – p <,01; *** – p <,001) Statistisch wurde über den χ^2-Test gegen die Nullhypothese der Gleichverteilung in den Ausprägungsgraden der Merkmale geprüft.

Bei der Handlungsplanung, also der bewusst vollzogenen Antizipierung des Weges der Zielerreichung, gelten die von mir schon oben gemachten Bedenken, dass Handlungsplanung in entfalteter Form recht schwer im Unterricht beobachtbar sein dürfte. Lässt man diese Bedenken einmal unbeachtet, so stützen die Daten die bereits festgestellte Tatsache, dass selbstständige Handlungsplanung kaum anzutreffen ist (vgl. Tabelle 20). Die hochsignifikanten Unterschiede zwischen den jeweiligen Merkmalsausprägungen innerhalb der Items („ohne Einfluss auf die Handlungsplanung" und „selbstständige Handlungsplanung") verdeutlichen dieses Ergebnis eindrucksvoll. Die Handlungsplanung ist eindeutig eine Funktion des Lehrerhandelns und damit kann auch in diesem Zusammenhang von einer bewussten Aktivität, von eigenregulierten Lernhandlungen im Unterricht nicht die Rede sein (vgl. auch Abb. 4a-f).

Diese Situation muss sich im Handeln, beim Ausführen von Lernhandlungen widerspiegeln. Und in der Tat kommt die Kooperation im Handeln wenig vor (geringe Ausprägung der Merkmale Lehrer-Schüler- und Schüler-Schüler-Kooperation). Wie schon weiter oben erwähnt, besteht das Wesen der menschlichen Aktivität in der sozialen Interaktion. Intensive Lernprozesse vollziehen sich innerhalb dieser Interaktion, im Rahmen des gemeinsamen Handelns, der Kooperation. Diese findet im Unterricht jedoch überwiegend nicht statt. Vor- und Nachmachen oder wenig reflektiertes Probieren (individuell selbstständig) werden in den Unterrichtsstunden als „vorhanden" beobachtet, ohne dass eine eindeutige Dominanz festzustellen wäre (beide Extrempole – „dominant", „kaum" – sind für die genannten zwei Items gleich groß und ihre Summe entspricht der Häufigkeit des Ausprägungsgrades – „vorhanden" in den Fragebögen).

Eigentlich kann es auch nicht verwundern, dass die Kontrolle des Handelns keine Funktion der Tätigkeit der Kinder (geringe Ausprägung des Merkmals Selbstkontrolle – vgl. Tabelle 20), sondern die des Lehrers ist.

Wenngleich weder bei der resultativen Kontrolle durch den Lehrer, noch bei der frontalen, handlungsbegleitenden Kontrolle eindeutige Unterschiede zwischen den Ausprägungsgraden der jeweiligen Merkmale festzustellen waren, so zeigt die hohe Ausprägung des Vorhandenseins der Kontrolle im Unterrichtsgespräch, dass auch hier der Lehrer dominiert. Dabei dürften Handlungsresultate, nicht aber der Handlungsweg im Vordergrund stehen. Andernfalls müsste den Kindern mehr Raum zum Handeln selbst gegeben werden. Im Unterrichtsgespräch dominiert jedoch das Beantworten der Lehrerfragen.

Zum bewussten Handeln gehört auch die Bewertung des Handlungsweges und seines Resultats im Hinblick auf das angestrebte Lernziel. Wie aus Tabelle 20 ersichtlich ist, dominiert dieses Merkmal weder beim Lehrer (offenbar verhindert in vielen Unterrichtsstunden das Stundenende ein Reflektieren darüber, ob das angestrebte Ziel erreicht wurde), noch kann sich aus einer solchen Reflexion ein neues Lehrziel ergeben (vgl. Tabelle 20). Den Schülern wird aber eindeutig (hochsignifikant geringe Ausprägung des entsprechenden Merkmals) weniger die Möglichkeit geboten, ihr Handeln zu reflektieren. Mit dem Kindern eigenen Urvertrauen folgen sie dem Lehrer durch den Unterricht blind. So kann es auch nicht verwundern, dass nur in Ausnahmefällen extern (also durch den Mitschüler oder Lehrer) oder intern (durch den eigenen Handlungserfolg oder -misserfolg) induzierte Bewertungsreaktionen bei den Kindern beobachtet wurden (vgl. auch Abb. 4a-f).

Abbildung 4 a-f: Komponenten der Regulation des Schülerhandelns im Unterricht (Ergebnisse zu ausgewählten Items des Fragebogens)

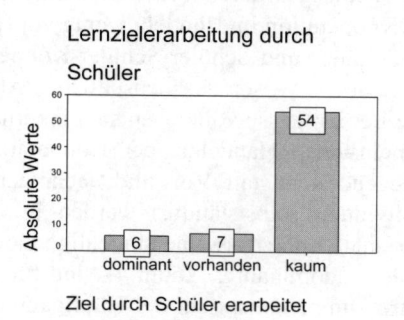

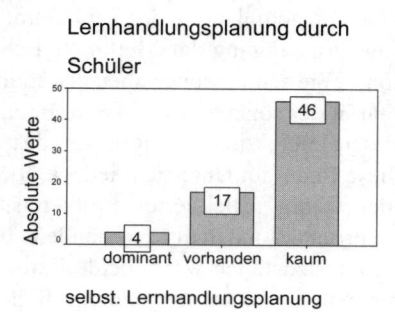

Lernzielerarbeitung durch Schüler

dominant	vorhanden	kaum
6	7	54

Ziel durch Schüler erarbeitet

$p < .001$

Lernhandlungsplanung durch Schüler

dominant	vorhanden	kaum
4	17	46

selbst. Lernhandlungsplanung

$p < .001$

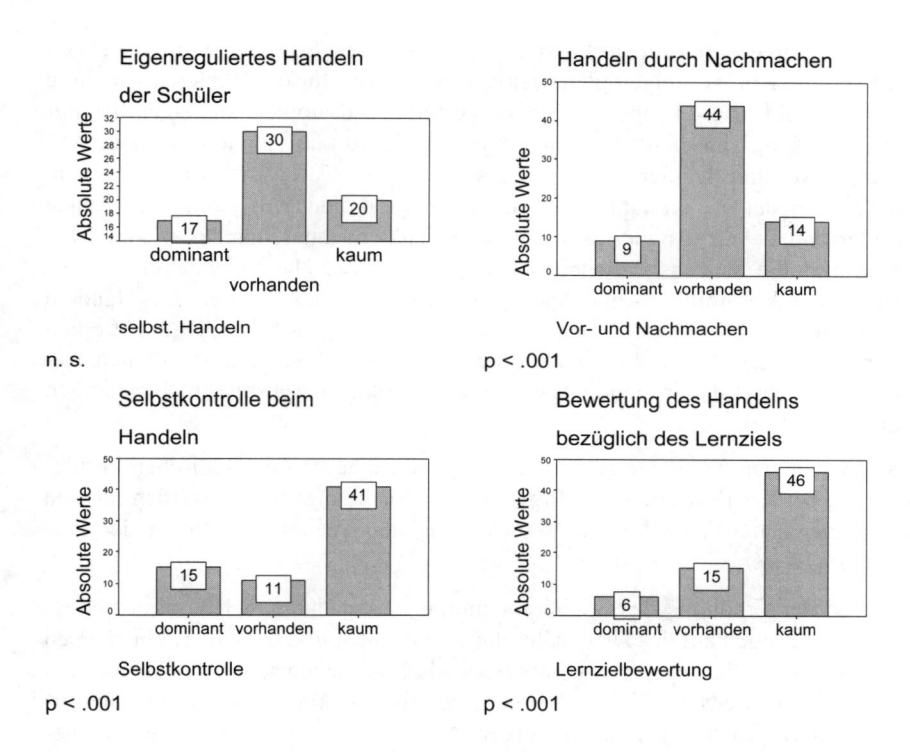

Eigenreguliertes Handeln der Schüler

dominant: 17; vorhanden: 30; kaum: 20
selbst. Handeln
n. s.

Handeln durch Nachmachen

dominant: 9; vorhanden: 44; kaum: 14
Vor- und Nachmachen
p < .001

Selbstkontrolle beim Handeln

dominant: 15; vorhanden: 11; kaum: 41
Selbstkontrolle
p < .001

Bewertung des Handelns bezüglich des Lernziels

dominant: 6; vorhanden: 15; kaum: 46
Lernzielbewertung
p < .001

5.4. Folgerungen

Das Ziel der Untersuchung war es zu prüfen, inwieweit im Sachunterricht das Merkmal der Handlungsorientierung zu beobachten ist. Trotz aller Vorläufigkeit der hier referierten ersten Ergebnisse muss festgestellt werden, dass die bewusste Orientierung auf eigenreguliertes Handeln der Kinder im Unterricht, aber auch, damit zusammenhängend, die bewusste Förderung und Ausbildung der dazu notwendigen Fähigkeiten bei den Kindern eher die Ausnahme denn die Regel darstellt. Handlungsorientierter Unterricht ist nach unserem Verständnis mehr als das Gewährleisten von Freiräumen zur (Eigen-) Aktivität der Kinder. Handlungsorientierter Unterricht muss Kindern helfen, eigenreguliert ziel- und sachgerecht zu handeln. Dazu bedarf es der zielgerichteten Ausbildung der entsprechenden Regulationskomponenten des Handelns: der bewusst vollzogenen Zielbildung, Handlungsplanung, Handlungsausführung und Handlungskontrolle und -bewertung. Darin besteht aber eindeutig ein Manko im Unterricht. Dieser scheint gegenwärtig nur die Alternative zwischen Freiarbeit (ohne Lehr-Lern-Interaktion) und Frontalunterricht (direkte Instruktion) zu gestatten. So ernüchternd die Daten auch sein mögen, sie zeigen gleichzeitig Perspektiven für die Weiterentwicklung von Unterricht. Diese können im hier dargestellten Zusammenhang eigentlich nur darin bestehen, Unterrichtsmethoden in der Weise zu kultivieren, dass beide Akteure (Lehrer und Schüler) ihre Rolle als Subjekt der Tätigkeit entfalten können. Das aber bedeutet, im Unterricht die Interaktion und Kooperation zwischen Schüler und Lehrer als auch zwischen den Schülern untereinander so zu entwickeln, dass die hier ausgegliederten Komponenten der Handlungsregulation bewusst in den Vermittlungs- und Aneignungsprozess gerückt werden. Das Handeln selbst, nicht Aktionismus, sondern bewusst vollzogenes handelndes Lernen (Lernhandlungen), muss entschieden mehr Gegenstand der unterrichtlichen Aneignung werden, damit Handlungsorientierung zum Wesensmerkmal modernen Unterrichts wird.

Die Untersuchung verweist zugleich auf eine Reihe von methodischen Problemen, die bei der Bewertung der Ergebnisse in Rechnung gestellt werden müssen und zugleich den Weg für die Verbesserung und Weiterentwicklung der Forschungen weisen.

Neben der Erhöhung des Stichprobenumfangs, der dann auch differenziertere Analysen bezogen auf das Dienstalter der LehrerInnen und die Unterrichtsthemen (etwa den Vergleich zwischen naturwissenschaftlich-technischen und sozial- und gesellschaftswissenschaftlichen Themen) gestatten würde, muss an der Qualifikation der Beobachter gearbeitet werden. Nach wie vor wäre die Videographierung der Unterrichtsstunden der beste Weg, um mit mehreren unabhängigen Beobachtern objektivere Aussagen zu erhalten. Angestrebt wird auch die Ausdehnung der Untersuchung auf andere Bundesländer.

6. Lernergebnisse

6.1. Kenntniserwerb

6.1.1. Ziele, Fragestellung und Arbeitsstandpunkte der Untersuchung

Das *Ziel* dieser Teiluntersuchung[26] bestand darin, in einer querschnittlich angelegten Untersuchung in den Klassen 3-6 zu ermitteln, welche Unterschiede bei der Begriffsbildung und Begriffsverwendung der Schülerinnen und Schüler Entwicklungshypothesen über Begriffsentwicklung und Entwicklung begrifflichen Denkens stützen. Im weiteren Sinne leisten diese Untersuchungen auch einen Beitrag zur Evaluation des Sachunterrichts unter dem Aspekt des Kenntniserwerbs.

Fragestellung

- Welche Besonderheiten der Wissensaneignung und Entwicklung von Kenntnissen sind auf dem Hintergrund des Unterrichts festzustellen?
- Welche Qualitätsmerkmale (z. B. Allgemeinheit, Generalisierbarkeit, Systemhaftigkeit, Stabilität, Disponibilität, Konkretheit, Differenziertheit...) und welches Verhältnis zwischen Alltagswissen und wissenschaftlichem Wissen weisen die Schülerkenntnisse auf?
- In welchem Verhältnis stehen (kognitive) Entwicklung und Unterricht? In welcher Weise haben verschiedene Lehr- und damit zusammenhängende Lernstrategien im Unterricht Einfluss auf die kognitive Entwicklung der Kinder?

Arbeitsstandpunkte

Der Domänenspezifik des Wissens kommt im Hinblick auf die kognitive Entwicklung bzw. die Entwicklung kognitiver Fähigkeiten (Begriffsbildung, Problemlösen, logisches Schließen) eine große Bedeutung zu (Weinert & Helmke 1993, 1994). Die (qualitativen) Unterschiede zwischen Kindern und Erwachsenen sind bezüglich der kognitiven Fähigkeiten geringer als bezüglich des Wissens (Experten- vs. Novizenwissen – Chi, Glaser & Farr 1988, Weinert 1994, Heller & Hany 1996, Ackermann 1998, Hasselhorn & Mähler 1998, Sodian 1998, 1998a).

---

[26] Zu Anliegen und bereits vorliegenden Ergebnissen der Gesamtuntersuchung siehe Giest 1995a, 1996b (Begriffsbildung), Giest 1996a (Problemlösen), Giest 1997a (Handlungsorientierung im Unterricht), Giest 1996b, 1998c (Unterrichtsstrategien).

Aus diesem Grund spielt die domänenspezifische Analyse des Wissens, des Wissenserwerbs und der Wissensnutzung eine entscheidende Rolle in unseren Untersuchungen zur Entwicklung der Kognition im Grundschulalter. Wir erwarten hier, Entwicklungstrends mit Blick auf Inhalt, Umfang sowie Qualität der Kenntnisse abbilden zu können.

Relativ unabhängig vom Alter[27] gibt es kulturbezogene Anforderungen, die bedingt durch eine bestimmte Entwicklungshöhe der Kultur auf einer dieser adäquaten Ebene der Entwicklung höherer psychischer Funktionen angeeignet werden müssen. Betrachten wir Grundschulkinder, wird in diesem Zusammenhang ein Wandel in der epistemologischen Grundhaltung des Kindes bedeutsam. Dieser Wandel bedingt auch den Erwerb adäquater Lernmethoden und beeinflusst kognitive Strukturbildungen („conceptual change" – Chi, Slotta & Leeuw 1994, Spada 1994, Vosniadou 1994, Sodian 1998a, Schnotz 1998). Der Übergang vom Alltagsdenken zum wissenschaftlichen Denken ist ein Beispiel für das Entstehen einer durch Kultur erzeugten höheren psychischen Funktion, der sich in den erhobenen Daten niederschlagen müsste.

Höhere psychische Funktionen sind vor allem durch Kultur bedingt (Wygotski 1985, 1987, 1992, 1996). Unterricht ist eine entscheidende Bedingung der Entwicklung höherer psychischer Funktionen in der Ontogenese. Je nach Orientierung des Unterrichts (Unterrichtsstrategie) auf die zielgerichtete Ausbildung dieser psychischen Funktionen (u. a. Komponenten wissenschaftlichen Denkens) sollten sich auch deutliche Unterschiede in den entsprechenden Lernleistungen der Schüler feststellen lassen.

Methode

Es wurde ein Test (Bearbeitung eines Arbeitsblattes) mit 964 Schülerinnen und Schülern aus vier Grundschulen im Land Brandenburg durchgeführt. Die Stichprobe wies folgende Charakteristika auf: Klasse 3 – n = 204; Klasse 4 – n = 216; Klasse 5 – n = 277; Klasse 6 – n = 267; Geschlecht – 51% Mädchen, 49% Jungen; 2 Landschulen (klein, groß – 40% der Probanden), 2 Stadtschulen (klein, groß – 60% der Probanden); schulische Leistung[28] – Leistungsgruppen I (22%), II (48%), III (31%). Diese Untersuchung wurde u. a. durch strukturierte Interviews (Einzeluntersuchung) im Sinne eines Querschnittes ergänzt. Dieser war gleichzeitig in Klasse 1 Startpunkt für eine Längsschnittuntersuchung bis zur Klasse 4.

---

[27] Das Alter ist eine unzulängliche Bezugsgröße der kognitiven Entwicklung, es sei denn man unterstellt ein Reifungskonzept, was wir nicht tun wollen.
[28] Notendurchschnitt Deutsch, Mathematik, Sachunterricht bzw. naturwissenschaftliche Fächer - Klassen 5 und 6.

Jede Untersuchung, die dem Aspekt der Kenntnisaneignung (hier verfügbares Sachwissen) nachgeht, steht vor dem Problem, das zu analysierende Wissen auf dem Hintergrund des Unterrichts auszuwählen (vgl. auch Untersuchungen von Bennett 1979).

Wir haben dieses Problem zu lösen versucht, indem wir Inhalte im Sinne konsensfähiger Bestandteile der Allgemeinbildung (grundlegendes Wissen) aus Expertensicht auswählen. Eine Befragung der Lehrer sicherte, dass die Themen im Unterricht behandelt wurden. Allerdings können keine Angaben zum Umfang oder Anspruch der Behandlung im Unterricht gemacht werden. Letztlich können die Ergebnisse einer solchen Untersuchung (neben dem Beitrag zur Grundlagenforschung) nur Aussagen über den geprüften Inhaltsbereich machen. Es kann nicht gezeigt werden, was die Kinder evtl. alternativ zu den geprüften Inhalten gelernt haben, welches andere Wissen sie sich angeeignet haben, welche anderen Kompetenzen[29] sie erworben haben. Geprüft wurden hier zunächst Kenntnisse der Schüler zum Inhaltsbereich „Pflanzen". In den oben erwähnten strukturierten Interviews wurde auch der Inhaltsbereich „Arbeit" in die Untersuchung mit einbezogen. Beim Inhaltsbereich „Pflanzen" handelt es sich einerseits um einen für den Sachunterricht prototypischen Gegenstand und zum anderen konnte, gestützt auf Erfahrungen aus weiteren Untersuchungen (siehe unten und insgesamt Kapitel 3. bis Kapitel 6.), erwartet werden, dass sich bei diesem naturwissenschaftlichen Inhalt Tendenzen der Entwicklung wissenschaftlichen Denkens und der Bildung wissenschaftlicher Begriffe leichter nachweisen lassen als bei gesellschaftlichen Inhalten.

6.1.2. Ergebnisse

Umfang und Differenziertheit der Kenntnisse

Um einen Überblick über den Umfang der Kenntnisse zu bekommen, baten wir die Kinder, alle Baumarten aufzuschreiben, die ihnen einfielen (free recall).

Im Durchschnitt wurden ca. 7 Baumarten (Maximum 20; Minimum 0) reproduziert. Bezüglich der durchschnittlich reproduzierten Anzahl an Baumarten ergab sich ein Trend von Klasse 3 nach Klasse 6 (signifikanter Unterschied – $p < .05$ – zwischen allen Klassenstufen – vgl. Tabelle 21).

---

[29] Kompetenzen sind nach Helmke (2001, S.153): „funktional bestimmte, auf bestimmte Klassen von Situationen und Anforderungen bezogene kognitive Leistungsdispositionen, die sich psychologisch als Kenntnisse, Fähigkeiten, Strategien, Routinen oder auch bereichsspezifische Fähigkeiten beschreiben lassen." (vgl. auch Klieme et al. 2001).

Tabelle 21: Frei reproduzierte Baumarten

	Mittelwert	Std. Dev.	Meist reproduzierte Anzahl
Gesamt	6.69	3.49	6
Klasse 3	4.65	2.39	3
Klasse 4	6.02	3.17	4
Klasse 5	6.96	3.34	6
Klasse 6	8.49	3.63	8

57% der Kinder konnten weniger als 6 und 87% weniger als 10 Baumarten vom Namen her reproduzieren. Dabei muss beachtet werden, dass vier Baumarten im Zusammenhang mit einer anderen Aufgabe vorher bildlich präsentiert wurden, so dass die reine Gedächtnisleistung erst ab n = 5 beginnt. Die 10 am meisten genannten Baumarten betreffen die in der Tabelle 22 enthaltenen 7 Laubbäume, 4 Nadelbäume, 3 Obstbäume und die Palme (nur als Gattung benannt). Betrachtet man die geläufigen Obstbaumarten (Apfel, Kirsche, Pflaume, Birne), ferner die Laubbäume (Linde, Eiche, Rosskastanie, Birke) sowie die Nadelbäume (Kiefer, Fichte, Tanne und Lärche), so kommt man mühelos auf 12 Baumarten, die in der Lebenswelt der Kinder in Brandenburg vorhanden sind. Auch dürfte wohl kein Zweifel darüber bestehen, dass die Kenntnis dieser Baumarten zur Allgemeinbildung gehört.

Die Hauptursache für diese relativ geringe Gedächtnisleistung sehen wir in einem wenig geordneten Gedächtnisbesitz. In einzelnen Stichproben zeigte sich nämlich, dass die Kinder, sobald ihnen die Strukturierungshilfe – Obstbäume, Laubbäume, Nadelbäume gegeben wurde, besser mit der Aufgabe zurecht kamen. Die Varianzanalyse (Anzahl reproduzierter Bäume nach Geschlecht, Klassenstufe, Leistungsgruppe, Schule – einfach mehrfaktorielle ANOVA) ergab einen signifikanten Haupteffekt ($p < .001$), der auf alle geprüften Faktoren ($p < .002$) zurückzuführen war: Mädchen lösten die Aufgabe signifikant ($p < 0.05$) besser als Jungen, die Leistungsgruppen 1 und 2 besser als 3, in kleinen Schulen wurde sie besser als in großen gelöst. (Übrigens ergab die Analyse des Zusammenhangs zwischen der hier geprüften Leistung und der Klassenstärke keinen signifikanten Effekt, so dass die Klassenstärke als Ursache für die Unterschiede zwischen den Schulen ausfällt). Die Aufklärung einer Interaktion zwischen Schule und Klasse ($p < .001$) ergab bei den großen Schulen signifikante Unterschiede ($p < .05$) innerhalb einer Rangreihe der Klassen 3, 4, 5 und 6. Bei den kleinen Schulen ergab sich eine uneinheitliche Rangreihe (nur die Klasse 6 befand sich bei beiden Schulen auf dem höchsten Rangplatz), so dass hier ein Entwicklungstrend weniger klar auszumachen war.

Tabelle 22: 15 häufig frei reproduzierte Baumarten

Baumart	N	Prozent
TANNE	485	7.53
EICHE	708	10.99
BUCHE	427	6.63
KASTANIE	388	6.02
KIEFER	372	5.77
APFELBAUM	365	5.66
BIRKE	355	5.51
FICHTE	352	5.46
LINDE	327	5.07
AHORN	318	4.93
KIRSCHBAUM	291	4.52
PAPPEL	278	4.31
LÄRCHE	277	4.30
BIRNBAUM	206	3.20
PALME	195	3.03
Σ		82.93%

Unterscheidet man zwischen den 15 meistgenannten (Tabelle 22) und den weniger häufig genannten Baumarten (Rangplätze 16-38), so wird ersichtlich, dass der Anteil der Schüler 5. und 6. Klassen bei den höheren Rangplätzen ansteigt (vgl. Abb. 5). Bezüglich der beiden Kategorien bestanden hochsignifikante Unterschiede ($p < .001$) zwischen allen Klassenstufen. Innerhalb der Kategorien wurden zwischen Klasse 3 und 4, 5, 6; Klasse 4, 5 und 3, 6; Klasse 6 und 3, 4, 5 sehr signifikante Unterschiede ($p < .01$) festgestellt. Nur die Klassen 4 und 5 unterscheiden sich hier nicht signifikant. Insgesamt wird das Wissen der Schüler über Baumarten umfangreicher bzw. auch differenzierter, was sich im Sinne einer Entwicklungshypothese deuten lässt.

Abbildung 5: Reproduzierte Baumarten, unterschieden nach den 15 häufig und den 23 weniger häufig genannten Arten

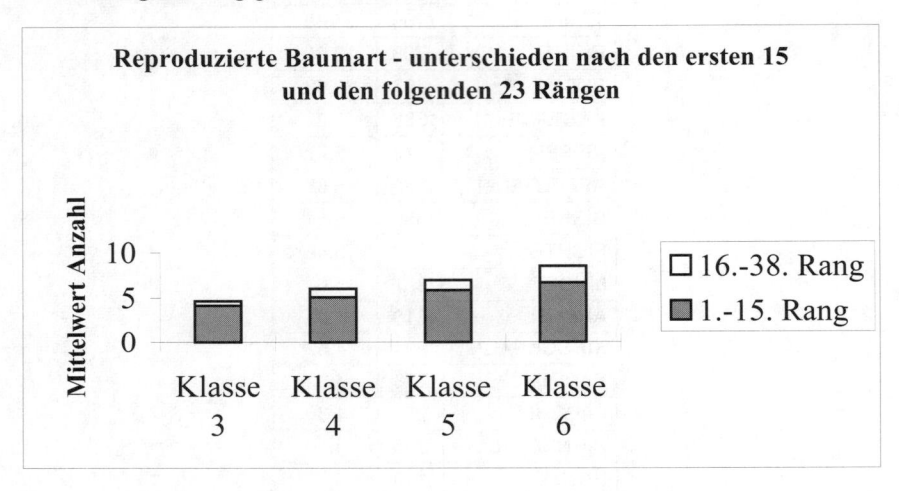

Reproduzierte Baumart - unterschieden nach den ersten 15 und den folgenden 23 Rängen

[Balkendiagramm: Mittelwert Anzahl für Klasse 3, 4, 5, 6; Legende: □ 16.-38. Rang, ■ 1.-15. Rang]

Adäquatheit der Kenntnisse

In einer weiteren Aufgabe sollten anhand von Bildern, die den Kindern präsentiert wurden (alle morphologischen Merkmale waren bildlich präsent), vier häufig in Brandenburg anzutreffende Baumarten (Kastanie, Birke, Kiefer, Lärche) identifiziert werden. Dabei war zwischen Nadel- und Laubbaum zu unterscheiden. Vor allem mit Blick auf die Nadelbäume (für die Wälder Brandenburgs ist die Kiefer typisch) ist das Ergebnis unbefriedigend (vgl. Abbildung 6). Die Kiefer wird von ca. der Hälfte der Kinder (40% – Klasse 3, 63% – Klasse 4, 50% – Klasse 5 und 68% – Klasse 6) richtig erkannt, die Lärche nur noch von ca. 14% (7% – Klassen 3 und 4; 13% – Klasse 5 und 29% – Klasse 6). Die Kenntnis der Laubbäume dürfte eher durch den Alltag vermittelt sein, als die der Nadelbäume. Zwar stützen die Daten eine Entwicklungshypothese, weisen aber gleichzeitig auf geringe Wirkungen des Unterrichts im Hinblick auf die geprüften Artenkenntnisse hin.

Eine differenzierte Analyse ergab: Mädchen identifizieren Birke, Kastanie und Kiefer signifikant ($p < .02$) besser als Jungen, die Klassen 4 und 6 bewältigen die Anforderung (Ausnahme Lärche) in der Regel statistisch relevant besser als die Klassen 3 und 5, die Leistungsgruppen I und II zeigen signifikant bessere Ergebnisse als die Leistungsgruppe III und die kleine Stadtschule hat bessere Ergebnisse, obwohl zwischen Stadt- und Landschulen hier, wie auch bei den anderen Aufgaben, keine relevanten Unterschiede festzustellen waren. Eine Varianzanalyse (Summe aller identifizierten Bäume bezogen auf die Variablen Klasse, Schule, Leistungsgruppe und Geschlecht) ergab einen signifikanten Haupteffekt ($p < .001$), an dem alle Variablen beteiligt waren. Zu beachten war allerdings eine Interaktion zwischen Schule und Klasse ($p < .011$): Während in den vierten Klassen (explizite Behandlung des Themas zurzeit der Erhebung) die Unterschiede zwischen den Schulen relativ gering (n. s.) waren, hatten in den Klassen 3 und 5 die kleine Stadtschule und die große Landschule deutliche Vorteile (jeweils $p < .05$). Erzielten in den 6. Klassen die großen Schulen vergleichbare Ergebnisse, schnitt auch hier die kleine Stadtschule weit besser ab ($p < .05$). (Über Ursachen, z. B. drohende Schließung der kleinen Stadtschule – hier wurden bereits keine ersten Klassen eingeschult – kann leider nur spekuliert werden.)

Bezogen auf die Identifikation der präsentierten Bäume als Nadel- bzw. Laubbäume ergab eine Varianzanalyse einen signifikanten Haupteffekt ($p < .001$), der auf die Faktoren Leistungsgruppe ($p < .014$) und Klasse ($p < .001$) zurückzuführen war. Hierbei musste eine signifikante Interaktion ($p < .01$) zwischen Schule und Klasse sowie zwischen Schule und Geschlecht aufgeklärt werden: Die kleinen Schulen wiesen keine statistisch relevanten Unterschiede auf, während in den großen Schulen die 6. Klassen und in der großen Landschule auch die 4. Klassen die Anforderung signifikant besser bewältigten ($p < .05$).

Während Mädchen in den kleinen Schulen mit dieser Anforderung besser zurecht kamen, traf dies auf die Jungen in den großen Schulen zu. Dies zeigte sich im Trend bei allen geprüften Anforderungen auch in den folgenden Aufgaben mehr oder weniger deutlich (Konkretheit, Allgemeinheit und Systematik der Kenntnisse u. a.). In diesem Zusammenhang wäre systematischer zu prüfen, ob Mädchen in großen Schulen gegenüber den Jungen benachteiligt sind bzw. Jungen in kleinen, beachtet man die Tatsache, dass Mädchen in der Regel bessere Leistungen zeigen als Jungen.

Abbildung 6: Anhand von Fotos identifizierte Baumarten

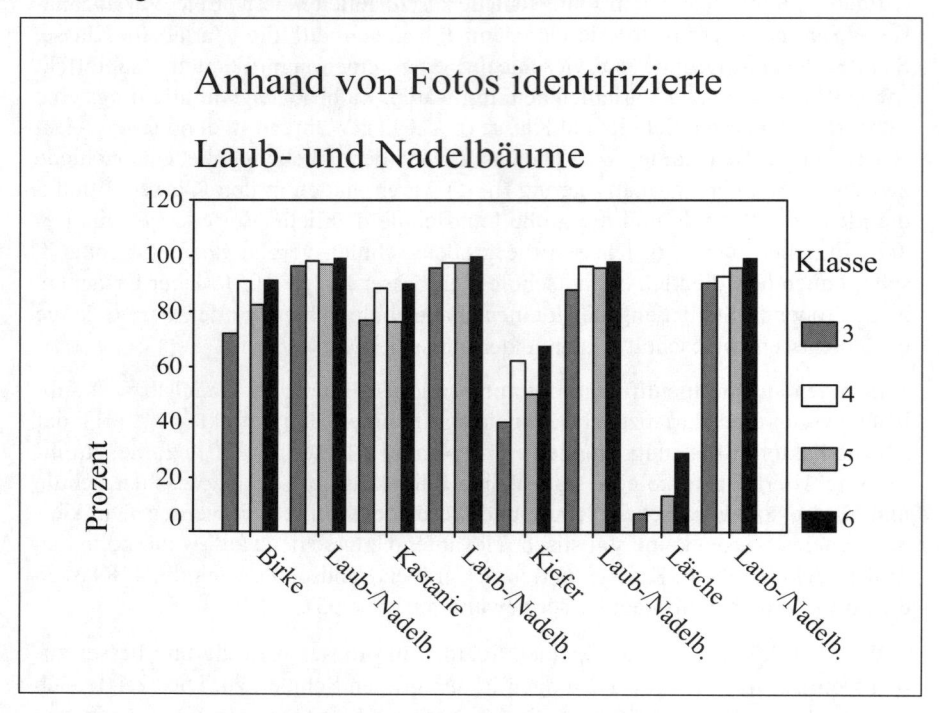

Anhand von Fotos identifizierte Laub- und Nadelbäume

(Balkendiagramm: Prozent nach Klasse 3, 4, 5, 6 für Birke, Laub-/Nadelb., Kastanie, Laub-/Nadelb., Kiefer, Laub-/Nadelb., Lärche, Laub-/Nadelb.)

Konkretheit der Kenntnisse

Um einen Hinweis auf die Konkretheit und Differenziertheit der Kenntnisse der Kinder zu bekommen, baten wir sie in einer weiteren Aufgabe, eine selbstgewählte Baumart näher zu beschreiben (gefordert waren Angaben zu Früchten, Blättern, Stamm und Wurzel). Die Kinder konnten wählen, ob sie die einzelnen Merkmale in einer Zeichnung oder verbal wiedergeben wollten. Ferner wurde die Verwendung von Fachtermini registriert. Bei den von den Schülern gemachten Angaben wurde zwischen abstrakten (z. B. grün, groß, dick) und konkreten Merkmalen (z. B. gefingertes Blatt, glatte Rinde) unterschieden. Eine konkrete Beschreibung des Baumes lag dann vor, wenn anhand der gemachten Angaben die beschriebene Baumart zu identifizieren war.

Aus Abbildung 7 ist ersichtlich, dass diese Aufgabe unbefriedigend gelöst wurde (hohe Prozentsätze fehlender oder falscher Angaben bzw. abstrakter Angaben). Obwohl die Baumart selbst gewählt werden konnte, fanden sich in den

Beschreibungen vielfach solche Aussagen wie: die Blätter sind grün, die Früchte rund, klein, groß...; der Stamm ist dick, braun, rund; die Wurzel ist groß oder „sieht man nicht". Bei den Zeichnungen fiel auf, dass viele Kinder die Wurzel nicht in einen Zusammenhang mit der Sprossachse brachten (vgl. Abb. 8). Offensichtlich wurden zu wenig Untersuchungen an Naturobjekten durchgeführt.

Abbildung 7 a-d: Beschreibung morphologischer Merkmale einer selbstgewählten Baumart

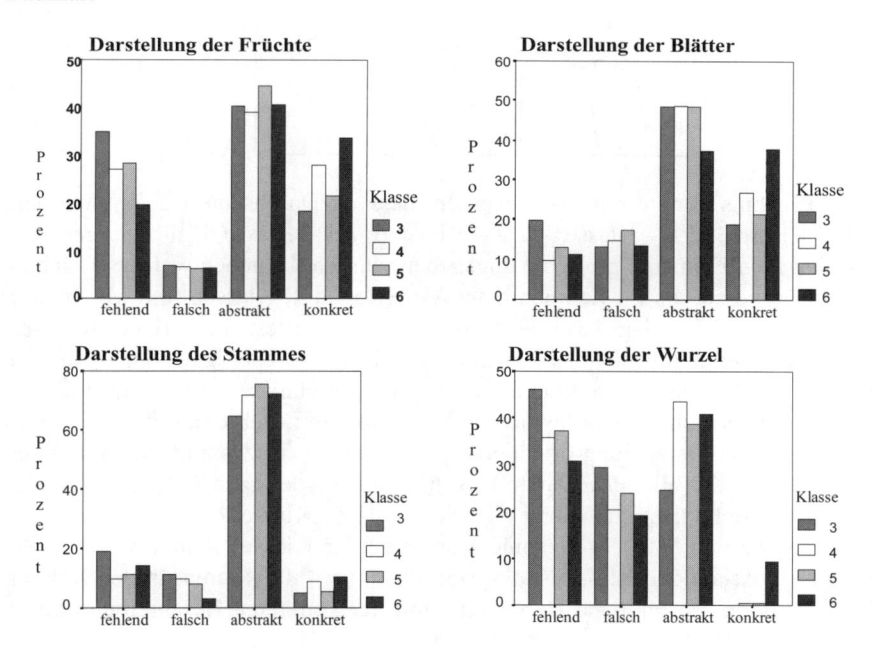

Abbildung 8: Die Wurzel in der Kinderzeichnung

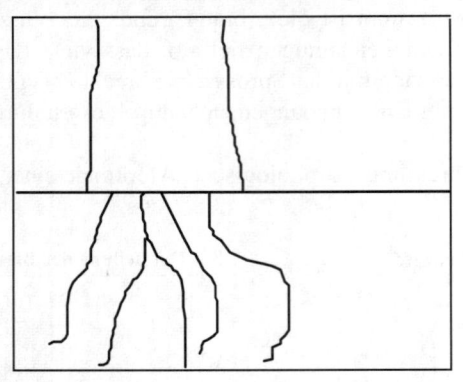

Im Ergebnis konnte registriert werden, dass im Durchschnitt 2,75 Merkmale (2,0 – Klasse 3; 2,8 – Klasse 4; 2,7 – Klasse 5; 3,5 – Klasse 6) für die vier morphologischen Elemente pro Kind angegeben wurden. Dennoch war das Ergebnis bedeutend besser als im Rahmen eines Vortestes in 4. Klassen (0,8 Merkmale). Die Ursache hierfür lag darin begründet, dass im Vortest die verbale Beschreibung dominierte, obwohl das Zeichnen vielfach einfacher gewesen wäre. Die Kinder, welche zeichneten, konnten oft bessere Ergebnisse erzielen. Im Rahmen der Hauptuntersuchung wurde von den Versuchsleitern stärker auf die Wahlmöglichkeit bei der Darstellung orientiert. Als Trend war festzustellen, dass von den Kindern eher die bildliche Darstellung gewählt wurde, nach Klasse 6 hin aber verbale Darstellungen zunahmen (Klasse 3 – 18%; Klasse 4 – 37%; Klasse 5 – 39%; Klasse 6 – 58%), wobei mit Ausnahme der Klassen 4 und 5 die Unterschiede zwischen den Klassenstufen signifikant ($p < .05$) waren. In den Klassen 3-5 korrelierte die bildliche Darstellung mit der konkreten Beschreibung höher (Klasse 3 – .579**; Klasse 4 – .278**; Klasse 5 – .239*; Klasse 6 – n. s.)[30] als die verbale Darstellung (Klasse 3 – ns.; Klasse 4 – .162*; Klasse 5 – .138*; Klasse 6 – .430**), bei der für die Klasse 6 eine höhere Korrelation zur konkreten Darstellung zu verzeichnen war. Die besten Ergebnisse erzielten jene Schüler, welche ihre bildliche Darstellung durch verbale Angaben ergänzten, d. h. beide Darstellungsarten nutzten.

Fachtermini wurden kaum verwendet. Bei den Früchten nannten 35% der Kinder den richtigen Terminus (21% – Klasse 3; 28% – Klasse 4; 37% – Klasse 5; 51% – Klasse 6). Aber auch das ist ein bedrückendes Ergebnis, wählten doch

---

[30] * – $p < .05$; ** – $p < .01$

immerhin 48% der Kinder die Kastanie, bei welcher der Name der Frucht identisch ist mit dem der Baumart (eine exakte Benennung, z. B. Rosskastanie, haben wir an dieser Stelle nicht einmal erwartet). Übrigens wurden daneben zu 15% die Eiche; 7,6% die Birke und 7,5% die Tanne gewählt, so dass sich 78,2% der Kinder auf die vier genannten Baumarten konzentrierten. Eine konkrete Beschreibung realisierten nur 15,6% der Schüler (10% – Klasse 3; 16% – Klasse 4; 12% – Klasse 5 und 23% – Klasse 6). Die Klassen 4 und 6 lösten diese Aufgabe signifikant besser als die Klassen 3 und 5. Die drei Leistungsgruppen unterschieden sich ebenso in der gewohnten Weise signifikant voneinander, wie auch Mädchen vor den Jungen und die Landschulen vor den Stadtschulen lagen. Eine Varianzanalyse brachte hier keine neuen Erkenntnisse: bezüglich der geprüften Anforderung und der Variablen Schule, Leistungsgruppe, Geschlecht, Klasse ergab sich ein signifikanter Haupteffekt, der auf alle geprüften Variablen zurückzuführen war. Statistisch relevante Interaktionen wurden nicht errechnet.

Es kann kein Zweifel darüber bestehen, dass die Kinder eigentlich eine solche Aufgabe spielend beherrschen müssten. Dazu sollte sie allerdings Gegenstand der Lern*tätigkeit* im Unterricht gewesen sein. Es stellt sich die Frage, ob die geprüften Anforderungen von den Lehrern als für den Sachunterricht wenig relevant eingestuft werden. Obwohl durch eine Befragung der Lehrer die Behandlung der Baumarten als Unterrichtsthema sichergestellt werden konnte, scheinen diese andere, als die hier geprüften Anforderungen in den Mittelpunkt des Unterrichts gerückt zu haben. Eine andere Ursache für die von uns festgestellten Ergebnisse könnte in der dem Unterricht zu Grunde gelegten Auffassung vom Lehr- bzw. Lernprozess liegen. Immer wieder ist die Meinung anzutreffen, dass die Kinder am besten durch den praktisch-handelnden Umgang mit den Dingen (Laubblätter sammeln, herbarisieren, Basteln mit Naturmaterial und künstlerisch-ästhetisches Gestalten, Wanderungen und Spiele in der Natur usw.) lernen. In diesem Zusammenhang wird vergessen, dass die Aneignung eines Lerngegenstands mit einem durch seinen Inhalt bestimmten Anforderungsbezug verbunden ist. Nicht jeder Gegenstand im Sachunterricht kann en passant oder im spielerischen Lernen angeeignet werden, obwohl gerade im Zusammenhang mit den Artenkenntnissen die Kenntnisaneignung, sobald es sich um den Prozess des Memorierens handelt, sehr wohl in spielerischen Formen praktiziert werden kann. Insgesamt stützen die Daten eine Entwicklungshypothese, wenngleich auch hier die Effekte relativ gering sind.

Allgemeinheit und Systematik der Kenntnisse

In einer weiteren Aufgabe prüften wir die Allgemeinheit bzw. Systematik der Kenntnisse. Die Kinder wurden gebeten, analog zu einem Beispiel aus dem Alltag (Oberbegriff Besteck) eine begriffliche Hierarchie (Klasseninklusion) mit dem Oberbegriff Pflanze herzustellen. Dazu wurden ihnen die Begriffe Pflanze, Baum, Kraut, Strauch, Nadel- und Laubbaum ungeordnet vorgegeben. Das Ergebnis der Aufgabe ist aus Abbildung 9 zu ersehen.

Die Prozentsätze hinter den einzelnen Begriffen repräsentieren jeweils richtige Unter- bzw. Überordnungen in Teilen der begrifflichen Pyramide. Eine jeweils richtig vorgenommene Unter- bzw. Überordnung war gleichzeitig das Kriterium dafür, das Prinzip der Aufgabe (Herstellen einer hierarchischen Ordnung zwischen Begriffen) als erfasst zu werten. Für die Begriffe Pflanze, Baum, Kraut, Strauch (Ober- bzw. Mittelbegriffe) konnte z. T. weniger als 1/3 der Kinder die Anforderung bewältigen. Die Zuordnung Baum- zu Nadel- und Laubbaum fiel etwas leichter. Dies liegt jedoch nicht in erster Linie am Verständnis des Prinzips (Klasseninklusion), sondern an dem identischen Wortstamm „Baum", der hier die Anforderungsbewältigung erleichterte.

Abbildung 9: Begriffliche Hierarchie „Pflanze"

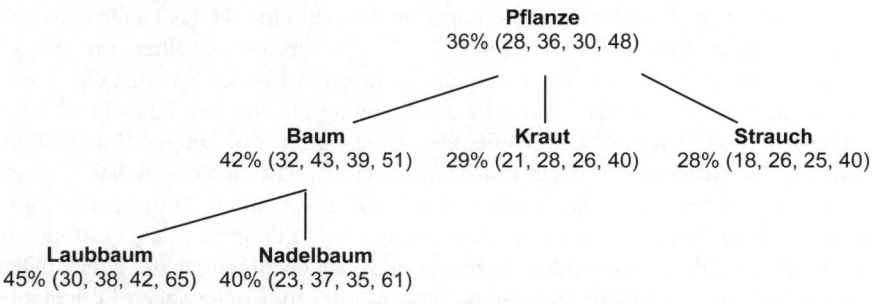

Pflanze
36% (28, 36, 30, 48)

Baum
42% (32, 43, 39, 51)

Kraut
29% (21, 28, 26, 40)

Strauch
28% (18, 26, 25, 40)

Laubbaum
45% (30, 38, 42, 65)

Nadelbaum
40% (23, 37, 35, 61)

(Die Zahlenangaben in der Klammer entsprechen Prozentsätzen für Klasse 3; Klasse 4; Klasse 5; Klasse 6.)

Nur 8.4% der Schüler (Klasse 3 – 2.5%, Klasse 4 – 4.6%; Klasse 5 – 7.9%; Klasse 6 – 18.4%) waren dazu in der Lage, die Anforderung vollständig zu bewältigen. 37.5% der Kinder (Klasse 3 – 49%; Klasse 4 – 38%; Klasse 5 – 42%; Klasse 6 – 21%) kamen überhaupt nicht zurecht (falsche oder fehlende Angaben), 62% der Schüler (Klasse 3 – 48.5%; Klasse 4 – 56.9%; Klasse 5 – 49.8%; Klasse 6 – 61%) lösten die Aufgabe unvollständig (Angabe einer oder mehrerer Teile der o. g. Begriffsstruktur / Begriffspyramide). Bei den Begriffen Pflanze, Kraut,

Strauch, Laub- und Nadelbaum waren signifikante Unterschiede (p < .05) zwischen der Klasse 6 und den Klassen 3, 4, 5 festzustellen. Zusätzlich bestanden beim Begriff Baum diese zwischen den Klassen 6 und 3, 5 sowie 4 und 3, beim Laubbaum zwischen 5 und 3 und beim Nadelbaum zwischen 4, 5 und 3. Die Daten stützen zwar eine Entwicklungshypothese, dennoch sind vor allem für die Klassen 3, 4, 5 die festgestellten Effekte zu gering. Betrachtet man die Daten zur vollständigen Lösung der Aufgabe, so fallen die geringen Unterschiede zwischen den Klassen 4 und 5 auf, während signifikante Differenzen zwischen den Klassen 3, 5 zu Klasse 6 und Klasse 4 zu 3 eine Entwicklungshypothese stützen. Insgesamt fällt aber auch hier der Effekt gering aus, da beispielsweise der Anteil unvollständiger Lösungen nahezu konstant bleibt und auch der Anteil richtiger Lösungen nur relativ gering ansteigt. Die Leistungsgruppen I und II haben gegenüber der Leistungsgruppe III beim Erkennen des Lösungsprinzips als auch bei der Lösung Vorteile (p < .05). Mädchen erkennen das Prinzip der Lösung signifikant besser als Jungen, während die Unterschiede bei der Lösung nicht signifikant sind. Landschulen liegen vor Stadtschulen (beim Erkennen des Prinzips p < .02; Lösung p < .04). Die Klasse 6 bewältigt die Anforderung besser als alle anderen Klassenstufen und die Klasse 3 schlechter, was die Annahme einer Entwicklungshypothese stützt. Die kleine Landschule (allerdings eine integrierte Gesamtschule) schneidet besser ab als die anderen Schulen (Prinzip – signifikanter Unterschied zu allen anderen Schulen; bei der Lösung zur großen Stadtschule). Eine Varianzanalyse (Lösungsprinzip bzw. Lösung bezogen auf die Variablen Geschlecht, Klasse, Leistungsgruppe, Schule, Ort) erbrachte einen signifikanten Haupteffekt, an dem vor allem die Variablen Leistungsgruppe, Geschlecht (nur beim Erkennen des Lösungsprinzips) und Klasse beteiligt waren (keine signifikanten Interaktionen).

Verschiedene Unterrichtsstrategien

Durch Vergleich der Kenntnisaneignung unter den Bedingungen verschiedener Unterrichtsstrategien können unterschiedliche Wirkungen dieser Unterrichtsstrategien auf das erreichte Niveau der kognitiven Entwicklung der Kinder deutlich gemacht werden. Wir verglichen die oben genannten Ergebnisse mit Erhebungen im Zusammenhang mit einem von uns durchgeführten Unterrichtsexperiment (vgl. Giest 1996b). Zusätzlich ergab sich die Möglichkeit, die aktuell vorliegenden Ergebnisse mit denen des Unterrichts in den damaligen Kontrollklassen zu vergleichen.

Die drei Unterrichtsstrategien unterscheiden sich hauptsächlich in der Art der Instruktion (zwischen den Extremen indirekt und direkt), d. h. in der Art, in der die Beziehung zwischen Lehren und Lernen organisiert ist. Wir gehen (gestützt durch eine Reihe von Unterrichtsbeobachtungen – siehe oben und Giest 1997a) davon aus, dass aktuell auf mehr oder weniger direkte pädagogische Einwirkung auf die Lerntätigkeit der Kinder (zumindest bei den hier geprüften kognitiven Anforderungen) verzichtet wird. Statt dessen geben die Lehrer den Kindern mehr Freiraum für selbstständiges Handeln, orientieren sich an dem pädagogischen Grundsatz der „Förderung von Selbstständigkeit und Eigenverantwortung der Schüler" ohne allerdings ausreichend kompensierende Maßnahmen zu ergreifen, um individuelle Leistungsunterschiede auszugleichen (vgl. Hoyer 1996), während zum Zeitpunkt der damaligen Erhebung (1991) noch weitgehend in der Tradition des Unterrichts in der DDR (direkte Instruktion) unterrichtet wurde. Unsere Alternative sah eine entwicklungs- und lernpsychologisch begründete Verknüpfung beider Unterrichtsstrategien (entwicklungsfördernde Instruktion) vor (vgl. zum Problem der Instruktionsmodelle auch Weinert 1996, 1997).

Wie aus Abbildung 10 ersichtlich, bestehen deutliche Unterschiede zwischen den Ergebnissen der Untersuchungen von 1991 und 1996. Die 1991 im Zusammenhang mit einem Unterrichtsexperiment in 4. Klassen (entwicklungsfördernde Instruktion) untersuchten Kontrollklassen (n = 60) bewältigten die Anforderung vergleichbar mit den 6. Klassen 1996. Immerhin waren 1991 noch 37% der Kinder aus den Kontrollklassen und 68% der aus den Versuchsklassen in der Lage, die begriffliche Pyramide vollständig aufzubauen, währenddessen dies nur 18% der Schüler 6. Klassen 1996 gelang.

Aktuell scheint die Bewältigung der genannten Anforderung die größten Probleme zu bereiten – die im gegenwärtigen Unterricht anzutreffende Lehrstrategie hat offenbar einen geringen Einfluss auf die hier geprüften Aspekte der kognitiven Entwicklung der Kinder.

Abbildung 10 a, b: Vergleich der Ergebnisse der Hierarchisierungsaufgabe (Begriff „Pflanze") in den Untersuchungen 1996 und 1991 (Versuchs- und Kontrollklassen)

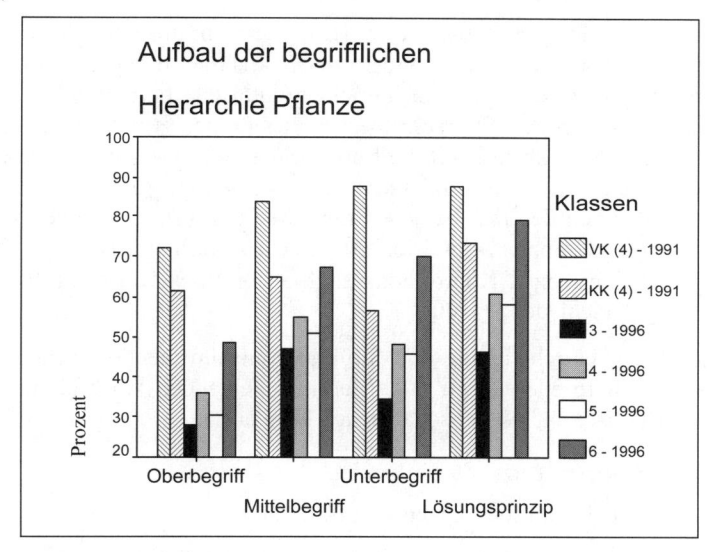

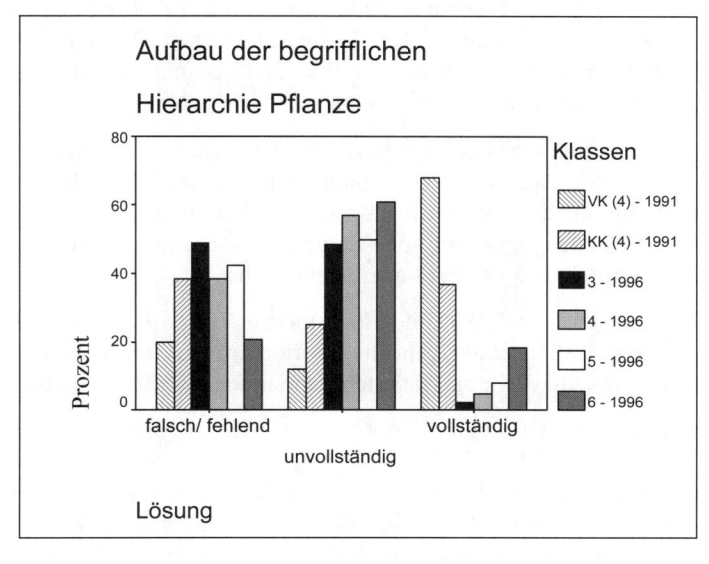

Dabei sei dahingestellt, ob die Ursachen in der Konzeption des Unterrichts, in Defiziten beim Unterrichten (Lehren) oder im Wandel allgemeiner Lernvoraussetzungen der Kinder (Lernen) liegen.

Obwohl die Bewältigung dieser Anforderung auch in unserem Versuchsunterricht nicht direkt trainiert wurde, sondern der Fokus darauf lag, die Lerntätigkeit der Kinder bewusst auszubilden (zielgerichtete tutorielle Lernunterstützung) und ihnen gleichzeitig Freiräume für selbstbestimmtes Lernen zu schaffen, hatte diese Strategie den größten Einfluss auf die Entwicklung der hier geprüften kognitiven Leistung. Aber auch die Kontrollklassen (1991) wiesen im Vergleich zu den 1996 untersuchten Klassen deutlich bessere Ergebnisse auf. (Der Vergleich zwischen allen untersuchten Gruppen zeigte wenigstens sehr signifikante ($p < .01$), der zwischen den Versuchs- bzw. Kontrollklassen 1991 und den Klassen (1996) hochsignifikante Unterschiede ($p < .001$).)

Eine geringe Hierarchisierung und Strukturierung im mental verfügbaren Begriffsinventar interpretieren wir als Merkmal fehlender Ausbildung wissenschaftlicher Begriffe und wissenschaftlichen Denkens.

6.1.3. Folgerungen

Insgesamt lässt sich aus den Daten schließen, dass

- der Unterricht einen offenbar geringen Einfluss auf die kognitive Entwicklung, bzw. die der Komponenten wissenschaftlichen Denkens der Schüler (Systemhaftigkeit der Kenntnisse, Aufbau und gedankliches Bewegen in begrifflichen Hierarchien – Klasseninklusion) aufweist,

- ein relativ geringes Niveau der Kenntnisrepräsentation (Umfang, Adäquatheit, Differenziertheit und Konkretheit) und eine weitgehend fehlende Begriffsbildung auf dem Niveau wissenschaftlicher Begriffe sowie eine (ohne zielgerichtete pädagogische Einwirkung) eher spontan verlaufende Entwicklung des begrifflichen Denkens anzunehmen und

- ein im Vergleich zu 1991 deutlich niedrigeres Niveau der kognitiven Entwicklung bezüglich der geprüften Anforderungen auf dem Hintergrund der aktuell im Unterricht praktizierten Lehrstrategie wahrscheinlich ist.

Damit verweisen die Ergebnisse der Analysen auf Reserven des Sachunterrichts im Hinblick auf die Wissensaneignung und Kenntnisrepräsentation. Ein relativ geringer Einfluss des Unterrichts auf die kognitive Entwicklung der Schüler kann vermutet werden. Gleichzeitig macht die Analyse der Lernresultate im Zusammenhang mit verschiedenen Unterrichtsstrategien auf deren unterschiedliche Effektivität im Hinblick auf die Stimulanz der Entwicklung der Begriffsbildung und des begrifflichen Denkens aufmerksam.

Es steht zu erwarten, dass die Ergebnisse der Gesamtuntersuchung diesen Trend untermauern und zugleich auf, nicht nur aus der Sicht naturwissenschaftlich-technischer Grundbildung, ernst zu nehmende Probleme des Sachunterrichts hinweisen (vgl. auch Bauer 1994)[31]. Diese Probleme hängen weniger mit der Grundkonzeption des Sachunterrichts als mit Problemen der Ausbildung der Lerntätigkeit im Unterricht zusammen. Wir hoffen, mit der Gesamtuntersuchung einen Beitrag zu leisten, Fragen an die Praxis des Sachunterrichts zu generieren, denen im Rahmen einer Evaluation gezielt nachgegangen werden sollte, als auch Fragestellungen für didaktische Grundlagenforschung aufzuwerfen, von deren Lösung die von allen Seiten geforderte Erhöhung der Qualität des Sachunterrichts maßgeblich abhängt.

6.2. Zur Entwicklung des begrifflichen Denkens im Grundschulalter[32]

6.2.1. Theorie und Fragestellung

Grundlegend für die Orientierung in der Umwelt sind Erkennungsleistungen, die auf der Basis von Erkennungssystemen zu Stande kommen (Klix 1988). Wesentlicher Bestandteil der Erkennungssysteme sind Begriffe. Begriffe sind Klassifikationsergebnisse von Objekten bzw. Erscheinungen nach ihren Merkmalen und gestatten, die verschiedensten unterschiedlichen Umweltinformationen in ein für das Leben relevantes Ordnungs- bzw. Orientierungssystem einzuordnen. Die Datenbasis für die Begriffe bilden klassifizierungsrelevante Merkmale bzw. Merkmalssätze. Die Klassifizierungsrelevanz dieser Merkmale ergibt sich nicht aus den Eigenschaften der Dinge und Erscheinungen an sich, sondern aus deren Bedeutung für das sie klassifizierende Subjekt. Die individuelle Ausbildung von Erkennungssystemen und die damit verbundene Zunahme an Variabilität und Flexibilität der auf dieser Basis möglichen Aktivitätsformen werden durch Lernen be-

---

[31] Eine erste grobe Sichtung der Ergebnisse der Einzeluntersuchungen erbrachte kaum Unterschiede zwischen 1991 und 1996 bei Alltagsbegriffen und beim Alltagsdenken (begriffliches Identifizieren und Operieren über der Begriffsstruktur), wohl aber bei wissenschaftlichen Begriffen bzw. höheren psychischen Funktionen und erhärtet die hier referierten Ergebnisse (siehe auch weiter unten).
[32] In diesem Abschnitt wird über einige wenige, aus unserer Sicht jedoch wesentliche, Ergebnisse berichtet, die allerdings nur einen begrenzten Ausschnitt der Gesamtuntersuchung abbilden. Was hier nicht dargestellt werden kann, z. T. auch noch nicht ausgewertet vorliegt, sind Ergebnisse einer Reihe von Teiluntersuchungen zur Entwicklung von Inferenzleistungen und vor allem die qualitative und quantitative auf Fälle und Fallgruppen sowie auf die einzelnen Begriffe bezogene Analyse der Entwicklung begrifflichen Denkens.

dingt. Lernen ist allgemein als Prozess und Ergebnis umgebungsbezogener Verhaltensänderung in der Folge individueller Informationsverarbeitung aufzufassen (Edelmann 1996). Begriffe und Begriffssysteme, die durch Lernen erworben werden, sind flexibel variierbar, können umgelernt, neu gelernt, aber auch vergessen werden, wenn sie nicht mehr gebraucht oder unbrauchbar werden, d. h. es nicht mehr gestatten, die für das Leben des Individuums relevanten Anforderungen zu bewältigen. Damit wird klar: Wesentliche Determinanten (bzw. Faktoren) von Klassifizierungssystemen (vor allem von Begriffen und Begriffssystemen) sind

a) die Besonderheiten (inhaltliche Charakteristik) der Anforderungen, für deren Bewältigung sie gebraucht werden,

b) die Bewertungssysteme des Individuums (Bedeutung, Sinn), welche durch den Kontext, der wiederum maßgeblich durch seine Aktivität (Wechselwirkung mit der Umwelt) selbst entsteht, gestiftet werden (vgl. Anmerkung 1) sowie

c) die Charakteristik des Lernens und die durch sie bedingte Entwicklung.

Die inhaltliche Seite, also besondere Erkennungsanforderungen sowie die Struktur und Prinzipien der internen Repräsentation des Wissens werden schwerpunktmäßig von der kognitiven Psychologie untersucht. Relativ offen bleibt dabei die Frage nach kontext- und entwicklungsabhängigen Besonderheiten der Erkennungsleistungen und besonders des begrifflichen Denkens. Dieser Fragestellung hat sich eine entwicklungspsychologische Forschungsrichtung zugewandt (Light & Butterworth 1993, Schnotz 1998, Carey & Gelman 1991, Sodian 1998).

Kernannahmen der den entsprechenden Forschungen zu Grunde liegenden Theorien sind: Begriffe werden nicht losgelöst vom Kontext, in dem sie genutzt werden, angeeignet. Sie sind eingebettet in jeweils spezifische (naive oder aber höhere kulturelle – wissenschaftliche, künstlerische, theologische, sprachliche usw.) Theorien, die entscheidend das Vorwissen der Kinder charakterisieren (Vosniadou 1994). Die kognitive Entwicklung des Menschen verläuft nicht generalisiert, sondern domänenspezifisch, indem anforderungsbezogen auf der Basis des verfügbaren Vorwissens dieses erweitert (z. B. indem zusätzliches Wissen assimiliert – in die vorhandene kognitive Struktur eingebaut) wird, umkonstruiert oder neues Wissen bzw. neue kognitive Strukturen aufgebaut, konstruiert werden (Markman 1989, Chi et al. 1994, Spada 1994, Preuß & Sink 1995). Dieses Wissen (Vorstellungen, Begriffe, domänenspezifische Methoden...) ist eingebettet in einen Theorierahmen, der eine personale Bedeutsamkeit aufweist (Hasselhorn & Mähler 1998). Die Sinnhaftigkeit (personale Bedeutung) einer Theorie hängt vor allem mit der Besonderheit der Auseinandersetzung des Individuums mit seiner Umwelt (z. B. mit dem Kontext bzw. der Tätigkeit) zusammen (Light & Butterworth 1993).

Je nach dem spezifischen Kontext, d. h. dem System unterschiedlichster wechselwirkender Elemente, durch welches eine konkrete Tätigkeit des Menschen gekennzeichnet ist, werden verschiedene Orientierungs-, Erkennungs- bzw. Denkanforderungen an den Menschen gestellt und müssen von ihm bewältigt werden, wenn er „erfolgreich" handeln will. Wesentliche Merkmale eines Kontexts sind in der Tätigkeit fokussiert. Dies betrifft sowohl die äußeren klassischen Umweltbedingungen als auch die inneren Bedingungen (z. B. kognitive, volitive, motivationale, emotionale Komponenten).

Eine grundlegende Kontextveränderung, die Schüler während der Schulzeit vollziehen müssen, ist durch die Aneignung höherer menschlicher Kultur (Kunst, Wissenschaft, Schriftsprache und Literatur usw.) gekennzeichnet. Dies vor allem deshalb, da die besonderen Bestandteile und Komponenten höherer Kultur nicht mehr unmittelbar in den Alltagskontext eingebunden sind, sondern je eigene Kontexte in dem Sinne darstellen, dass sie zur erfolgreichen Anforderungsbewältigung und zu ihrer Aneignung einer je spezifischen Tätigkeit bedürfen.

Die Kinder müssen daher im Verlauf ihrer Schulzeit einen Perspektivwechsel, Paradigmenwechsel im Denken vollziehen und ihr Denken auf die verschiedenen Domänen der höheren Kultur (vs. Alltag) richten (vgl. zur Theorie des „conceptual change" Markman 1989, Carey et al. 1994, Chi et al. 1994, Spada 1994, Caravita & Hallden 1994, Schnotz 1998). Bis heute ist allerdings empirisch weitgehend ungeklärt, welche Mechanismen den bereichsspezifischen Theoriewandel im kindlichen Denken hervorrufen (Hasselhorn & Mähler 1998).

Nach Auffassung der Vertreter der kultur-historischen Schule (Wygotski 1985, 1987, 1992, 1996; Leontjew 1979; Lurija 1967, 1970, 1982, 1987, 1993; Galperin 1965, 1967, 1992; Dawydow 1993, 1999 u. a.) stiftet Unterricht diesen spezifischen Kontext, in dessen Rahmen sich Kinder „höhere Kultur" aneignen, d. h. sich bilden, Bildung aneignen (gesellschaftlicher Auftrag an Schule und Unterricht). Deshalb gehen wir davon aus, dass schulischer Unterricht den Haupteinflussfaktor für den Begriffs- bzw. Theoriewandel darstellt und richten unsere Bemühungen darauf, Unterricht in dieser Richtung zu qualifizieren (vgl. hierzu auch Edelmann 1996, Metz 1995, Schäfer 1999 und zu Defiziten des Unterrichts hierbei Mähler 1999, Grzesik 1992). Relativ klar ist, dass der Paradigmenwechsel, den die Kinder im Rahmen des Bildungserwerbs vollziehen müssen, durch den Übergang vom Alltagsdenken zum wissenschaftlichen Denken, vom Alltagsbegriff zur Bildung wissenschaftlicher Begriffe, im Sinne des Aufbaus einer neuen begrifflichen Ebene, gekennzeichnet ist.

Wissenschaftliche Begriffe zeichnen sich gegenüber den Alltagsbegriffen durch

- Normierung (Intention, Extension festgelegt – Definition),
- Einbettung in einen theoretischen Zusammenhang und die
- Begründungspflicht (Behauptung, Erklärung, Rechtfertigung) aus (Merten 1999).

Da sich Kinder und Erwachsene weniger in der Struktur und den Prinzipien der internen Repräsentation des Wissens, sondern vor allem durch die kognitive Kapazität und die Fähigkeit zur metakognitiven Kontrolle unterscheiden (Schrempp & Sodian 1999, Hasselhorn & Mähler 1998), dürfte gerade hierdurch die Entwicklung wissenschaftlicher Begriffe, die in besonderem Maße der metakognitiven Kontrolle bedürfen und erfahrungsgemäß auch ein hohes Maß an kognitiver Kapazität beanspruchen, maßgeblich bedingt sein.

Wygotski (1987) unterscheidet vier Phasen in der Entwicklung von Begriffen: Synkretie, Komplex, Pseudobegriff und Begriff (wobei diese Stufe nicht notwendig erreicht werden muss). Synkretie, Komplex und Pseudobegriff werden durch Verallgemeinerung äußerer, sinnlich konkreter Merkmale (Erscheinungen) gebildet und unterscheiden sich durch die Abstraktionshöhe, Schärfe, Prägnanz sowie Stabilität jener der Klassenbildung zu Grunde gelegten Merkmale bzw. Merkmalssätze untereinander. Leider hat Wygotski diese Phasen nur beschrieben und z. T. empirisch belegt, nicht aber den Übergang vom Vorbegriff (Synkretie, Komplex, Pseudobegriff) zum Begriff detailliert untersuchen können.[33]

An diesen Ansatz von Wygotski anknüpfend und unter Bezugnahme auf das von ihm formulierte Gesetz der Verschiebung (vgl. 1985, 1987) nehmen wir an, dass hinter aufeinander folgenden Entwicklungsetappen eine allgemeinere Gesetzmäßigkeit steht. So vermuten wir, dass diese Etappen nicht nur bei der Bildung der Alltagsbegriffe, sondern auch bei der Bildung wissenschaftlicher Begriffe auftreten werden. Analoge Hinweise auf Entwicklungsetappen, die den Übergang zwischen naiven zu wissenschaftlichen Theorien markieren, wurden u. a. von Vosniadou (1994) gefunden. Dieser Wechsel zeigt zwar individuelle Ausprägungen, ist jedoch für alle Individuen verpflichtend und betrifft insofern

---

[33] Bestimmte wesentliche Aspekte dieser Arbeit Wygotskis sind jedoch von Elkonin und Dawydow (vgl. 1993, 1999) vor allem bezogen auf den Aspekt des theoretischen vs. empirischen Denkens und der entsprechenden Begriffsbildung aufgegriffen worden.

einen generellen Paradigmenwechsel, der etwa in den Klassen 3, 4 vollzogen wird (vgl. Schrempp & Sodian 1999).

Wenn mit Blick auf die Aneignung höherer Kultur (im schulischen Kontext Bildung) die Kinder einen Perspektivwechsel im Denken (Kontextwechsel hin zur Lern- und Erkenntnistätigkeit, zum wissenschaftlichen Denken und erkenntnisgeleiteten Handeln, zum bewusst und intentional vollzogenen Wissenserwerb) vollziehen müssen und Unterricht ein wesentlicher, wenn nicht der determinierende Faktor dieser Entwicklung ist, so stellt sich die Frage nach seiner Wirkung auf diesen Aspekt der Persönlichkeitsentwicklung der Kinder und sofort auch jene nach deren Optimierung (im Sinne der Effektivierung des Unterrichts mit Blick auf die Entwicklungsförderung). Voraussetzung für eine solche Optimierung ist a) das sorgfältige Erfassen der Entwicklungsphasen, durch die dieser Prozess (hier Entwicklung begrifflichen Denkens) gekennzeichnet ist und b) das Erfassen des Wirkfaktors Unterricht mit Blick auf die Förderung der Entwicklung der Kinder. Eine Möglichkeit, die Wirkungen des Unterrichts auf die kindliche Entwicklung zu untersuchen, ist die des Vergleichs verschiedener Unterrichtsstrategien hinsichtlich ihrer entwicklungsfördernden Wirkung. Eine solche Untersuchung kann wichtige Ansatzpunkte dafür liefern, gegebenenfalls alternative Unterrichtsstrategien zu entwickeln und zu evaluieren. Auf dem Hintergrund der gekennzeichneten theoretischen Positionen fragten wir deshalb danach, welche Besonderheiten der Begriffsbildung bei Schülerinnen und Schülern in den Klassen 1 bis 4 festzustellen sind und wie diese durch unterschiedliche Unterrichtsstrategien beeinflusst wird?

6.2.2. Methode

Unter der Annahme einer weitgehend kontextuierten Kognition dürften Kontextvariablen wie Alltag und Unterricht einen entscheidenden Einfluss auf die Begriffsbildung haben. Da diese in der Regel auf Grund ihrer Komplexität kaum im Experiment gestaltet werden können, fehlen entsprechende Untersuchungen weitgehend. Bedingt durch den Transformationsprozess in den neuen Bundesländern haben sich

a) der gesellschaftliche Alltag (Alltagshandeln) sowie

b) die Unterrichtskonzeption (Merkmale des Lehrens und der Lerntätigkeit)

als für die Begriffsbildung bedeutsam angenommene Faktoren (unabhängige Variablen) verändert.

Aus den Veränderungen in Alltag und Unterricht erwächst die Möglichkeit, die Wirkung dieser Variablen auf die Begriffsbildung und das begriffliche Denken zu untersuchen. Vergleichen wir dazu Begriffe aus unterschiedlichen Theorierahmen bzw. Kontexten, so können unterschiedliche Wirkungen der untersuchten Variablen verfolgt werden. Wir gehen davon aus, dass Veränderungen im Alltag stärkeren Einfluss auf die in ihm verankerten, aber weniger im Grundschulunterricht explizit behandelten Begriffe (z. B. Begriff Arbeit) haben werden. Andererseits erwarten wir, dass bei jenen Begriffen (z. B. Begriff Pflanze), die zwar auch im Alltag verankert, aber weitgehend mit der invariant gebliebenen Natur verknüpft sind, zudem expliziter im Unterricht behandelt werden, von der Variablen Unterrichtsstrategie stärker beeinflusst werden. Aus dem gleichzeitigen Wandel der Variablen gesellschaftliche Umwelt und Unterrichtsstrategie folgt allerdings, dass wir, der o. g. Grundhypothese folgend, nur die in den hell unterlegten Feldern erfassten, die Begriffsbildung betreffenden Teilhypothesen prüfen können (vgl. Tab. 23).

Tabelle 23: Hypothesen der Untersuchung (r – robust; s – sensibel; () – empirisch schwer zu prüfen, da auf diesem Niveau wohl kaum Gegenstand im gegenwärtigen Unterricht)

Abhängige Variable / unabh. Kontextvariable	Alltagsdenken (**A**=f(**g**U))		Wissenschaftliches Denken (**W**=f(**U**))	
Gesellschaftliche **U**mwelt	s		r	
Unterrichtsstrategie	r		s	
	Natürlicher Begriff	Künstlicher Begriff	Natürlicher Begriff	Künstlicher Begriff
Gesellschaftliche **U**mwelt	r	s	r	(r)
Unterrichtsstrategie	r	r	s	(s)

Aus den für die Untersuchung der Begriffsbildung und Begriffsverwendung zur Verfügung stehenden Methoden (vgl. hierzu Mähler 1999, Kluwe 1988) haben wir uns für ein strukturiertes Interview entschieden, im Rahmen dessen Fragen nach einem a priori Modell der hypothetisch angenommenen Wissensstruktur formuliert wurden und dies mit der Methode der Bildwahl und anschließender Begründung gekoppelt. Mit Blick auf die Analyse wissenschaftlicher Begriffe, die bewusstseinsfähig, wenn nicht bewusstseinspflichtig sind, erschien uns dies als die Methode der Wahl.

Für die Untersuchung von Entwicklungsprozessen sind Längsschnittuntersuchungen unerlässlich, auf Grund des mit ihnen verbundenen Aufwands jedoch sehr selten anzutreffen. Unsere Untersuchung verknüpft zwei Längsschnittuntersuchungen zur Begriffsbildung mit einer (kultur-) vergleichenden Studie (DDR 1988-90 und Land Brandenburg 1997-00). Hierzu konnten Daten einer 1988 in der ehemaligen DDR begonnenen Erhebung (strukturierte Interviews in den Klassen 1 bis 4 – 1988-91 – Einzeluntersuchungen, n = 30 Kinder x 4 Jahre) genutzt werden. In den Jahren 1997-2000 wurde eine analoge Untersuchung (n = 60 x 4 Jahre)[34] im Land Brandenburg durchgeführt. Gegenstand der strukturierten Interviews waren Anforderungen der begrifflichen Identifikation und der Reflexion darüber sowie Inferenzleistungen über der begrifflichen Struktur bezogen auf für den Sachunterricht prototypische Begriffe („Arbeit" und „Pflanze").

Als unabhängige Variablen (Faktoren) wurden Geschlecht, Schule, Klasse und Leistungsgruppe (geprüft wurden drei Leistungsgruppen, die anhand des Notendurchschnitts und Lehrerurteils ermittelt wurden) erhoben.

Bei der statistischen Analyse der Daten kamen folgende Verfahren zum Einsatz:

- Zur Prüfung von Entwicklungseffekten: Friedman-Test / SPSS – nichtparametrische Tests für k verbundene Stichproben; Wilcoxon-Test / SPSS – nichtparametrische Tests für zwei verbundene Stichproben.

- Zur Prüfung der einzelnen Faktoreneffekte (Stichprobe, Geschlecht, Leistungsgruppe bzw. Schule – letztere nicht in der Darstellung erfasst): Kruskal-Wallis-Test / SPSS – nichtparametrische Tests für k unabhängige Stichproben sowie der Mann-Whitney-Test / SPSS – nichtparametrische Tests für zwei unabhängige Stichproben.

- Die Varianzanalyse erfolgte mit Hilfe der allgemeinen mehrfaktoriellen GLM / SPSS (Vergleich der Stichproben) nach vorheriger Testung der Homogenität der Varianzen zwischen den zu untersuchenden Zellen (Levene-Test), die der innerhalb der Stichprobe nach analoger Testung mit Hilfe der GLM – mit Messwiederholung / SPSS.

6.2.3. Ergebnisse

Entwicklung begrifflicher Identifikation

Wir fragten, wodurch die Entwicklung der begrifflichen Identifikation von Pflanzenarten und Tätigkeiten als Arbeit im Verlaufe der 4 Grundschuljahre gekennzeichnet ist.

---

[34] Leider zeigte sich im Verlaufe der Untersuchung, dass mit einem Schwund von ca. 1/3 der Stichprobe von Klasse 1 bis zur Klasse 4 zu rechnen war, so dass bei einer Startzahl von 68 (Pflanzen) und 73 (Arbeit) noch 48 bzw. 44 Probanden in Klasse 4 an den Untersuchungen teilnahmen.

Den Kindern wurden mit Blick auf den Begriff „Pflanze" zehn Photos (8 Vertreter typischer Pflanzenarten, 1 Tier, 1 Gegenstand aus dem Haushalt – Vase) präsentiert. Analog erfolgte beim Begriff „Arbeit" die Präsentation von 10 Bildern mit Menschen, die in einer bestimmten Tätigkeit abgebildet waren (Leser, Gärtner, Kindergärtnerin, Fernsehzuschauer, Verkäuferin an der Kasse, Schlosser, Fußballspieler, Bauarbeiter, Viehzüchter, Kellner). Die Kinder wurden gebeten, die Bildinhalte zu identifizieren („Was siehst du auf dem Bild?"), zu entscheiden, ob der abgebildete Gegenstand eine Pflanze rsp. Arbeit ist und schließlich die Entscheidung zu begründen. Hierdurch war zu ermitteln, auf Grund welches aktuell präsenten Merkmalssatzes die Entscheidung erfolgte. Schließlich wurden den Kindern die Bilder noch einmal vorgelegt und sie wurden gebeten, nochmals (nach bewusster Reflexion bezüglich der Merkmale) zu entscheiden, ob die abgebildeten Gegenstände Pflanzen bzw. Arbeit sind.

Bezüglich des Begriffs „Pflanze" zeigte sich, dass die abgebildeten Pflanzenarten bzw. Abteilungen (Moos, Farn, Gras, Kraut, Strauch, Baum, Kaktus, Pilz) von Klasse 1 bis Klasse 4 im Trend zunehmend besser identifiziert wurden. Damit konnten Ergebnisse querschnittlich angelegter Voruntersuchungen bestätigt werden (vgl. Giest 2000). Signifikante Unterschiede zeigten sich bei: Kaktus $p = .025$; Kraut (Narzisse) $p < .001$; Farn $p < .001$; Gras (Getreide) $p = .001$; Strauch (Forsythie) $p < .001$; Moos $p = .004$. Auffällig ist, dass die Identifikation von „Frühblühern" (diese wurden zumindest in der DDR traditionell in Klasse 2 behandelt und diese Tradition scheint fortzuleben, was Unterrichtsbeobachtungen bestätigten) in dieser Klassenstufe deutlich besser gelang.

Bei der Entscheidung, welche auf den Bildern präsentierten Objekte Pflanzen sind, ergaben sich insgesamt hochsignifikante Entwicklungseffekte ($p < .001$), die vor allem für Farn ($p = .019$), Baum ($p = .035$), Pilz ($p < .001$) sehr deutlich ausfielen.

Beeinflusst das bewusste Begründen der Entscheidung (Bewusstmachen des Merkmalssatzes) die Identifikationsleistung? Aus Abb. 11 ist ersichtlich, dass dies der Fall ist. Die adäquate Identifikation der bildlich präsentierten Objekte erfolgt im zweiten Fall, also nach der Begründung dieser Entscheidung, hochsignifikant häufiger ($p < .001$). Das Bewusstmachen des einer begrifflichen Identifikation zu Grunde liegenden Merkmalssatzes erhöht die Trefferquote bei der Identifikation. Interessant ist die Überlagerung von Effekten des Unterrichts (die Artenkenntnisse sind in Klasse 2 auf Grund der Behandlung im Unterricht besser als in 3 und 4 – vgl. Abb. 11 Bildidentifikation) und der allgemeinen, weniger direkt durch Unterricht beeinflussten kognitiven Entwicklung (kontinuierlicher Anstieg der Identifikation als Pflanze in den Klassen 1 bis 4 – vgl. Abb. 11 ist Pflanze...).

Die von uns durchgeführten Varianzanalysen lassen zumindest bezüglich der Variablen Geschlecht und Leistungsgruppe (hier war nahezu bei allen Daten die für eine Varianzanalyse erforderliche Varianzenhomogenität gegeben) keine konsistenten Effekte erkennen. Weitergehende Analysen auf der Basis transformierter Werte stehen noch aus (wären allerdings aus statistischer Sicht mit äußerster Vorsicht zu interpretieren). Differentielle Varianzanalysen bezüglich der Variablen Geschlecht, Schule, Leistungsgruppe sind allerdings, will man aussagefähige Ergebnisse erzielen, an einen größeren Stichprobenumfang gebunden. Aus diesem Grund und aus Platzgründen weisen wir nur sporadisch auf einzelne Ergebnisse dieser Analysen hin.

Abbildung 11: Entwicklung begrifflicher Identifikation von Pflanzen in den Klassen 1 bis 4 (Werte entsprechen 1/10 je Treffer)

Abbildung 12: Entwicklung der Bildidentifikation als Tätigkeit beschrieben oder als Beruf benannt (Werte entsprechen je 1/1 je Treffer)

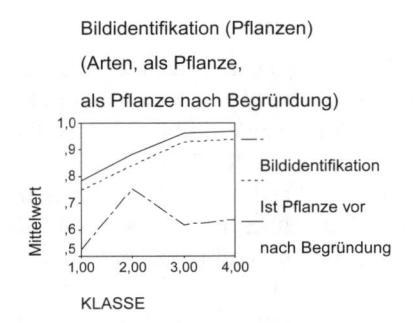

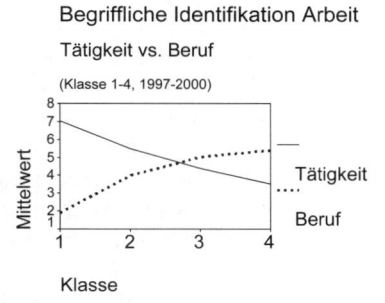

Auch beim Begriff „Arbeit" war ein Entwicklungstrend von Klasse 1 bis 4 nachzuweisen: Bei der Bildidentifikation spielt das Konzept „Beruf" eine hochsignifikant größere Rolle ($p < .001$). Der präsentierte Bildinhalt wird vermehrt mit dem damit zusammenhängenden Beruf in Verbindung gebracht. (Bezogen auf den Vergleich zwischen „Tätigkeit" und „Beruf" konnten innerhalb der einzelnen Klassenstufen für die Klassen 1 und 2 statistisch relevante Unterschiede – $p < .001$ und $p = .046$ – errechnet werden.) Varianzanalytisch zeigten sich hier vor allem Effekte hinsichtlich der Leistungsgruppe ($p < .001$ – Kinder mit besserer schulischer Leistung identifizierten die abgebildeten Tätigkeiten eher als Berufe).

Bei der Identifikation der auf den Bildern dargestellten Tätigkeiten als Arbeit zeigte sich insgesamt kein statistisch relevanter Unterschied zwischen den Klassenstufen. Unterscheidet man für Arbeit bzw. für im Alltag geläufige Berufe typische bzw. atypische Arbeitstätigkeiten, so ändert sich jeweils für die nun zu errechnenden Untergruppen an diesem Ergebnis nichts.

Abbildung 13 a, b: Identifikation für Arbeit typischer und atypischer Tätigkeiten in den Klassen 1 bis 4 (Die Werte entsprechen dem arithmetischen Mittel zwischen 1 – keine Arbeit und 2 – Arbeit.)

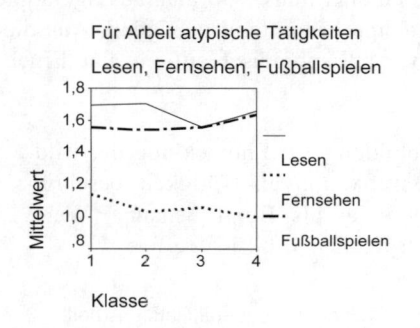

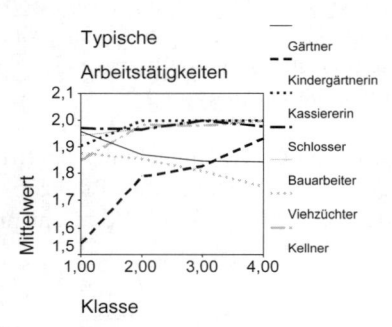

Eine differenzierte Analyse der einzelnen Bilder erbrachte folgendes Ergebnis (vgl. Abb. 13): Prüft man die Entwicklung bezüglich der Identifikation atypischer Tätigkeiten als Arbeit, so zeigt sich kein statistisch relevanter Entwicklungseffekt in den Klassen 1 bis 4. Dennoch ist festzuhalten, dass sich die Tätigkeiten des Lesens und Fußballspielens hochsignifikant ($p < .001$) von der des Fernsehens unterscheiden. Fernsehen ist wohl eine typische Freizeitbeschäftigung, in die, übrigens anders als in der Stichprobe (88-91 s. u.), Lesen und Fußballspielen nicht eingeordnet werden. Ein Vergleich der vier Klassenstufen beider Stichproben untereinander zeigt für atypische Arbeit in den Klassen 2, 3 und 4 signifikante Unterschiede (Klassen 2 $p = .001$; Klassen 3 $p = .002$: Klassen 4 $p = .006$).

Betrachten wir die eher typischen Arbeitstätigkeiten bezüglich der Entwicklung ihrer Identifikation als Arbeit, so lassen sich deutliche Entwicklungseffekte, wenn auch z. T. gegenläufig, feststellen (vgl. Abb. 13): Gärtner ($p = .046$), Kindergärtnerin ($p < .001$), Kassiererin ($p = .007$), Schlosser (n. s.), Bauarbeiter (n. s.), Viehzüchter ($p = .052$ – n. s.), Kellner ($p = .025$). Auffällig sind die Graphen für Gärtner, Kindergärtnerin und Viehzüchter. Offenbar wirken hier die auf den Bildern dargestellten Merkmale differenzierend (Gärtner als Kleingärtner interpretierbar – Freizeit), Kindergärtnerin (als Spielen mit Handpuppe – Spielen, Mutter[35]), Viehzüchter (auch als Kleingärtner zu deuten). Wir interpretieren den Befund dahingehend, dass das Berufsbild differenzierter wird. Bei einer Prüfung der Kategorien (Kassiererin, Schlosser, Bauarbeiter, Kellner) gegen jede andere bezogen auf die Klassenstufen zeigte sich nur beim Kellner in Klasse 1 ein signifikanter Unterschied (p = .007). (Evtl. deuteten die Kinder die dargestellte Szene „Kellner schenkt einem Gast ein Getränk in ein Glas ein" als für Arbeit untypisch – wenig entwickeltes Konzept Kellner?) Je größer die Typikalität einer Tätigkeit (für Arbeit), umso wahrscheinlicher ist die Identifikation. Auch bei differenzierter werdendem Berufsbild / Arbeitsbegriff (durch das Konzept Beruf eindeutig bereichert) wird eine als Beruf eindeutig interpretierbare Tätigkeit als Arbeit identifiziert. Andererseits werden weniger eindeutig interpretierbare Tätigkeiten nach Klasse 4 hin differenzierter wahrgenommen: Kindergärtnerin – Beruf = höhere Identifikation als Arbeit, Gärtner (Kleingärtner), Viehzüchter (dargestellt war ein Mann beim Ausmisten von Kaninchenställen – Kleingärtner) – keine Berufe = weniger Identifikation als Arbeit. Der Begriff des Berufs (Berufsbilder) hat deutlichen Einfluss auf die Identifikation von Tätigkeiten als Arbeit. Vergleicht man Gärtner, Kindergärtnerin, Viehzüchter in den einzelnen Klassenstufen, so unterscheiden sie sich in den Klassen 1 (p < .001) und 4 (p = .041). In den Klassen 2 und 3 verschwinden die statistisch relevanten Unterschiede (Annäherung), um in Klasse 4 wieder signifikant zu werden. Die Bedeutung des Konzepts Beruf für die Identifikationsleistung konnte zumindest für die Klassen 1 und 2 durch eine mäßige, wenn auch sehr signifikante Korrelation zwischen der Identifikation der Bildinhalte als Beruf und den typischen Tätigkeiten als Arbeit untermauert werden (k = .369** und k = .381**). Hier konnten keine konsistenten Stichprobeneffekte festgestellt werden. Dies trifft übrigens auch auf die Prüfung der Variablen Geschlecht und Leistungsgruppe in beiden Stichproben zu.

Anders als beim Begriff Pflanze konnte im Retest (Wiederholung der Entscheidung, ob es sich bei den auf den Bildern dargestellten Tätigkeiten um Arbeit handelt nach der Begründung – bewusste Reflexion) weder bei typischer noch atypischer Arbeit ein statistisch relevanter Unterschied der begrifflichen Identifikation festgestellt werden. Mit Ausnahme der Klasse 1 (p = .025) erhöht beim Begriff Arbeit, anders als beim Begriff Pflanze, die bewusste Reflexion nicht die Trefferquote. Wir interpretieren dieses Ergebnis als Effekt eines doch im Vergleich zum Begriff Pflanze insgesamt niedriger liegenden Niveaus der begrifflichen Ent-

---

[35] An dieser Stelle drängt sich die Frage auf, ob die Kinder sich stärker durch den Begriff Spielen (vs. Arbeit – dargestellt war das Spielen einer Frau mit einer Handpuppe vor Kindern) oder „ Mutter in der Familie" (Mutter spielt mit ihren Kindern) leiten ließen. Hier wäre dann zu fragen, ob die Kinder die Tätigkeit einer Hausfrau und Mutter auch als Arbeit ansehen oder nicht.

wicklung, bei der größtenteils die Merkmalssätze noch wenig bewusst reflektiert werden (s. u.).

Dies wird die nun folgende Analyse verdeutlichen. Wir haben die Merkmale, mit denen begründet wurde, warum ein Objekt eine Pflanze, eine Tätigkeit Arbeit ist, entsprechend unserer Hypothese in die Kategorien vorbegrifflicher und begrifflicher Stadien eingeordnet:

Als vorbegriffliche Stadien der Begriffsbildung haben wir klassifiziert:

Synkretie – gekennzeichnet durch situativ zufällige Begründungen (situativ zufällige, visuell wahrnehmbare Merkmale werden genannt) oder auch fehlende explizit zu nennende Merkmale (In die Begründungen geht die Ähnlichkeit zum Primärbegriff – „weil es so aussieht" und die Objektklassifikation – Tautologie – „weil es eine Pflanze, ein Baum... ist" bzw. „weil es so ist oder nicht so ist" ein.);

Komplex – gekennzeichnet durch weniger zufällige, dem Objekt zugeordnete, oft anschauliche Merkmale (grün, in der Erde, rot, gelb, für Mutti, duften, in der Natur – Lokation) bzw. „macht was oder nichts", Ausdruck konkreter Nützlichkeit – „Blumen vertrocknen; Tiere verhungern", „man lernt was" u. a.);

Pseudobegriff – gekennzeichnet durch einseitige Hervorhebung (oft im konkreten Zusammenhang unwesentlicher) allgemeiner, abstrakter Merkmale („weil es Lebewesen sind", „weil sie kein Gegenstand sind", bzw. Nennung abstrakter Materialeigenschaften) bzw. „anstrengend, nützlich, Geld verdienen[36]" u. a.);

Begriffliche Stadien der Begriffsbildung sind:

„Empirischer" Begriff – kennzeichnend sind morphologische Merkmale: Blüte, Blätter, Stiel (Sprossachse), Wurzel bzw. „produzieren – Produkte herstellen", „Dienst leisten", unter gewissen Einschränkungen „Geld verdienen" u. a.;

„Theoretischer" Begriff – kennzeichnend sind physiologische respektive Merkmale des Lebens: Wachstum, Bewegung, Fortpflanzung, Ernährung – Stoffwechsel im Falle der Pflanzen die Photosynthese bzw. die intentionale, bewusste Gestaltung / Veränderung von Natur und Gesellschaft mit Blick auf einen gesellschaftlichen Nutzen (Gebrauchswert) für den Menschen.

---

[36] Das Merkmal „Geld" spielt mit Blick auf den Begriff „Arbeit" eine besondere Rolle. Arbeit ist ihrem Wesen nach nicht an das Merkmal Geld gebunden. Andererseits ist die Realität, dass Arbeit mit Erwerbsarbeit häufig gleichgesetzt wird und Erwerbsarbeit den Zweck hat, Geld zum Lebensunterhalt zu verdienen, nicht zu übersehen. Von daher ist es mit gewissen Einschränkungen auch möglich, dieses Merkmal der theoretischen Stufe des Begriffs (empirischer Begriff) zuzuordnen. Wir werden daher in den Auswertungen das Merkmal „Geld" besonders beachten.

Damit unterscheiden sich die Kategorien sowohl bezüglich des Niveaus der Bewusstheit (d. h. auch Reflexivität) als auch bezüglich der Einbettung in einen theoretischen bzw. (fach-) wissenschaftlichen Rahmen.

Es bleibt mit Blick auf die gekennzeichneten Phasen anzumerken, dass real bestenfalls nur Vorformen der wissenschaftlichen Begriffe in den Klassen der Grundschule anzutreffen sein werden, da sie stets fachwissenschaftliche Abstraktionen voraussetzen, die erst im Fachunterricht erworben werden. Andererseits handelt es sich bei unserer Klassifizierung um eine Abstraktion, der reale Begriffe nicht immer voll entsprechen können. Im Falle des biologischen Begriffs „Pflanze" gehen beispielsweise innerer und äußerer Bau der Lebewesen, einschließlich der durch diesen Bau gestifteten Funktionsmerkmale, in das natürliche System der Lebewesen ein. Im Falle des Begriffs Arbeit dürfte auf Grund der Komplexität dieses gesellschaftswissenschaftlichen Begriffs, der wenn nicht ein philosophisches, so wenigstens ein politisch-ökonomisches Reflexionsniveau erfordert, nicht damit gerechnet werden, dass in der Grundschule überhaupt das wissenschaftliche Niveau erreicht wird. Es können hier nur synthetische Begriffe erwartet werden, die eine Analogie zu den synthetischen Modellen der Wirklichkeit aufweisen, bei denen Initialmodell (durch den natürlichen Realismus der Kinder gestiftet) und wissenschaftliche Vorstellung eine Symbiose eingehen (Vosniadou 1994). Der Vorteil einer solchen Analyse besteht jedoch zweifellos darin, dass ein anderes Licht als jenes des Fehlers (oder des Markierens von Defiziten) bei der Begriffsbildung und Begriffsverwendung auf die Entwicklung des kindlichen Denkens geworfen wird.

Die Analyse der gekennzeichneten Kategorien lässt für den Begriff „Pflanze" eine deutliche Entwicklung erkennen: Vorbegriffliche Stadien nehmen ab und begriffliche Stadien zu (vgl. Abb. 14a).

Abbildung 14 a, b: Entwicklung begrifflicher Kategorien in den Klassen 1 bis 4 (Aus Gründen der Übersichtlichkeit wurde die Kategorie „ohne oder andere Angaben" nicht in die Graphik eingearbeitet, wodurch die Differenz zu 1.0 bei den Stapeldiagrammen zu erklären ist.)

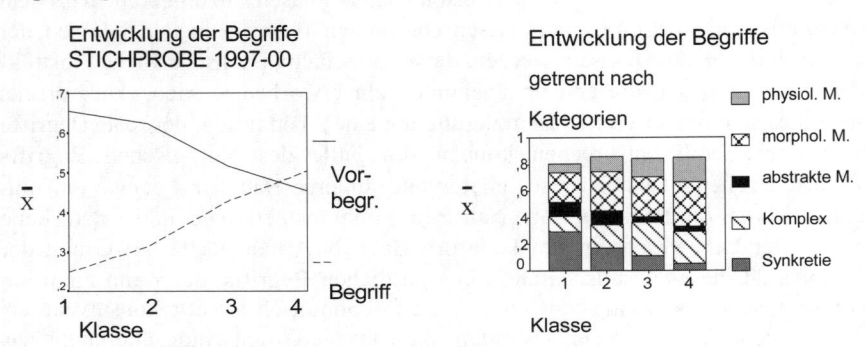

Die statistische Prüfung ergab bezogen auf alle 4 Messzeitpunkte hochsignifikante Unterschiede (vorbegriffliche Stufe – p < .001; begriffliche Stufe p < .001). Betrachtet man die einzelnen Kategorien begrifflicher Entwicklung (vgl. Abb. 14b), so zeigt sich ein ähnliches Bild. Auch hier lässt sich statistisch ein hochsignifikanter Entwicklungstrend bestätigen (p < .001). Die Analysen der Wirkungen der Faktoren Geschlecht und Leistungsgruppe erbrachten, u. a. auf Grund der doch relativ kleinen Stichproben, keine konsistenten Effekte. Es konnte lediglich festgestellt werden, dass in der Leistungsgruppe 1 (leistungsstark – z. T. statistisch relevant) der Trend zum Begriff stärker ausgeprägt war als in der Leistungsgruppe 3. Eine Varianzanalyse der Variablen zeigte hier bei Synkretie und Komplex einen signifikanten Effekt (p = .001) bezüglich der Leistungsgruppe. Konsistente Unterschiede zwischen Jungen und Mädchen waren nicht festzustellen.

Was hier aus Platzgründen nicht gezeigt werden kann, ist eine detaillierte Fallanalyse, die sowohl Kinder zeigt, die im Entwicklungstrend liegen, aber auch Entwicklungsverzögerungen, Entwicklungsvorsprünge und „Ausreißer" (vornehmlich in Klasse 2) werden deutlich: Wurden bei Kindern in Klasse 1 besonders viele Synkretien festgestellt, so konnte beobachtet werden, dass in Klasse 4 weniger morphologische Merkmale die Begriffsbildung kennzeichnen und umgekehrt, wurden in Klasse 1 viele morphologische Merkmale in den Begründungen und wenige Synkretien registriert, so verläuft die Entwicklung hin zur Bildung adäquater Begriffe deutlicher ausgeprägt.

Abbildung 15 a, b: Begriffsentwicklung „Arbeit" in den Klassen 1 bis 4 (begriffliche Kategorien und „Effektivitätsaufgabe")

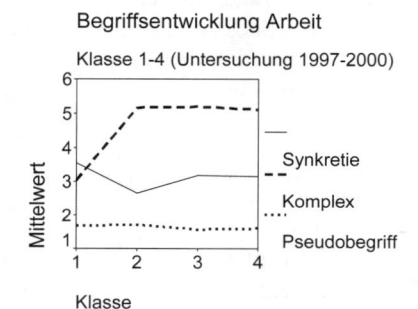

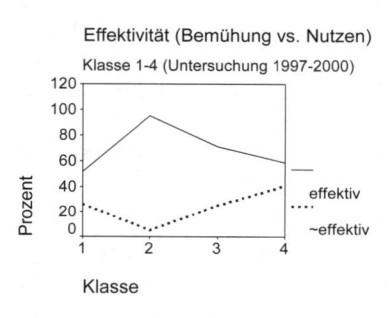

Auch bezüglich des Begriffes Arbeit war ein deutlicher Entwicklungseffekt festzustellen, der sich vor allem auf die gekennzeichneten Kategorien Synkretie und Komplex bezieht (p = .049; p < .001). Beim Pseudobegriff war kein statistisch zu erhärtender Entwicklungseffekt festzustellen. Beide erstgenannten Kategorien unterscheiden sich hochsignifikant zur letztgenannten (p < .001). Bezogen auf die vier Klassenstufen zeigte der Vergleich der drei Kategorien jeweils hochsignifikante Unterschiede (p < .001). Dennoch ist dieser Effekt vor allem auf die Entwicklungen bei den Niveaus Synkretie (Klassen 1 bis 3, p < .001) und Komplex (Klasse 1 nach Klasse 2 p = .001) zurückzuführen. Dies konnte anhand der Varianzanalyse zumindest im Falle der Synkretie (Haupteffekt p = .002, zurückzuführen auf den Faktor Klasse p = .041) bestätigt werden.

Um weiteren Aufschluss über die Entwicklung des Begriffs Arbeit zu erhalten, baten wir die Kinder in einer anderen Aufgabe zu entscheiden, wer besser arbeitet, jemand der sich sehr anstrengt, aber wenig schafft (ineffektiv) oder jemand, der sich möglichst wenig anstrengt, dennoch viel schafft (effektiv – beide sollen ohne Fehler arbeiten). In Abb. 15b (rechte Seite) sind die Ergebnisse dargestellt. Insgesamt ist ein Entwicklungseffekt festzustellen (p = .004). Dies gilt auch, analysiert man beide Kategorien gesondert (effektiv – p < .001; ineffektiv – p < .001). Anders als in der Stichprobe (88 / 91) fehlte bei den Angaben der Kinder hier die Kategorie „beide", wofür wir gegenwärtig noch keine Erklärung besitzen. Auch die Ergebnisse in Klasse 2 sind für uns nicht zu erklären (sowohl die Werte für „effektiv" als auch „ineffektiv" unterscheiden sich mindestens sehr signifikant [p = .01] von denen aller anderen Klassenstufen). Obwohl in Klasse 2 der Komplex eindeutig an Dominanz gewinnt, um dann auf einem Plateau zu verharren und damit in Verbindung die effektive Arbeit adäquater als bessere Arbeit bewertet wird, fällt diese Bewertung nach Klasse 4 zu wieder ab (die Prüfung „effektiv" gegen „ineffektiv" bezogen auf die Klassenstufen 1-4 ergab: $p =,012$; $p < .001$; $p = .001$. in Klasse 4 – n. s.). Ähnlich wie im Rahmen unserer ersten Stichprobe (88 / 91 s. u.) scheint die Erfahrung Schule (Wert des Anstrengens und das eher negative Bewerten effektiven Arbeitens als Faulheit) in diesen Ergebnissen durchzuschlagen und eine adäquate Begriffsbildung zu erschweren bzw. in diesem Fall zu behindern. Auch hier bleiben konsistente Unterschiede zwischen den Geschlechtern und Leistungsgruppen aus.

Vergleich beider Stichproben mit Blick auf die Wirkung der Variablen Unterricht

Hauptsächlich um die Wirkung des Unterrichts zu prüfen, haben wir zwei unterschiedliche Unterrichtsstrategien verglichen: Zum einen den Unterricht in der DDR, der dem Modell der direkten Instruktion folgt und eher als geschlossen zu kennzeichnen ist und andererseits den gegenwärtigen Unterricht im Land Brandenburg (Modell der indirekten Instruktion, Versuch der Öffnung von Unterricht – vgl. Kapitel 2. und 3.). Hierbei ist anzumerken, dass wir vor allem beim Begriff Pflanze Unterschiede zwischen beiden Stichproben erwarten. Gründe hierfür sind einerseits das explizitere Thematisieren des Begriffs Pflanze im Unterricht (Rahmenplan, Unterrichtsbeobachtungen) und andererseits die geringere Komplexität des Begriffs selbst, der gegenüber dem Begriff Arbeit (bezogen auf die von uns ausgegliederten Entwicklungsphasen) deshalb weiter entwickelt sein dürfte. Schließlich sollte auch Erwähnung finden, dass er als ökonomischer bzw. philosophischer (theoretischer) Begriff in der Regel keinen Eingang in den Unterricht der Grundschule findet (1988-91 nicht und heute nicht).

Bei der Identifikation von Pflanzen anhand präsentierter Bilder und der Entscheidung, ob es sich jeweils um eine Pflanze handelt oder nicht, war zwar innerhalb der Vergleichsstichprobe (88 / 91) ein Entwicklungseffekt festzustellen. Zwischen den Stichproben konnten jedoch diesbezüglich keine konsistenten Unterschiede ermittelt werden (es zeigten sich lediglich in den 3. Klassen Unterschiede: Strauch, Baum, aber auch Pilz wurden in der Stichprobe 1997-00 häufiger als Pflanze identifiziert ($p = .020$; $p = .001$; $p < .001$). Auch die Vergleichsstichprobe (88 / 91) zeigte bezüglich einer Varianzanalyse bei den Variablen Leistungsgruppe und Geschlecht keine konsistenten statistisch relevanten Effekte.

Betrachten wir den Begriff Arbeit, so ergibt sich 88 / 91 ein ähnliches Bild wie in der Stichprobe 97 / 00, weshalb wir auf eine grafische Darstellung an dieser Stelle verzichten wollen. Für die Identifikation von abgebildeten Tätigkeiten als Beruf vs. Tätigkeit konnte ein hochsignifikanter Entwicklungseffekt ($p < .001$) ermittelt werden. Hinsichtlich des Vergleichs beider Stichproben konnten lediglich bei den 1. Klassen (Tätigkeit p < .001; Beruf p = .017) und der Klasse 2 (Beruf p = .009) Unterschiede ermittelt werden (Klasse 1 / 97 / 00 identifiziert weniger den Beruf, während dies sich für die Klasse 2 umkehrt).

Bei der (entsprechend der Alltagserfahrung) typischen Arbeit war in der Stichprobe (88 / 91) insgesamt ein signifikanter Entwicklungseffekt (p = .001) festzustellen. Dieser ist bei ansonsten durchweg hoher Identifikation (Kassiererin von Klasse 1 bis 4 – zu 100%!) auf die kontinuierliche Zunahme der Identifikation als Arbeit bei Kindergärtnerin, Viehzüchter und Kellner von Klasse 1 nach Klasse 4 zurückzuführen. So lassen sich denn auch für die Klassen 1 und 3 noch statistisch relevante Unterschiede (p = .003; p = .009) errechnen, die sich in den Klassen 3 und 4 verlieren. Anders als in der Stichprobe (97 / 00) wird nur im Fall des Viehzüchters in Klasse 4 die Bewertung differenzierter (hier scheint die Interpretation des Kleintierzüchters – Hobby / Freizeit – zuzunehmen).

Für typische Arbeit waren zwischen den Stichproben keine und für atypische Arbeit in den Klassen 2, 3, 4 signifikante Unterschiede bezüglich der Identifikation der dargestellten Tätigkeiten als Arbeit festzustellen (p = .001; p = .002; p = .006.). Varianzanalysen erbrachten keine differenziellen Effekte bezüglich der Variablen Geschlecht und Leistungsgruppe.

Betrachten wir die atypische Arbeit differenziert, so war ähnlich wie (97 / 00) bei der Stichprobe (88 / 91) für diese Tätigkeiten zwar insgesamt (allerdings nur knapp über dem Signifikanzniveau von 5%) und für jede der drei Tätigkeiten bezüglich der vier Messzeitpunkte auch kein Entwicklungseffekt zu errechnen, wohl aber beim Leser (Vergleich der Klasse 1 zu Klasse 4 – p = .035). Auch der Vergleich der Kategorien (Tätigkeiten) pro Klassenstufe untereinander ließ Unterschiede nachweisen (Klasse 1 – p < .001; Klasse 2 p < .001; Klasse 3 p = .009; Klasse 4 – n. s.): Analog zur typischen Arbeit wird die Identifikation der atypischen Tätigkeiten von Klasse 1 bis 4 ähnlicher, allerdings in der Richtung, sie eher nicht als Arbeit zu identifizieren. Dies interpretieren wir als Effekt des Wirkens eines Freizeitbegriffs, der nicht nur das Fernsehen, sondern hier auch das Lesen und das Fußballspielen einbezieht. Dies hat sich wohl gegenwärtig geändert (Lesen und Fußballspielen wird nun eher als Arbeit identifiziert – s. o.).

Bezüglich der Entwicklung begrifflicher Kategorien (Begriff Pflanze) ist auch bei der Stichprobe von 88-91 ein signifikanter Entwicklungseffekt festzustellen (vgl. Abb. 16 a, b). Dieser fällt allerdings nicht so deutlich aus wie in der Stichprobe 97-00 (begriffliches Stadium p < .001; vorbegriffliches Stadium p = .034). Was hier jedoch deutlich wird, sind die vergleichbaren Werte in der zweiten und vierten Klasse (Stichprobe 88 / 91), welche wohl eindeutig durch den Unterricht bedingt sein dürften. In Klasse 2 wurde seinerzeit im Lehrplan explizit die Behandlung der morphologischen Merkmale der Pflanzen (Blüte, Laubblatt, Stängel, Wurzel) beim Thema Frühblüher gefordert. Diese wurde, gestützt auf Unterrichtshilfen und Lehrbücher, im Unterricht entsprechend realisiert, was in unseren Analysen (siehe Kapitel 3.) immer wieder bestätigt werden konnte.

Abbildung 16 a, b: Begriffliche Entwicklung beim Begriff „Pflanze" in den Klassen 1 bis 4 (1988 / 91 – aus Gründen der Übersichtlichkeit wurde auch hier die Kategorie „ohne oder andere Angaben" nicht in die Graphik eingearbeitet, wodurch die Differenz zu 1,0 bei den Stapeldiagrammen zu erklären ist)

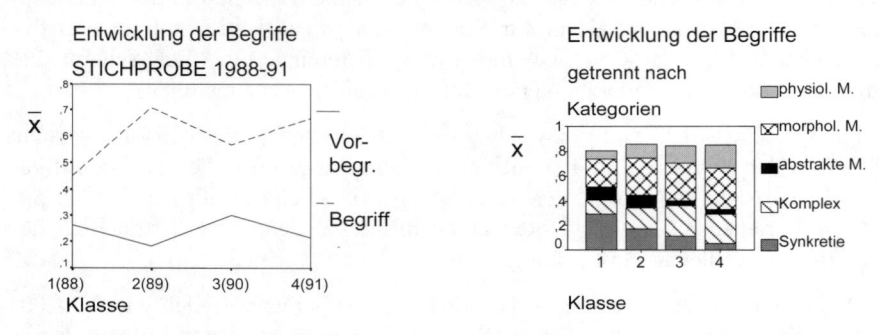

Vergleichen wir beide Stichproben, so zeigt sich ein deutlicher Unterschied (vgl. Abb. 17).

Abbildung 17 a, b: Vergleich der Begriffsentwicklung in den beiden Studien (Aus Gründen der Übersichtlichkeit wurde auch hier die Kategorie „ohne oder andere Angaben" nicht in die Graphik eingearbeitet, wodurch die Differenz zu 1,0 bei den Stapeldiagrammen zu erklären ist.)

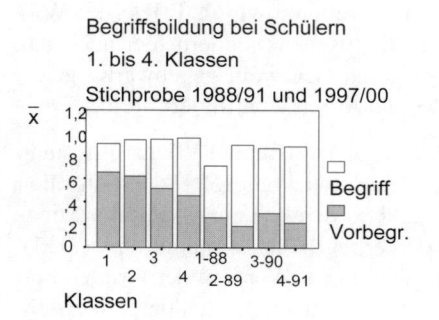

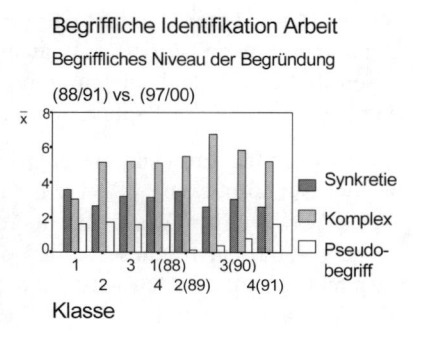

Die Prüfung der Unterschiede zwischen beiden Stichproben beim Begriff Pflanze erbrachte hochsignifikante Unterschiede (p < .001) bei der vorbegrifflichen wie auch der begrifflichen Stufe, welche als Entwicklungsvorteil der Stichprobe 88 / 91 gegenüber 97 / 00 zu deuten sind.

Bezüglich des Begriffs Arbeit sind wir auf Grund des Fehlens der theoretischen Niveaus der Begriffsbildung auf den detaillierten Vergleich der vorbegrifflichen Phasen angewiesen. Unterschiede zwischen beiden Stichproben zeigen sich vor allem bei den Niveaus Synkretie und beim Pseudobegriff. Anders als beim Begriff Pflanze könnten hier die Daten in Richtung auf Entwicklungsvorteile der Stichprobe (97 / 00) hindeuten (der Komplex ist in den Klassen 1 und 2 – jeweils – p < .001 – weniger häufig anzutreffen als in 88 / 91 und der Pseudobegriff in den Klassen 1, 2, 3 – jeweils p = .001 – häufiger). Auf die Probleme bei der Abgrenzung der einzelnen Phasen vorbegrifflichen Denkens bezüglich einzelner Merkmale ist weiter oben schon hingewiesen worden. Die Ursache für den geschilderten Effekt ist vor allem im Merkmal Geld zu suchen (vgl. Abb. 18).

Abbildung 18: Nennung des Merkmals Geld bei der Begründung für oder gegen Arbeit in beiden Stichproben

Abbildung 19: Effektivitätsaufgabe in beiden Stichproben

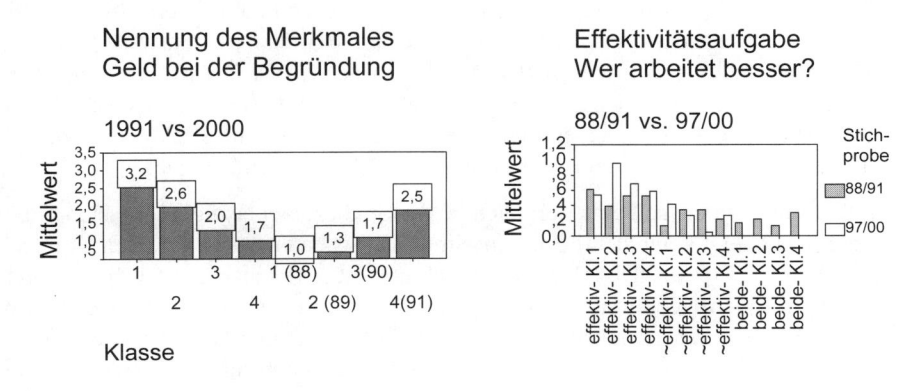

Beide Stichproben unterscheiden sich insgesamt signifikant (p = .021) voneinander, was vor allem auf die Unterschiede zwischen den Klassen 1 und 2 (p = .028; p = .050) zurückzuführen ist. Die Entwicklung scheint gegenläufig: In der Stichprobe 88 / 91 nimmt das Merkmal Geld an Bedeutung mit der Klassenstufe zu, in der Stichprobe 97 / 00 ab, wobei nach Klasse 4 hin eine Annäherung zwischen beiden Stichproben bezüglich des geprüften Merkmals erfolgt. Dieser Effekt dürfte allerdings weniger auf den Unterricht, sondern vor allem auf die Zunahme der Bedeutung des Geldes und des Merkmals „Geld verdienen" im täglichen Leben nach der Wende in Ostdeutschland zurückzuführen sein. Wie insgesamt die Daten zur Entwicklung des Begriffes Arbeit die Hypothese einer weitgehend von Unterricht wenig beeinflussten Entwicklung stützen. Interessant ist in diesem Zusammenhang auch ein Vergleich mit einer Stichprobe (Voruntersuchungen im Kindergarten – älteste Gruppe), bei der das Merkmal „arbeitslos" in Verbindung mit dem Fernsehen, Fußballspielen, Lesen auftrat, welches zu unserer Überraschung hier verschwunden ist. Es darf vermutet werden, dass dies im Merkmal „Geld" aufgehoben ist. Die Auswertung von Tonbandprotokollen der Interviews wird hier näheren Aufschluss bringen.

Bezüglich der Effektivitätsaufgabe ist ein ähnlicher Effekt festzustellen: Bezogen auf die Gesamtvariable verschwinden in Klasse 4 die Unterschiede (Klasse 1 $p = .014$; Klasse 2 $p < .001$; Klasse 3 $p = .005$; Klasse 4 n. s.). In der Stichprobe 97 / 00 scheinen die Kinder einen eher nüchtern-realistischen Blick auf effektives Arbeiten zu werfen (allerdings besteht nur zwischen den 2. Klassen beider Stichproben ein signifikanter Unterschied – $p = .001$). Interessant ist auch, dass in dieser Stichprobe offenbar die Entscheidung zwischen beiden Möglichkeiten leichter fällt, während in der Stichprobe 88 / 91 die Kinder in wachsendem Maße zur Klasse 4 wenigstens beiden Arbeitern gleich gute Arbeit zubilligten. Hier war offenbar das Merkmal der „Anstrengung und des Bemühens" relativ unabhängig vom Effekt stärker vertreten. Unabhängig von der Größe des Effekts scheint in beiden Stichproben jedoch die von Unterricht ungetrübte (naiv) realistische Sicht der Schulanfänger einer eigentlich unrealistischen Sicht auf effektives Arbeiten zu weichen. Hier erfüllt dann Unterricht seinen Zweck nicht adäquat.

Die Varianzanalyse beim Vergleich beider Stichproben bezüglich Leistung und Geschlecht zeigt keine deutlichen, im Sinne konsistenter Auffälligkeiten zu interpretierenden Effekte. Die Begriffsentwicklung ist wohl insgesamt weit weniger durch Unterricht geprägt und daher fehlen diesbezügliche Wirkungen und ebenso Effekte der sonst bei typischen schulischen Anforderungen greifenden Variablen Geschlecht und Leistungsgruppe (vgl. Problemlösen in diesem Kapitel).

6.2.4. Diskussion

Die dargestellten Ergebnisse machen auf einige wichtige Entwicklungstrends der kognitiven Entwicklung der Kinder in den ersten vier Schuljahren aufmerksam. Analog der conceptual change Theorie zeigt sich ein Perspektivwechsel: der Übergang vom Alltagsbegriff zum wissenschaftlichen Begriff. Dieser Wechsel lässt sich bezogen auf die Begriffsbildung auf verschiedene Entwicklungsphasen abbilden, welche Analogien zur Begriffsbildung bei Kleinkindern (Alltagsbegriffe) aufweisen (Gesetz der Verschiebung). Unterschiede in der begrifflichen Entwicklung und ihrer Beeinflussung durch Unterricht lassen sich bei beiden unterschiedlichen Begriffen (naturwissenschaftlicher Objektbegriff vs. gesellschaftswissenschaftlicher Geschehenstyp, vgl. Klix 1988) ausmachen. Analog zur Entwicklung wissenschaftlicher Vorstellungen von komplexen Erscheinungen (Tag, Nacht, Gestalt der Erde u. a. – vgl. Vosniadou 1994) sind drei Grundphasen unterscheidbar: Initiale Stadien der Begriffsbildung (Primärbegriffe – bezüglich wissenschaftlicher Begriffsbildung als vorbegriffliche Phase zu kennzeichnen), synthetisches Stadium (gekennzeichnet durch die Zunahme von Merkmalen wissenschaftlicher Begriffe, allerdings ohne die wissenschaftliche Begriffsbildung zu erreichen) und die wissenschaftliche Begriffsbildung. Letztere ist in den betrachteten Klassenstufen, zumindest bei den untersuchten Begriffen, noch nicht voll ausgeprägt bzw. beim Begriff Arbeit noch nicht anzutreffen.

Obwohl deutliche Unterschiede der durch Unterricht bedingten Entwicklungseffekte zwischen beiden Stichproben (vor allem beim Begriff Pflanze) zu verzeichnen sind, sollte auch die Wirkung des Unterrichts in der DDR-Stichprobe hinsichtlich der Begriffsbildung durchaus kritisch beurteilt werden. Offenbar war der durch die explizite Behandlung morphologischer Merkmale als Kennzeichen von Pflanzen erzielte Effekt des Unterrichts in Klasse 2 hinsichtlich der Entwicklung des Begriffs Pflanze nicht von Dauer, hatte demzufolge wenig Wirkung auf die eigentliche Begriffsentwicklung. Dennoch macht der Vergleich der beiden Stichproben deutlich, dass a) der Unterricht eine entscheidende Wirkung auf die Begriffsbildung haben kann und b) durch Unterricht bedingte Effekte allgemeinere Entwicklungstrends überlagern sowie c) es bislang und vor allem gegenwärtig offenbar nur wenig gelingt, Unterricht mit Blick auf die Begriffsbildung bei den Kindern effektvoll zu gestalten.

Vor allem die Analysen zum Begriff Arbeit weisen a) auf die Wirkung der Variablen Alltag (z. B. in der Stichprobe 97 / 00 höhere Betonung des Merkmals „Geld"; häufigere Bewertung des Lesens und Fußballspielens als Arbeit, zumindest am Beginn der Schulzeit generell realistischere Position gegenüber der Effektivität als Qualitätsmerkmal der Arbeit) und b) gleichfalls auf die des Unterrichts, der Schule hin. Hier allerdings in der Weise, dass durch die Erfahrung Schule und Unterricht ein wenig adäquater Begriff von Arbeit (zumindest hinsichtlich des Merkmals Effektivität) gebildet wird.

Die geringen Einflüsse der Faktoren Geschlecht und Leistungsgruppe lassen zwei Deutungen zu. Zum einen zeigen in der betreffenden Altersgruppe bisher von uns durchgeführte Untersuchungen zum Problemlösen und zur Kenntnisaneignung (siehe in diesem Kapitel) ebenso wenige geschlechtsspezifische Unterschiede, die sich dann allerdings in den darauf folgenden Entwicklungsphasen herausbilden. Andererseits gilt dies jedoch vor allem für Anforderungen, welche nicht typisch sind für Unterricht. Immer dann, wenn für Unterricht typische Anforderungen (z. B. Lesen) untersucht wurden, zeigten sich die charakteristischen Unterschiede bezüglich der Leistungsgruppe und des Geschlechts, wenn die Untersuchungen sich jedoch den für Unterricht weniger typischen Anforderungen zuwandten, blieben diese Unterschiede (zumindest in der betrachteten Altersstufe) und generell in der sonst gewohnten Weise aus. Im Umkehrschluss können wir daher davon ausgehen, dass die Begriffsbildung im Sinne des Verhinderns von Verbalismus und der Förderung der geistigen Entwicklung der Kinder im Unterricht kaum eine Rolle spielt. Dies bestätigten Unterrichtsbeobachtungen und entspricht dem in der Literatur zu findenden Erkenntnisstand (s. o.).

Interessant sind jedoch Unterschiede zwischen den einzelnen Klassen eines Jahrgangs und verschiedenen Schulen, die allerdings einerseits aus der Datenlage heraus von uns nicht eindeutig gedeutet, andererseits auf Grund der fehlenden Homogenität der Varianzen der betreffenden Zellen nicht ohne weiteres statistisch zufrieden stellend aufgeklärt werden können. Wir haben deshalb darauf verzichtet, die diesbezüglichen Analysen hier darzustellen. Dennoch können solche Unterschiede auf Möglichkeiten verweisen, leistungsfördernde Unterrichtsmerkmale zu identifizieren, wozu jedoch spezielle Untersuchungen vorzunehmen sind.

Als Konsequenzen für die Weiterentwicklung des Unterrichts ist zu fordern, dass eine entwicklungsfördernde Vermittlung und Aneignung von Begriffen stärker in das didaktische Interesse und die Unterrichtspraxis rückt.[37] Die hier vorgenommenen Analysen der einzelnen Entwicklungsstadien der Begriffe gestatten, die Zone der nächsten Entwicklung der Kinder zu umschreiben und Konsequenzen für einen entwicklungsfördernden Unterricht konkreter abzuleiten. Insbesondere gestattet die Kenntnis von Besonderheiten der Entwicklung des begrifflichen Denkens, die kognitiven Leistungen von Kindern besser zu beurteilen, indem z. B. in scheinbaren „misconceptions" (vgl. auch Duit 1995) keine Fehler, sondern Entwicklungsschritte gesehen werden, an die pädagogisch anzuknüpfen ist, um das Kind in seiner kognitiven Entwicklung im Unterricht fördern zu können. Dieser muss zum einen auf die je konkrete Zone der nächsten Entwicklung der Kinder (hier bezogen auf die wissenschaftliche Begriffsbildung) bewusst orientiert werden und zum anderen durch die Gestaltung adäquat kontextuierter Lernsituationen konkreter Einfluss auf die Begriffsbildung (im Sinne eines vom Kind voll-

---

[37] Anregungen hierfür liefern u.a. die Ergebnisse der Untersuchungen von Davydov und Mitarbeitern (vgl. 1988) sowie Lompscher und Mitarbeitern (vgl. 1989).

zogenen Lernprozesses) nehmen. Gerade in der zuletzt gekennzeichneten Richtung sind weitere Untersuchungen notwendig. Dabei sollte besonderer Wert auf Untersuchungen im Unterricht und vor allem auf Unterrichtsexperimente gelegt werden.

Anmerkung 1

> Wir benutzen den Begriff Kontext im Zusammenhang mit der bewussten und intentionalen Aktivität des Menschen. Obwohl Umweltmerkmale in ihn eingehen, ist der Kontext unseres Erachtens und aus einer konstruktivistischen Perspektive heraus nicht einfach darauf zu reduzieren, sondern wird hauptsächlich durch die Aktivität eines Lebewesens, im Fall des Menschen durch Tätigkeit, erzeugt. Der Kontext wird erst durch die Wechselwirkung des Individuums mit der Umwelt zum psychisch wirksamen Moment. Außerhalb dieser existiert er für ein Individuum nicht oder nur in dem Sinne, dass er un- oder unterbewusst, mehr oder weniger indirekt die Psyche beeinflusst. Das ist auch der Grund dafür, dass von einer radikal-konstruktivistischen Position aus behauptet wird, man kann nichts über die Wirklichkeit an sich, sondern nur über seine Wirklichkeit (als Ergebnis je eigener Konstruktion) wissen. Dabei wird dann allerdings gerade die Tätigkeit als umweltbezogene reflexive Aktivität vergessen, deren Wesen darin besteht, Umwelt zu verändern und nicht einfach Umwelt abzubilden und aus dieser Perspektive heraus intern zu konstruieren. „Am Anfang war die Tat ..." und erst in Wechselwirkung damit wird gedanklich konstruiert. Nur die praktische Gestaltung, Veränderung der Welt gestattet eine interne Konstruktion mit Blick auf diese Veränderung (vgl. experimentelle Methode in den Naturwissenschaften). Und nur durch die Veränderung, entsprechend innerer Hypothesen – nämlich der internen Konstruktionen, entsteht ein internes Konstrukt mit mehr oder weniger stringentem Bezug zur Realität (keine Isomorphie). Damit ist natürlich nicht gesagt, dass es nicht andere Konstruktionen, eben mit weniger Bezug zur Realität, geben kann und gibt. Glaubenssätze, Ideologien, „nicht mehr zu hinterfragende Wahrheiten" und viele Alltagstheorien sind auf diesem Wege entstanden.

6.3. Problemlösen

6.3.1. Anliegen der Untersuchung

Komplexes Problemlösen ist eine Lernanforderung, welche einerseits eine relevante Bildungsanforderung darstellt und andererseits in der pädagogischen Umsetzung im Unterricht größere Probleme bereitet (Sell 1991, Giest 1994b, c, 1995a, b, 1996a, c, Einsiedler 1994). Nicht nur mit Blick auf den naturwissenschaftlichen Unterricht kommt der Ausbildung komplexen Problemlösens eine außerordentliche Bedeutung zu (vgl. insgesamt zur Problematik komplexer Lernanforderungen – Bildungskommission NRW 1995). Das strategische Ziel auch dieser Teiluntersuchung bestand deshalb darin, dazu beizutragen, dass über die Ausbildung von adäquaten Lernstrategien im Unterricht das Bewältigen komplexer Problemanforderungen durch Schüler effektiviert werden kann. Dies erweist sich gegenwärtig als von bedeutendem Interesse, konzentrieren sich doch wichtige Arbeiten zur Evaluation des Unterrichts und zur Wirkungsforschung im Zusammenhang mit Schule und Unterricht auf dieses Problem (Klieme et al. 2001, Stark, Gruber & Mandl, Hinkofer 2001 – vgl. auch zu Basiskompetenzen Heymann 2001). Es sei an dieser Stelle noch einmal betont, dass anders als bei den Schulleistungsuntersuchungen (TIMMS, PISA... – vgl. v. Ackeren & Klemm 2000) es uns nicht nur darum geht, den Istzustand abzubilden, um dann mehr oder weniger konkret Probleme des Unterrichts benennen und allgemeine Empfehlungen geben zu können. Unser Ziel ist es, ausgehend von der (unter historisch-konkreten Bedingungen einer Gesellschaft und ihrer Schule vorgenommenen) Analyse des Istzustands kognitiver Entwicklung auf dem Hintergrund von Unterricht (Abbilden der Zone der aktuellen Leistung der Schüler) Konsequenzen für diesen (im Sinne von Handlungsorientierungen für das Lehren, die Ausbildung einer Lerntätigkeit, welche den Schülern gestattet, die Zone ihrer nächsten Entwicklung zu erreichen) abzuleiten und zu evaluieren.

Um diesem Ziel (Ausbildung der Lerntätigkeit) einen Schritt näher zu kommen, erschien es erforderlich, zunächst konstatierend Besonderheiten der Bewältigung von Problemanforderungen in die Untersuchung einzubeziehen.

Das differenzierte Ermitteln von Besonderheiten beim Lösen komplexer Probleme ist eine wesentliche Voraussetzung für die Gestaltung entsprechender Aneignungsprozesse (vgl. hierzu auch Stark, Graf, Renkl, Gruber & Mandl 1995). Dabei sind zwei Bedingungen zu beachten. Erstens erscheint es sinnvoll, Problemlösen domänenspezifisch zu untersuchen (vgl. Weinert & Waldmann 1988). Zweitens wird gerade im Zusammenhang mit dem Grundschulalter über wenige differentialpsychologisch relevante Befunde beim Problemlösen (im Unterschied zu mathematischer oder verbaler Kompetenz) berichtet (Hyde, Fennema und Lamon 1990, Tiedemann & Faber 1994).

6.3.2. Fragestellung und Arbeitshypothesen

Wir wählten als domänenspezifische Anforderung unter Beachtung aktueller Bildungsanforderungen eine ökologische Problemstellung aus und interessierten uns vor allem für entwicklungs- und differentialpsychologisch relevante Fakten zu Besonderheiten beim Problemlösen.

Wir fragten insbesondere nach

1. Besonderheiten bei der Bewältigung einer ökologischen Problemstellung (Inhalte entsprechen Lehrplananforderungen),
2. interindividuell variierenden Merkmalen des Problemlösens und Zusammenhängen zwischen diesen Merkmalen,
3. Zusammenhängen zwischen Merkmalen des Problemlösens und anderen Merkmalen schulischen Lernens,
4. Zusammenhängen zwischen Lernstrategien und dem Problemlösen.

Unsere Voruntersuchungen (vgl. Lompscher 1993a, b, Krassa 1993a, b, Giest 1994b) sowie in der Literatur referierte Erkenntnisse veranlaßten uns zu folgenden Annahmen:

1. Da nach unseren Erkenntnissen und ersten vorsichtigen Erhebungen das Problemlösen eine eher marginale Rolle im Unterricht spielt, wir ferner von der Entwicklungsfunktion des Unterrichts im Sinne Wygotskis ausgehen, erwarteten wir einen eher gering ausfallenden Unterschied zwischen den Klassenstufen.
2. Als interindividuell variierende, für das hier geprüfte Problemlösen relevante Komponenten lassen sich das Selbstvertrauen (Helmke 1992a), der Anreizfokus (Rheinberg 1989), das Vorwissen (Weinert & Waldmann 1988, Schneider & Weinert 1990, Weinert & Helmke 1994) und das schulische bzw. intellektuelle Leistungsniveau abheben (vgl. Giest 1994b).[38]
3. Diese Komponenten hängen maßgeblich mit der Güte der Problembearbeitung zusammen.

6.3.3. Untersuchungsmethode

Den Schülern wurde folgende Aufgabe, bei der wir in Voruntersuchungen eine hohe Motiviertheit aller Probanden feststellen konnten, vorgelegt:

Rinderherdenaufgabe (vgl. auch Vester 1987)

---

[38] Die Motivation wurde nicht gesondert erhoben, war aber durch das Design der Aufgabe in hohem Maße gegeben.

In Landschaften, wo nur Gras wächst, leben die Menschen oft von der Viehzucht. Das ist z. B. in Afrika so. Hier regnet es wenig und das Wasser in den wenigen Wasserstellen ist knapp. Die Rinderherden der Menschen sind klein, denn die Rinder brauchen Wasser, um leben zu können. Die Menschen haben deshalb wenig zu essen.

Stell Dir vor, Du willst den Menschen helfen, ihre Herden zu vergrößern und schlägst vor, Brunnen zu bauen. Durch Brunnen sollen die Menschen mehr Wasser für ihre Herden bekommen.

Nach 10 Jahren besuchst Du die Menschen wieder. Wie werden sich ihre Rinderherden verändert haben?

Die spontane Antwort ist nahezu ausnahmslos: Die Herde wird größer. Die Problemsituation entsteht dadurch, dass der Proband durch den Versuchsleiter erfährt, dass genau das Gegenteil eintritt, die Herde tatsächlich kleiner wird.

Die Lösung des Problems besteht in der Verknüpfung verschiedener Regelkreise. Randbedingung des Problems ist, dass pro Zeiteinheit nur eine, in den Savannengebieten geringe (wenig Regen), über die Zeit jedoch konstante Wassermenge (Regenmenge) verfügbar ist.

1. *Regelkreis* – Beziehung zwischen dem verfügbaren Wasser und der Größe der Rinderherde: Die verfügbare Wassermenge (möglicher Wasserverbrauch) bestimmt die Größe der Herde (Anzahl der Rinder).

2. *Regelkreis* – Beziehung zwischen dem (für die Herde) verfügbaren Wasser und der Grundwassermenge: Die verfügbare Grundwassermenge bestimmt die Wassermenge für die Herde.

3. *Regelkreis* – Beziehung zwischen der Größe der Rinderherde und ihrem Wasserverbrauch: Die Größe der Rinderherde bestimmt ihren Wasserverbrauch.

Das Problem des Eingriffs in die Gleichgewichte zwischen den Regelkreisen besteht im durch Brunnen bedingten Verfügbarmachen von mehr Grundwasser (verfügbare Wassermenge) bei gleichzeitiger Konstanz der Grundwassermenge.

Die Aufgabe weist folgende Vorzüge auf:

1. Es handelt sich um eine Aufgabe von einer vermuteten mittleren subjektiven Schwierigkeit. Das Problem ist weder zu nah am Alltagsdenken, noch zu fern im Bereich der Wissenschaften angesiedelt. Daher sind sowohl a) ad hoc-Lösungen auf der Ebene des Alltagsdenkens – d. h. ohne mehr oder weniger

systematisches Überlegen, Prüfen, Suchen nach Lösungen – als auch b) das „Aus-dem-Feld-Gehen" weitgehend ausgeschlossen.
2. Die geschilderte Situation, welche durch eine grafische Darstellung veranschaulicht war – so wurde vermutet – stiftet eine günstige erfolgs- und handlungsorientierende Motivkonstellation (Neugier, Hilfsbereitschaft, Solidarität).
3. Der Inhaltsbereich ist hinreichend neu und unvertraut.

Durch die drei genannten Vorzüge der Aufgabe darf nach Hasselhorn (1992) erwartet werden, dass hier die Anwendung von Strategien einen positiven, leistungsfördernden Einfluss auf das Problemlösen besitzt.

Das Lösen des Problems wurde in Einzeluntersuchungen realisiert und mit Hilfe der Videotechnik aufgezeichnet. Es erfolgte im Rahmen eines heuristischen (Unterrichts-) Gesprächs, wobei festgelegte Interventionsmodi das Lern-Lehr-Geschehen steuern sollten. Insbesondere wurde den Schülern das für die Lösung des Problems erforderliche Wissen über zu Grunde liegende Begriffe und Zusammenhänge bei Bedarf in Form von Lösungskärtchen verbal oder bildlich im Sinne von Lösungshilfen präsentiert und auf diese Weise verfügbar gemacht.

Untersucht wurden 234 Schüler (122 Mädchen, 112 Jungen, Klasse 4 – 72 Schüler; Klasse 6 – 88 Schüler, Klasse 8 – 74 Schüler). Untersuchungszeitraum war der Spätherbst 1994.

Die Problembearbeitung konnte sich – je nach Wunsch der Kinder – im Grad der angestrebten Selbstständigkeit und im gewählten Anreizfokus unterscheiden. Die Kinder konnten zunächst wählen zwischen:

a) einer Lösung ohne Hilfe,

b) einer Lösung mit der Hilfe, Fragen an den Versuchsleiter stellen zu können,

c) einer Lösung mit zusätzlichen Lösungshilfen (in Form der Lösungskärtchen).

Zum anderen beinhaltete die Lösungsvariante c) zwei Möglichkeiten der Hilfenwahl, zwischen denen gewechselt werden konnte: Es konnte gewählt werden zwischen 1. Fragen zur Lösung und 2. den Antworten auf diese Fragen. Die Fragen lassen einen lösungsprozess-, die Antworten eher einen ergebnisorientierten Anreizfokus vermuten.

Anhand der erhobenen Daten wurde das Lösungsverhalten der Probanden beurteilt nach:

- dem Grad angestrebter Selbstständigkeit bei einer typischen unterrichtlichen Lernanforderung – dem Lesen – und einer, so vermutet, eher untypischen Lernanforderung – dem Problemlösen,
- dem Frageverhalten und bevorzugten Anreizfokus,
- der Güte der Lösung – gemessen an der Schrittzahl (bzw. der Anzahl zur Lösung erforderlicher Hilfen) und
- besonderen Merkmalen des Lösens (Lösen auf Anhieb, Verfügbarkeit lösungsrelevanten Wissens, Raten als Lösungsstrategie).

Die Lösungsstrategien konnten demnach in den Merkmalen

a) Selbstständigkeit (Wahl der Lösungsmöglichkeiten A, B, C),

b) Anreizfokus (Ergebnis-; Prozessorientiertheit – Hilfenwahl),

c) Lösungsgüte (Anzahl der zu bearbeitenden Regelkreise und Art der benutzten Hilfen) sowie

d) Lösen auf Anhieb, Verfügbarkeit lösungsrelevanten Wissens, Raten

unterschieden werden.

Neben diesen, direkt im Zusammenhang mit dieser Teiluntersuchung erhobenen Daten, standen die Daten aus den Untersuchungen von Lompscher (1996) sowie Artelt und Schellhas (1996) zur Verfügung. Diese beziehen sich auf die Variablen Intelligenz (Verbalteil des KFT), Angst (AFS – Prüfungsangst, Manifeste Angst, Soziale Erwünschtheit und Schulunlust), Selbstwirksamkeitsüberzeugungen und Leistungsmotivation sowie Lernstrategien (ein von Lompscher 1995 speziell entwickelter und erprobter Fragebogen „Wie lernst Du?"). Darüber hinaus wurde versucht, anhand der Beobachtung und Bewertung der Merkmale – Kontakt zum Versuchsleiter, Blickkontakt während der Lösung, Hinwendung zum Text, Gesprächscharakter, Selbstberuhiger, Aufregung am Anfang und am Ende der Untersuchung, Hemmung am Anfang und am Ende der Untersuchung, Ablenkbarkeit und Leistungsdruck – die Untersuchungssituation einzuschätzen (vgl. Giest 1996a).

Die Transkription der Videoaufzeichnungen steht noch aus, so dass an dieser Stelle nicht über darauf fußende Analysen von Strategien beim Problemlösen berichtet werden kann.

6.3.4. Ausgewählte Ergebnisse der Untersuchung

Besonderheiten der Orientierung beim Bewältigen der Problemaufgabe

Wir fragten zunächst, ob es Unterschiede in der Orientierung in einer typisch schulischen Anforderung gegenüber der gestellten Problemanforderung gab. Hieraus war u. a. zu schlussfolgern, welchen Einfluss der Unterricht auf das Bewältigen der von uns gestellten Problemaufgabe hat.

Leseverhalten

Eine typische schulische Lernanforderung ist das Lesen. Wir fragten nach der angestrebten Selbstständigkeit beim Lesen. Den Kindern wurde deshalb angeboten, den Aufgabentext

- selbst zu lesen (höchste Ausprägung des Merkmals),
- gemeinsam mit dem Versuchsleiter zu lesen (mittlere Ausprägung),
- sich vorlesen zu lassen (geringe Ausprägung des Merkmals).

Tabelle 24: Angestrebte Selbstständigkeit beim Lesen des Aufgabentexts

in %	Gesamt	Mädchen	Jungen	Klasse 4	Klasse 6	Klasse 8
Vorlesen	21	24	19	32	16	18
Mitlesen	15	20	11	15	19	11
Selbst lesen	63	56	70	53	65	71

In der Tabelle 24 sind Besonderheiten des Leseverhaltens in der untersuchten Stichprobe dargestellt. Jungen lesen in der untersuchten Situation selbstständiger als Mädchen, die Unterschiede zwischen den Klassen 4, 6 und 8 lassen einen Entwicklungseffekt vermuten. Statistisch relevante Unterschiede (Kruskal-Wallis-Test; Mann-Whitney U) bestehen zwischen den Klassen (p = .024; Klasse 4 zu 8 – p = .041) und den schulischen Leistungsgruppen[39] (p = .026 – nicht in der Tab. 9 dargestellt). In dieser Leistungseigenschaft unterscheidet sich die Stichprobe in Stadt und Land (Stadtkinder lesen signifikant selbstständiger p = .025). Insgesamt belegt die Varianzanalyse (einfach mehrfaktorielle ANOVA) einen signifikanten Haupteffekt (p <= .001), der vor allem auf die Faktoren schulische Leistung (p = .001) und Klasse (p = .002) zurückzuführen ist.

---

[39] Anhand des Notendurchschnitts gebildet aus den Fächern Deutsch, Mathematik, Sachunterricht bzw. den natur- und gesellschaftswissenschaftlichen Fächern in den Klassen 6 und 8 wurde eine Drittelung der Stichprobe vorgenommen.

Wir gingen anschließend der Frage nach, ob schulische Leistungen mit dem Selbstvertrauen zusammenhängen. Die Abbildung 20 vermittelt einen Überblick über die Beziehung zwischen schulischer Leistung (hier bezogen auf die Deutschnote), Klasse und Geschlecht.

Abbildung 20: Beziehung zwischen Deutschnote, Klasse und Geschlecht

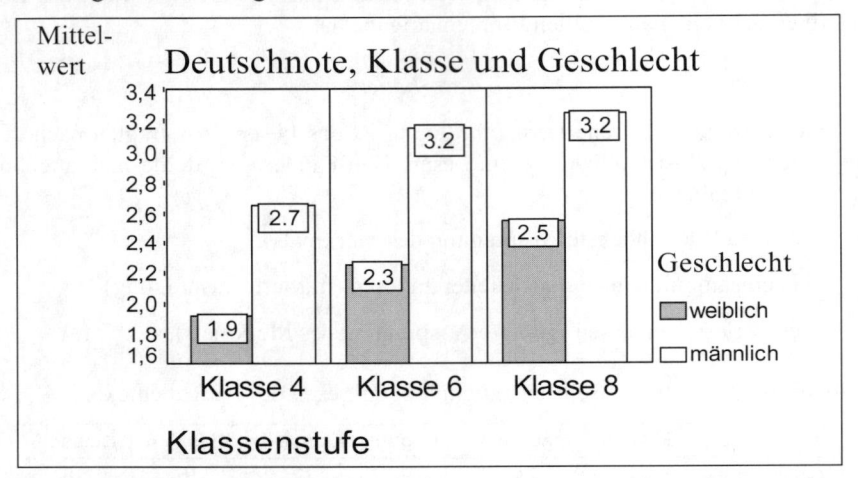

Die Prüfung der Daten bezogen auf die unabhängige Variable Klasse (ONE-WAY-ANOVA) ergab signifikante Unterschiede ($p < .05$) zwischen Klasse 8 und den Klassen 4 und 6. Die Prüfung der Mittelwertunterschiede (t-Test) bezogen auf den Faktor Geschlecht erbrachte signifikante Unterschiede zwischen Mädchen und Jungen insgesamt ($p \leq .001$) sowie innerhalb aller untersuchten Klassenstufen (Klasse 4 – $p = .001$; Klasse 6 – $p \leq .001$; Klasse 8 – $p = .001$).

Die Analyse des Leseverhaltens stützt die Hypothese, dass Unterricht einen nachweisbaren Einfluss auf die in ihm geförderten Leistungseigenschaften hat. Bemerkenswert ist jedoch eine festzustellende Diskrepanz zwischen dem Selbstvertrauen beim Lesen und der schulischen Leistung.[40] Glücklicherweise, so darf man wohl anhand der Daten vermuten, wächst das Selbstvertrauen der Schüler mit der Klassenstufe, obwohl die in den Noten dokumentierte schulische Leistung sinkt. Dieser Sachverhalt gilt vor allem für Jungen. Bei den Mädchen ließ sich ein schwacher, wenn auch signifikanter Zusammenhang zwischen der Deutschnote und dem Leseverhalten feststellen ($r = .21$; $p = .022$). Jungen scheinen trotz er-

---

[40] Es darf an dieser Stelle allerdings nicht unerwähnt bleiben, dass in die Deutschnote nicht nur das hier untersuchte Leseverhalten als Leistungseigenschaft eingeht.

heblich geringerer schulischer Leistungen (das gilt nicht nur für das Schulfach Deutsch) ein höheres Selbstvertrauen als Mädchen zu entwickeln (vgl. Horstkemper 1987).

An dieser Stelle sollte erwähnt werden, dass auch die weiter unten diskutierten, in der Untersuchung erfassten Merkmale des Problemlösens – angestrebte Selbständigkeit ($r = .25$; $p <= .001$) als auch die Güte der Problembearbeitung ($r = .14$; $p = .038$) – zwar schwach, aber signifikant mit dem Leseverhalten korrelieren. Wer selbstständiger liest, löst in der Regel die Problemaufgabe selbstständiger und auch besser.

Angestrebte und realisierte Selbstständigkeit

Ein angemessen hohes Selbstvertrauen wirkt sich fördernd auf das Problemlösen bzw. generell auf die schulischen Leistungen aus (Helmke 1992b). Ein Merkmal, mit welchem das Vorgehen beim Problemlösen beschrieben werden kann, ist der Grad der angestrebten Autonomie beim Lösen. Die von den Schülern gewählten, unterschiedlichen Vorgehensweisen bei der Problembearbeitung lassen sich in einem Maß (Rangplätze für die angestrebte Selbstständigkeit) erfassen: Dem Rangplatz 1 entspricht dabei die Lösung auf *Anhieb* (also eine intuitive Lösung ohne bewusste Wahl des Vorgehens bei der Problembearbeitung), dem Rangplatz 2 (Wahl A) die selbstständige Lösung, dem Rangplatz 3 (Wahl B) die Lösung mit der Möglichkeit, Fragen an den Versuchsleiter stellen zu können sowie dem Rangplatz 4 (Wahl C) die Problembearbeitung gemeinsam mit dem Versuchsleiter. In der Tabelle 25 sind die Ergebnisse dargestellt.

Tabelle 25: Angestrebte Selbstständigkeit (Selbstvertrauen) beim Problemlösen

Lösungsvariante	Gesamt	Mädchen	Jungen	Klasse 4	Klasse 6	Klasse 8
Anhieb	5%	3%	8%	7%	1%	8%
Wahl A	6%	5%	6%	7%	3%	7%
Wahl B	27%	21%	34%	35%	21%	28%
Wahl C	62%	71%	52%	51%	75%	57%

Deutliche – d. h. signifikante – Unterschiede bestehen zwischen den Klassen ($p = .01$) und den Geschlechtern ($p = .031$). Jungen besitzen offenbar ein größeres Selbstvertrauen und streben eine selbstständigere Lösung an. Die Klassen 4 und 8 sind in diesem Merkmal vergleichbar. Anders als beim Leseverhalten stützen die erhobenen Daten zum Selbstständigkeitsstreben beim Problemlösen eine Hypothese im Hinblick auf Entwicklungseffekte nicht. Wenn die Klassen 4 und 8 bezogen auf das erhobene Merkmal vergleichbar sind, sollte eher die Stagnation der zu Grunde liegenden Leistungseigenschaft vermutet werden. Diese Vermutung stiftet allerdings eine eher pessimistische Perspektive auf die Wirkungen des Unterrichts bezüglich der hier untersuchten Komponente des Problemlösens.

Es besteht ein signifikanter Zusammenhang zwischen der angestrebten Selbstständigkeit und der Güte der Problembearbeitung (r = .38; p <= .001); die verschiedenen Selbstständigkeitsgruppen (Anhieb – Wahl C) unterscheiden sich signifikant voneinander bezüglich der Lösungsgüte: Wer mehr Selbstvertrauen besitzt, löst in der Regel besser (vgl. Helmke 1992a, b).

Die Varianzanalyse belegt einen signifikanten Haupteffekt (p = .001), der vor allem auf die Faktoren Klasse (p = .002) und Geschlecht (p = .007) zurückzuführen ist. Dabei ist eine deutliche Interaktion zwischen Klasse und Geschlecht zu verzeichnen (p = .008). Diese veranlasste uns zu differenzierten Analysen der Variablen Geschlecht und Klasse (vgl. Abb. 21).

Abbildung 21 a, b: Vergleich der angestrebten Selbstständigkeit bei Mädchen und Jungen

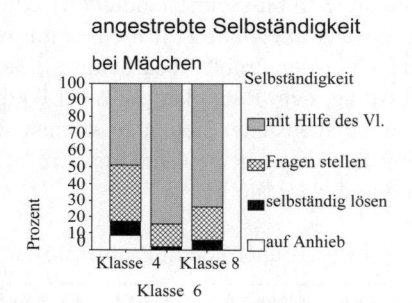

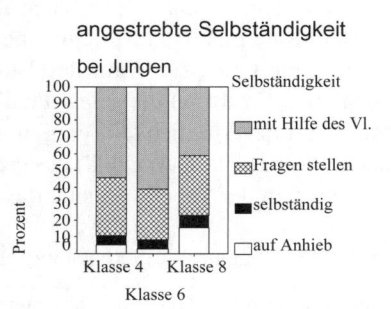

Bei den Jungen zeigte sich mit Ausnahme der Klassen 6 zu 8 (p = .043) kein signifikanter Unterschied beim Streben nach einer selbstständigen Lösung, wohl aber bei den Mädchen (p = .0007) – hier nun auch wieder mit Ausnahme der Klassen 6 zu 8 (4 zu 6 – p <= .0001 und 4 zu 8 – p = .02). Das Bild ist komplementär: Bei Jungen wächst offenbar das Selbstvertrauen mit dem Alter, während es bei den Mädchen, bezogen auf die geprüfte Anforderung, eher zurück geht. Besonders deutlich wird dies bei den Mädchen der 6. Klassen. (Es ergibt sich die Frage, ob dies Ausdruck der Labilisierung der Mädchen infolge der Pubertät und / oder der bevorstehenden Schullaufbahnentscheidung und der damit zusammenhängenden Verunsicherung – höhere Anforderungen durch Lehrer, Leistungsdruck – ist. Zu beachten ist ferner, dass vor allem von Klasse 4 zu Klasse 6 der

Notendurchschnitt besonders stark ansteigt, bei Mädchen von 1.8 auf 2.3, bei Jungen von 2.3 auf 2.9. Da Mädchen jedoch signifikant höhere Werte bei der Testung der Leistungsmotivation erzielten als Jungen (t = -2.2; p = .029), zudem ein Zusammenhang zwischen Selbstvertrauen und schulischer Leistung nur bei den Mädchen festgestellt werden konnte, lässt sich die Hypothese von der stärkeren Labilisierung der Mädchen durch die Verschlechterung der schulischen Noten anhand der erhobenen Daten stützen.)

Betrachtet man die erreichte Selbstständigkeit (hier erfassen die oben beschriebenen 4 Rangplätze nicht den Wunsch, sondern spiegeln das reale Lösungsgeschehen wider), so sind Unterschiede zwischen den Klassen (p = .005) und den Geschlechtern (p = .06) auffällig.

An dieser Stelle soll auf die Ergebnisse einer Varianzanalyse der erreichten Selbstständigkeit mit den Faktoren Geschlecht, Klasse, Ort, Leistungsgruppe hingewiesen werden. Es zeigte sich ein signifikanter Haupteffekt (p = .019), der aber hier nicht auf den Faktor Geschlecht, sondern auf die Klasse (p = .018) zurückzuführen war. In diesem Zusammenhang gab es eine Interaktion zwischen Geschlecht und Klasse (p = .018) (vgl. Abb. 22).

Abbildung 22 a, b: Real erreichte Selbstständigkeit bei Mädchen und Jungen

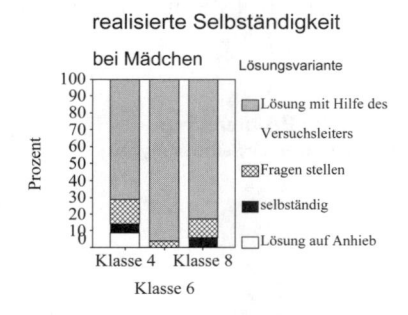

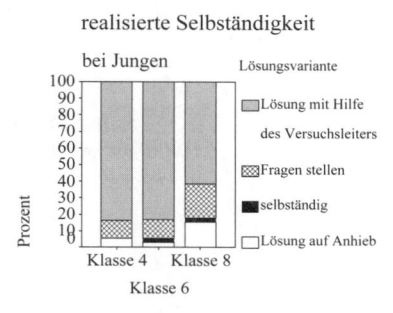

Während bei den Mädchen der Unterschied zwischen Klasse 4 und 6 hochsignifikant (p = .0009) ist, besteht hier kein signifikanter Unterschied bei den Jungen. Hauptsächlich die Mädchen der 6. Klassen haben im Vergleich zur Klasse 4 einen deutlichen Leistungs- und Selbstvertrauenseinbruch. Auffällig ist, dass in den Klassen 6 und 8 kein Mädchen auf Anhieb zur Lösung gelangt (daher die fehlende Gruppe Lösung auf Anhieb). Ebenso fehlt bei den Mädchen 6. Klassen die selbstständige Lösung (Rangplatz 2). Bei den Jungen bestehen deutliche Unterschiede zwischen Klasse 6 und Klasse 8 (p = .03), ohne dass ein Einbruch in Klasse 6 erfolgt.

Interessanter wird in diesem Zusammenhang die Frage, wie sich angestrebte und realisierte Selbstständigkeit zueinander verhalten. Aus der Antwort lassen sich Schlussfolgerungen auf die Realistik des Selbstbildes bezüglich der hier geforderten Leistungseigenschaft ziehen. Die Tabelle 26 enthält die Mittelwerte und Abbildung 23 die Differenz zwischen angestrebter und realisierter Selbstständigkeit – sie kann als Maß für die Selbstüberschätzung in der geprüften Anforderungssituation gewertet werden.

Tabelle 26: Mittelwerte angestrebter und erreichter Selbstständigkeit (Es wurden die Mittelwerte der Rangreihen 1-4 / Lösungsvarianten – vgl. Tab. 25 / berechnet.)

	Gesamt	Klasse 4	Klasse 6	Klasse 8	Mädchen	Jungen	LG I	LG II	LG III
Angestrebte Selbstständigkeit	3.46	3.3	3.69	3.34	3.61	3.29	3.41	3.42	3.55
Erreichte Selbstständigkeit	3.67	3.61	3.88	3.51	3.77	3.58	3.64	3.67	3.73

Abbildung 23: Mittelwerte der Selbstüberschätzung beim Problemlösen (LG – Leistungsgruppe)

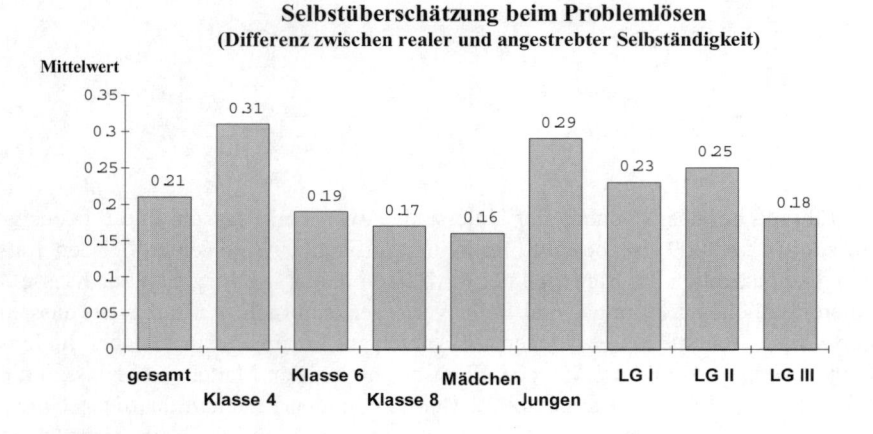

Selbstüberschätzung beim Problemlösen
(Differenz zwischen realer und angestrebter Selbstständigkeit)

Kategorie	Mittelwert
gesamt	0.21
Klasse 4	0.31
Klasse 6	0.19
Klasse 8	0.17
Mädchen	0.16
Jungen	0.29
LG I	0.23
LG II	0.25
LG III	0.18

Vergleicht man angestrebte und realisierte Selbstständigkeit, so fällt für die Gesamtstichprobe der hochsignifikante Unterschied auf ($z = -6.24$, $p <= .0001$). Die deutlichen, allerdings auf Grund der geringeren Gruppengröße nur bei den Geschlechtern signifikanten ($z = -2.02$; $p = .043$) Unterschiede zwischen Wunsch und Realität, was die Selbstständigkeit bei der Lösung betrifft, verweisen doch insgesamt auf ein eher unrealistisches Selbstbild. Vor allem bei Jungen wirkt die große Differenz zwischen Wunsch und Realität leistungshemmend (vgl. Abb. 24). Obwohl sich auf Grund der nun doch recht kleinen Gruppen keine statistisch relevanten Unterschiede sichern ließen, so war doch festzustellen, dass vor allem Jungen mit einem Notendurchschnitt über 3.9 deutlich schlechter lösten als Mädchen mit vergleichbaren Leistungen. Genau das Gegenteil war übrigens für den Notendurchschnitt kleiner als 2.0 festzustellen. Hier lösten die Jungen besser als die Mädchen.

Abbildung 24: Angestrebte und realisierte Selbstständigkeit beim Problemlösen

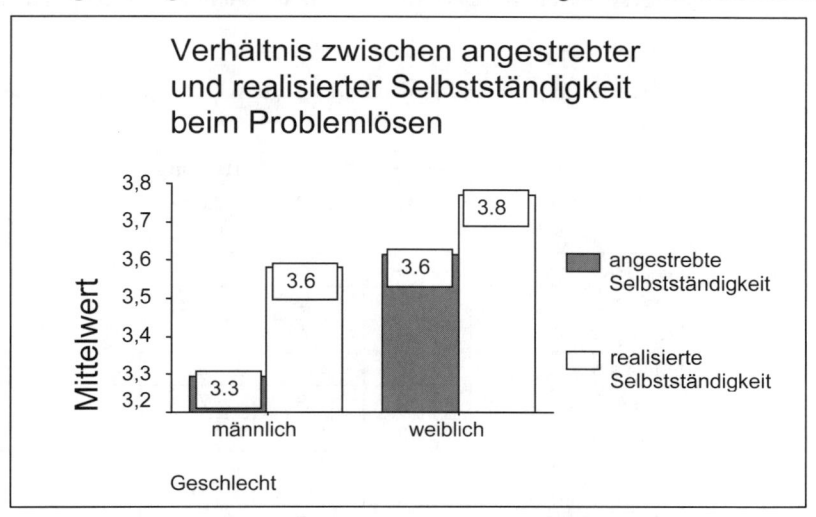

Jungen haben insgesamt ein höheres Selbstvertrauen als Mädchen, welches sich auch, wie man nach Helmke (1992a) erwarten kann, in der Leistungsgüte niederschlägt. Insgesamt ist im Unterschied zur typischen Lernanforderung Lesen kein signifikanter Unterschied zwischen den drei Klassenstufen festzustellen. Dieses Ergebnis wird jedoch teilweise durch die relativ negativen Befunde bei den Mädchen 6. und 8. Klassen bewirkt. Auf die Auswirkungen eines unrealistischen Selbstbildes vor allem bei Jungen mit geringer schulischer Leistung ist weiter oben hingewiesen worden.

Besonderheiten der Bearbeitung der Problemaufgabe

Güte der Problembearbeitung

Die Tabelle 27 gibt einen Überblick über die Mittelwerte und Standardabweichungen bei der Problembearbeitung. Der Berechnung wurde ein Maß zu Grunde gelegt, welches den Lösungsverlauf anhand der notwendigen Hilfestellungen abbildet. Dazu wurden die Lösungsvarianten gewichtet (A sowie Lösung auf Anhieb – 1 Punkt, B – 2 Punkte, C – 3 Punkte) und sämtliche Schritte des Lösungsverlaufs (pro Hilfestellung 1 Punkt) in einem Summenwert zusammengefasst. Die Güte der Problembearbeitung wird hier also auf die Anzahl der zur Lösungsfindung benötigten Hilfen bezogen. Um eine Beziehung zu den schulischen Leistungen herstellen zu können, sind die Daten auf ein Intervall von 1 bis 6 abgebildet worden, so dass die Mittelwerte analog zu Notendurchschnitten interpretierbar sind. Eine qualitative Auswertung der Problembearbeitung ist nur im Zusammenhang mit der differenzierten Analyse der Video-Aufzeichnungen möglich und steht noch aus.

Tabelle 27: Mittelwerte und Standardabweichungen der Güte der Problembearbeitung

	Güte der Problembearbeitung		
	Mean	Std Dev	Cases
Gesamt	2.77	1.67	234
Jungen	2.66	1.76	112
Mädchen	2.87	1.59	122
Klasse 4	2.90	1.78	72
Klasse 6	2.88	1.49	88
Klasse 8	2.50	1.76	74
Leistungsgruppe I	2.62	1.70	78
Leistungsgruppe II	2.90	1.61	78
Leistungsgruppe III	2.78	1.72	78

Als Trend lassen sich zwar Unterschiede zwischen den Geschlechtern feststellen (Jungen lösen besser als Mädchen, die Klasse 8 besser als die Klassen 4 und 6, die Leistungsgruppe I besser als II und III). Dennoch sind diese Unterschiede nicht statistisch relevant. Das ist einigermaßen verwunderlich, liegen doch immerhin 4 Schuljahre zwischen den Klassen 4 und 8. Dieses Ergebnis stützt unsere Hypothese, dass Unterricht kaum einen Einfluss auf die Entwicklung der Fähigkeit zur Lösung des geprüften Problems ausübt.

Mittels Varianzanalyse lässt sich ein signifikanter Haupteffekt (p = .03) bezogen auf die jeweils untersuchten Variablen (Schulart, Ort, Notendurchschnitt, Klasse, Geschlecht) feststellen. Dieser ist jedoch hauptsächlich auf den Faktor schulische Leistung (p = .012) zurückzuführen. Auf die Zusammenhänge zwischen Selbstständigkeit und Güte der Problembearbeitung ist oben schon eingegangen worden.

Besondere Lösungsmerkmale

Als besondere Lösungsmerkmale wurden die Variablen *Lösung auf Anhieb* (Ausdruck der Kreativität oder Intuition – vgl. Weinert 1994, Dörner, Kreuzig, Reither und Stäudel 1994), die Notwendigkeit der Darbietung bzw. Klärung des Konzepts *Grundwasser* – entspricht dem Aspekt des Vorwissens, des konzeptuellen Kontexts (vgl. Weinert & Helmke 1994) sowie das *Raten* – entspricht einer häufig gut beobachtbaren Strategie des Problemlösens, ausgegliedert.

Die Abbildung 25 enthält die besonderen Lösungsmerkmale. Erfasst wurden die Gesamtstichprobe, Klassen, Leistungsgruppen und Geschlechtergruppen.

Abbildung 25: Besondere Lösungsmerkmale bei der Bewältigung der Problemanforderung

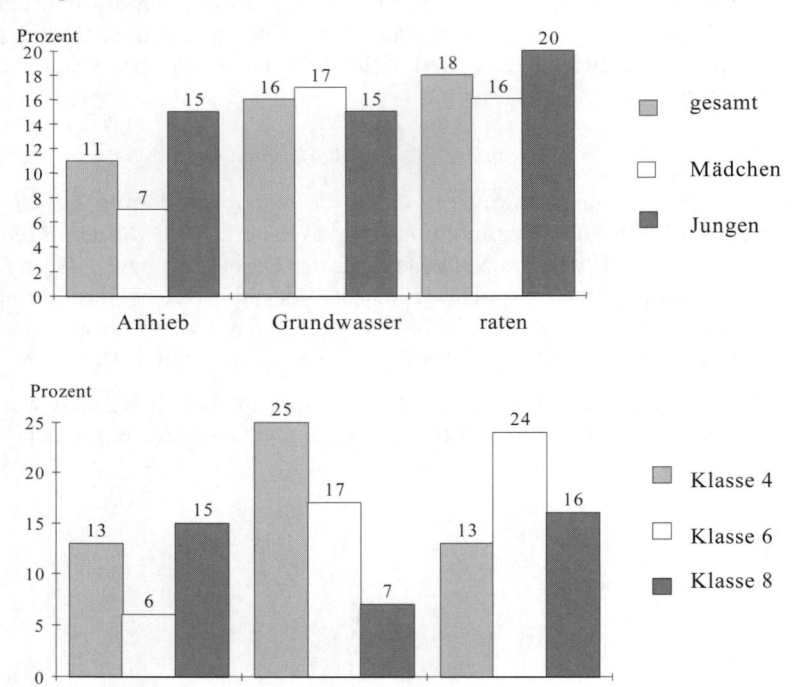

Jungen lösen intuitiver, kommen eher auf Anhieb zur Lösung. Hier besteht ein signifikanter Unterschied zu den Mädchen (Mann-Whitney U – Wilcoxon – p = .015). Die Mädchen verfügen weniger über das Konzept Grundwasser, wenngleich hier der Unterschied nicht signifikant ist. Die Unterschiede zwischen den Klassen beziehen sich vor allem auf die Verfügbarkeit des Konzeptes Grundwasser (signifikanter Unterschied p = .0113 zwischen Klassen 4 und 8). In der Klasse 4 muss 25% der Probanden Grundwasser erklärt werden, in Klasse 6 17% und in Klasse 8 7%. Der fehlende signifikante Unterschied bei der Lösung auf Anhieb ist auf die Interaktion zwischen Geschlecht und Klasse zurückzuführen. Erstaunlich ist die, wenn auch nicht signifikante, Zunahme des Ratens besonders von Klasse 4 nach Klasse 6, was in einem gewissen Gegensatz zu früheren Untersuchungen steht (vgl. Giest 1994b).

Abbildung 26 a, b: Besondere Lösungsmerkmale bei Mädchen und Jungen

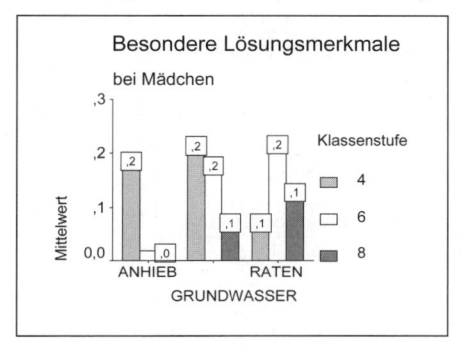

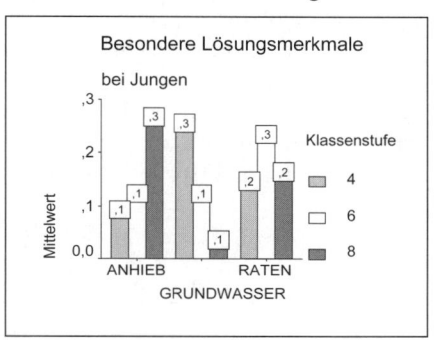

Die Analyse der besonderen Lösungsmerkmale in den einzelnen Klassenstufen, getrennt nach dem Geschlecht (vgl. Abb. 26), erbrachte einerseits bei Jungen mehr Raten als bei Mädchen (der Unterschied war jedoch nicht signifikant – da die Stichprobe in diesen Untergruppen relativ klein ist, teile ich diese Ergebnisse dennoch mit), signifikante Unterschiede bei der Präsenz des Konzepts Grundwasser mit Vorteil der Jungen 6. und 8. Klassen (wenngleich nur der Unterschied zwischen den Klassen 4 und 8 signifikant war) und eine uneinheitliche Tendenz beim Raten ohne signifikante Unterschiede. Bei den Mädchen konnte ein signifikanter Unterschied zwischen den Klassen 4 und 6 sowie 8 bei der Lösung auf Anhieb festgestellt werden. Während in Klasse 4 noch mehr Mädchen als Jungen auf Anhieb das Problem lösen, geht der Prozentsatz in den Klassen 6 und 8 drastisch zurück. Jetzt haben die Jungen einen deutlichen Vorteil. Alle anderen Unterschiede bei der Gruppe der Mädchen sind nicht signifikant, wenngleich zu bemerken ist, dass nach Klasse 8 hin das Konzept Grundwasser besser verfügbar ist.

Die mehrfaktorielle Varianzanalyse des Zusammenhangs zwischen der abhängigen Variablen (Güte der Problembearbeitung) und den hier ausgegliederten Faktoren (besondere Lösungsmerkmale) zeigt einen signifikanten Haupteffekt ($p \leq .0001$), welcher hauptsächlich auf die Variablen Anhieb ($p \leq .0001$) und Grundwasser ($p = .026$) zurückzuführen ist. Dies belegt den Einfluss der kreativen Lösungshaltung (Intuition) und der Verfügbarkeit relevanter Konzepte auf die Güte der Problembearbeitung. Was das Raten als Lösungsmerkmal betrifft, so scheinen die Daten gegen die geringe Effizienz dieser Lösungsstrategie zu sprechen. Dies jedoch nur auf den ersten Blick. Die sorgfältige Analyse offenbart die Gleichzeitigkeit besserer Problembearbeitung (Durchschnittswert ist niedrig) ohne Raten in der Leistungsgruppe I (besonders bei Jungen ausgeprägt) sowie besserer Problembearbeitung beim Raten in der Leistungsgruppe III (vgl. Tabelle 28). Insgesamt ist jedoch die Güte der Problembearbeitung besser (niedrige

Werte), wenn nicht geraten wird. Signifikante Korrelationen zwischen Raten und Güte der Problembearbeitung konnten jedoch nicht festgestellt werden. Ursache hierfür dürfte der geringe Umfang der zu prüfenden Untergruppen sein.

Tabelle 28: Mittelwerte und Standardabweichungen für die Güte der Problembearbeitung bezogen auf beobachtetes bzw. nicht beobachtetes Raten bei den Leistungsgruppen I und III sowie bei den Geschlechtergruppen

	Güte der Problembearbeitung		
	Mean	Std Dev	Cases
Gesamtstichprobe	2.77	1.67	234
RATEN nicht beobachtet	2.69	1.67	192
RATEN beobachtet	3.10	1.65	42
Leistungsgruppe I	Jungen		
RATEN nicht beobachtet	2.22	1.51	22
RATEN beobachtet	4.18	2.05	4
	Mädchen		
RATEN nicht beobachtet	2.52	1.62	46
RATEN beobachtet	3.79	2.09	6
Leistungsgruppe III	Jungen		
RATEN nicht beobachtet	2.80	1.91	37
RATEN beobachtet	2.49	1.85	10
	Mädchen		
RATEN nicht beobachtet	3.00	1.51	26
RATEN beobachtet	2.06	.93	5

Abschließend sei der Zusammenhang der untersuchten Komponenten: angestrebte Selbstständigkeit, erreichte Selbstständigkeit, Selbstüberschätzung, Anreizfokus (prozess- bzw. ergebnisorientierte Hilfen), Intuition (Lösung auf Anhieb) und Vorwissen (Notwendigkeit der Darbietung des Konzepts Grundwasser) im Überblick kurz dargestellt.

Tabelle 29: Korrelation zwischen Güte der Problembearbeitung und den untersuchten Komponenten

Untersuchte Komponente	Korrelationskoeffizient	N	Signifikanz
1. Lösung auf Anhieb	-.47	234	.001
2. Darbietung des Konzepts Grundwasser	.19	234	.004
3. Lösungsprozessorientierte Hilfen	.45	234	.001
4. Ergebnisprozessorientierte Hilfen	.10	234	.143
5. Raten	.10	234	.117
6. Angestrebte Selbstständigkeit	.38	234	.001
7. Erreichte Selbstständigkeit	.58	234	.001
8. Selbstüberschätzung	.25	234	.001

(Anmerkung: Bei der Interpretation der Korrelationskoeffizienten ist zu beachten: 1., 2., 3., 4., 8. – hohe Werte bei der Variablen entsprechen einer hohen Ausprägung des Merkmals; Güte der Problemlösung, 6., 7. – hohe Werte entsprechen einer geringen Ausprägung des Merkmals)

Bedingt durch die Konstruktion der Maße für die Güte der Problembearbeitung und der angestrebten sowie erreichten Selbstständigkeit bedeuten hier hohe Werte eine geringe Leistung. Die festgestellten Zusammenhänge zwischen der Selbstständigkeit beim Problemlösen und der Güte der Problembearbeitung sprechen für die Bedeutung eines gesunden, aber realistischen Selbstvertrauens beim Problemlösen. Das unterstreicht auch der Zusammenhang zwischen der Selbstüberschätzung und der Güte der Problembearbeitung. Hier bedeutet jedoch eine positive Korrelation, dass eine hohe Selbstüberschätzung mit geringer Güte der Problembearbeitung zusammenhängt. Die Notwendigkeit der Darbietung des Konzepts Grundwasser hängt mit einer geringeren Güte bei der Problembearbeitung zusammen, umgekehrt ist der Zusammenhang mit der Lösung auf Anhieb. Dass lösungsprozessorientierte Hilfen nicht zu einer besseren Lösung führen, ist an dieser Stelle inhaltlich nicht plausibel zu erklären, hängt aber offenbar damit zusammen, dass Mädchen signifikant leistungsmotivierter und, wenn auch nicht signifikant, so tendenziell mehr lösungsprozessorientiert vorgehen wollen, gleichzeitig jedoch weniger gut das Problem lösen. Offensichtlich erweisen sich Intuition, Selbstvertrauen und Vorwissen als sicherere Prädiktoren für den Erfolg beim Problemlösen als das Anwenden lösungsförderlicher Problemlösestrategien. Andererseits haben die im Zusammenhang mit dieser Untersuchung durchgeführten Analysen zur Rolle der Lernstrategien im Handeln der Schüler gezeigt, dass es hier gerade erhebliche Defizite gibt. Insofern kann die Orientierung auf eine Anwendung einer an sich leistungsfördernden Strategie, wenn sie nicht beherrscht wird, das Finden einer adäquaten Problemlösung behindern.

Untersuchungssituation

Die gesamte Untersuchung belegte die Bedeutung des Selbstvertrauens der Schüler als Voraussetzung für eine positive Leistung beim Problemlösen. Mädchen und Jungen unterschieden sich hierin beträchtlich. Es erschien deshalb sinnvoll, etwaigen Ursachen, die in der Untersuchungssituation liegen, nachzugehen. Insbesondere stellt sich die Frage, ob etwaige geschlechtsbezogene Rollenstereotype auf das Lösungsverhalten durchschlagen. Aus diesem Grund betrachten wir auch die Wirkung der Variablen Geschlecht des Versuchsleiters auf das Lösungsverhalten der Probanden.

Anhand der Beobachtung und Bewertung der Merkmale – Kontakt zur Versuchsleiterin bzw. zum Versuchsleiter, Blickkontakt während der Lösung, Hinwendung zum Text, Gesprächscharakter, Selbstberuhiger, Aufregung am Anfang und am Ende der Untersuchung, Hemmung am Anfang und am Ende der Untersuchung, Ablenkbarkeit und Leistungsdruck sollte die Untersuchungssituation eingeschätzt werden. Dazu wurden trainierte Beobachter eingesetzt. Aus den Beobachtungsdaten (dreistufig eingeschätzte Ausprägung der Merkmale) wurden im Rahmen einer Faktorenanalyse drei Faktoren ermittelt, von denen nur einer positive Momente der Untersuchungssituation erfasst (Kontakt zum Versuchsleiter, Blickkontakt, Gesprächscharakter). Diese Beobachtungsdaten wurden vom Summenwert aller beobachteten Merkmale subtrahiert, so dass die Summe ein Maß für die Untersuchungsbelastung darstellt.

Der Unterschied zwischen den Versuchsleitern bezüglich der Wirkung des Faktors Geschlecht auf die Untersuchungssituation war nicht signifikant. Allerdings nahm das Belastungserleben der Probanden nach Klasse 8 zu ab. Bei Frauen gab es einen signifikanten Unterschied zwischen der Klasse 4 zu den Klassen 6 und 8, bei Männern nur zwischen Klasse 4 und 8 (ONEWAY ANOVA, $p < .05$). Die Trends sind jedoch durchaus ähnlich.

Eine Varianzanalyse (die abhängige Variable Untersuchungssituation wurde gegen die Faktoren Klasse, Geschlecht, Versuchsleiter, Leistungsgruppe geprüft) ergab einen signifikanten Haupteffekt ($p <= .026$), der auf die Variable Klasse ($p = .01$) zurückzuführen war. Es gab jedoch eine Interaktion zwischen Geschlecht und Klasse. Diese veranlasste uns wieder zu einer differenzierten Betrachtung der Variablen Geschlecht und Klasse (Abb. 27).

Abbildung 27 a, b: Untersuchungssituation bei Mädchen und Jungen

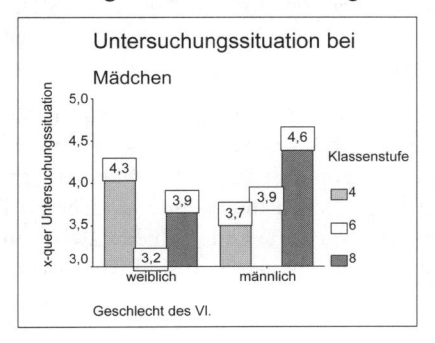

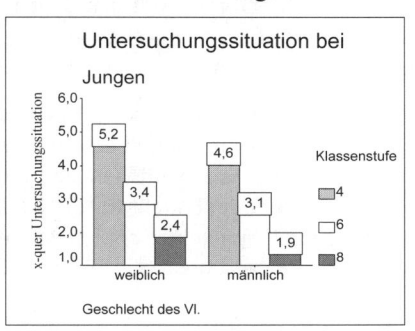

Untersuchungssituation bei Mädchen

weiblich: 4,3 (Klasse 4); 3,2 (Klasse 6); 3,7 (Klasse 8)
männlich: 3,9 (Klasse 4); 3,9 (Klasse 6); 4,6 (Klasse 8)

Untersuchungssituation bei Jungen

weiblich: 5,2 (Klasse 4); 3,4 (Klasse 6); 2,4 (Klasse 8)
männlich: 4,6 (Klasse 4); 3,1 (Klasse 6); 1,9 (Klasse 8)

Bei Mädchen wurden bezüglich der Belastung durch die Untersuchung bei Frauen und Männern als Versuchsleiter keine statistisch relevanten Unterschiede festgestellt. Gleiches gilt auch für Jungen. Diese scheinen zunächst in Klasse 4 die Untersuchung belastender als Mädchen zu erleben. Allerdings geht bei Jungen das beobachtbare Belastungserleben bei Männern ($p = .002$) und Frauen ($p = .003$) als Versuchsleiter zurück (signifikanter Unterschied zwischen den Klassen 4 sowie 6 und 8). Die Unterschiede zwischen Versuchsleiterinnen und Versuchsleitern sind nicht signifikant. Bei Mädchen steigen bei Männern tendenziell (wenn auch nicht signifikant) die Belastungsreaktionen an, während sie bei Frauen leicht (aber auch nicht signifikant) absinken bzw. stagnieren. Interessant ist, dass Jungen bei Frauen die Untersuchung in allen Klassenstufen ein wenig belastender erleben als bei Männern. Mädchen belastet nur in den Klassen 6 und 8 die Anwesenheit eines männlichen Versuchsleiters mehr. In Klasse 4 liegen die Belastungswerte der Mädchen bei Frauen als Versuchsleiter sogar über denen der Männer (es handelt sich hierbei jedoch um keine statistisch zu sichernden Unterschiede).

Vergleicht man Mädchen und Jungen in den einzelnen Klassenstufen bezüglich der Wirkung des Faktors Geschlecht des Versuchsleiters auf die Untersuchungssituation, so sind die Unterschiede bei den Frauen nicht signifikant. Bei Männern als Versuchsleiter fällt ein signifikanter Unterschied zwischen Jungen und Mädchen in der Klasse 8 auf ($p = .005$). Mädchen erleben hier bei Männern die Untersuchung deutlich belastender als Jungen. Der Trend ist gegenläufig: Während bei den Jungen die beobachtbare Belastung in der Untersuchung bei Frauen und Männern mit ansteigender Klassenstufe abnimmt, steigt sie bei den Mädchen bei Männern an. (Anzumerken bleibt, dass es sich bei den Beobachtern um Studentinnen handelte. Es ist nicht auszuschließen, dass eine unbewusste Solidarisierung mit dem eigenen Geschlecht oder die Rückerinnerung an die eigene Schülerinnenposition die Objektivität der Beobachtung beeinträchtigt hat. An dieser Stelle müsste die Beobachtung dazu im Vergleich auch von Männern vorgenommen werden, um diese mögliche Fehlerquelle auszuschließen.)

Vom Faktor Geschlecht des Versuchsleiter wird die Leistungsgüte beim Problemlösen nicht signifikant beeinflusst: Tendenziell werden bei Frauen in den Klassen 4 und 6 von Mädchen und Jungen bessere Werte als bei Männern erreicht. Dies gilt jedoch nicht für die Klasse 8. Hier lösen Jungen und Mädchen bei Frauen generell schlechter als bei Männern und auch die Unterschiede zwischen den Geschlechtergruppen, die für die Gesamtstichprobe deutlich sind, verschwinden.

Faktoren, die das Problemlösen beeinflussen

Die Vielzahl der erhobenen Daten machte eine Datenreduktion erforderlich. Im Rahmen einer Faktorenanalyse (Varimax) über alle oben genannten Variablen konnten 5 Faktoren extrahiert werden. Diese klären 70% der Varianz auf. Es wurden die Faktorenladungen über .5 erfasst, so dass sich folgendes Bild ergibt:

Auf den *Faktor 1* (erklärt 22% der Varianz) laden die mit dem oben erwähnten Fragebogen „Wie lernst Du?" erhobenen Lernstrategie-Variablen – Lerntechniken (.85982); metakognitive Strategien (.84742); Tiefenstrategien (.85853) sowie Oberflächenstrategien (.78163). Diese Variablen haben wir zum Maß *STRATEGIE* zusammengefasst.

Auf den *Faktor 2* (erklärt 20% der Varianz) laden die mit dem Unterricht eng zusammenhängenden erhobenen Variablen der Persönlichkeitseigenschaften – Intelligenz (KFT) (.68127); Leistungsmotivation (.62104); Note (das ist der Notendurchschnitt aus den Hauptfächern – Deutsch, Mathematik, Sachunterricht – Klasse 4 bzw. den gesellschaftswissenschaftlichen bzw. naturwissenschaftlichen Fächern in den Klassen 6 und 8) (-.82470)[41] und Selbstwirksamkeitsüberzeugungen (.69413). Wir haben diesen Faktor *PERSON* bezeichnet.

Auf den *Faktor 3* (erklärt 12% der Varianz) laden die erhobenen Variablen des Problemlösens: Lösungsgüte (.68524); SELB (.88953) und SELBKORR (.94590). Der Faktor erhielt den Namen *PROBLEM*.

---

[41] Die negative Korrelation besagt, dass bessere (niedrigere) Notendurchschnitte mit hohen Werten im Intelligenztest sowie in den entsprechenden Tests zur Erhebung der Leistungsmotivation und des Selbstwirksamkeitsüberzeugungen zusammenhängen.

Auf den *Faktor 4* (erklärt 9% der Varianz) laden die Variablen Schulunlust (.75966), Manifeste Angst (.88323), Prüfungsangst (.80681), so dass ihre Zusammenfassung in der Variablen *ANGST* sinnvoll erschien.

Auf den *Faktor 5* (erklärt 7% der Varianz) laden die Variablen soziale Erwünschtheit (.63460) und die beobachtbare Belastung in der Untersuchungssituation (.70728). Dieser scheint das soziale und kommunikative Moment in der Untersuchung einzufangen und erhielt den Namen *UNTERSUCHUNGSSITUATION*.

Eine Varianzanalyse der extrahierten Faktoren (Strategie, Person, Angst, Untersuchungssituation) bezogen auf die Variable Lösungsgüte zeigt einen signifikanten Haupteffekt (p = .030), der auf den Faktor Untersuchungssituation zurückzuführen ist. Neben dem Selbstvertrauen, der Verfügbarkeit bereichsspezifischen Wissens und effektiven Strategien bei der Informationssuche hängt das hier untersuchte Problemlösen mehr als von Personenmerkmalen und der Angst von der Untersuchungssituation (sozialer Kontext) ab. Dies ist auch für Unterricht von entscheidender Bedeutung, denn analog zur Untersuchungssituation, in der eine bestimmte Art und Weise der pädagogischen Interaktion gestaltet wurde, wird die Unterrichtssituation sich auf den Lernerfolg der Kinder niederschlagen. Je höher die Belastung in der Untersuchungssituation und die Angstwerte, umso schlechtere Werte werden beim Problemlösen erzielt. (Für die Gesamtstichprobe korreliert der Faktor 3 (PROBLEM – Problemlösen – hier bedeuten hohe Werte eine geringe Leistung) mit den Faktoren ANGST (r = .1546; p = .025) und mit Untersuchungssituation (r = .1778; p = .010) schwach aber signifikant.

Insgesamt scheinen die Zusammenhänge zwischen den errechneten Faktoren eher locker zu sein. Diese sind in der Weise zu deuten, dass jemand, der gute personale Lernvoraussetzungen mitbringt, weniger Angst hat und hohe Werte im Strategiefragebogen erreicht, d. h. er ist wenigstens wissensmäßig auf Lernstrategien orientiert. Die Prüfung des Zusammenhangs zwischen den Werten im Strategiefragebogen und tatsächlich beobachtbaren Lernstrategien erbrachte nur bei Mädchen nennenswerte Zusammenhänge (vgl. Giest 1996).

Insgesamt hängt das Problemlösen, welches in unserer Untersuchung erfasst wurde, relativ gering mit den anderen extrahierten Faktoren zusammen. Aus diesem Grund verzichte ich hier darauf, die Ergebnisse der Korrelationsanalyse im Einzelnen mitzuteilen.

Interessanter war die Analyse der extrahierten Faktoren bezüglich der Geschlechtergruppen. Obwohl sich die Geschlechtergruppen, anders als bei der differenzierten Untersuchung der Untergruppen (Klasse, Leistungsgruppe), in viele analysierten Variablen im Hinblick auf die Gesamtstichprobe nicht statistisch relevant unterschieden, zeigte die Analyse der extrahierten Faktoren einen signifikanten Unterschied: Mädchen und Jungen der Gesamtstichprobe unterscheiden sich signifikant voneinander bezüglich der Faktoren Angst, Person und Problem. Das weist darauf hin, dass die häufig im Einzelnen fehlenden Unterschiede in ihrer Kumulation (hier zusammengefasst in Faktoren) durchaus statistisch relevante Unterschiede zwischen den Geschlechtern nachweisen lassen, die im eher ganzheitlichen, komplexen Unterrichtsgeschehen auffällig sind.

Zwei Schlussfolgerungen scheinen plausibel: Zunächst muss das Problemlösen – hier bezogen auf eine einzelne, wenn auch relativ komplexe Aufgabe – als eine eigenständige (evtl. domänenspezifische) Anforderung untersucht werden, die bezogen auf die Gesamtstichprobe von anderen Persönlichkeitseigenschaften bzw. Faktoren relativ wenig abhängig zu sein scheint (vgl. auch Dörner et al. 1994). Andererseits sollten Zusammenhänge zwischen einzelnen Komponenten des Problemlösens und Persönlichkeitseigenschaften an einer größeren Stichprobe differenzierter untersucht werden, weil Unterschiede in Teilstichproben in der Gesamtstichprobe durchaus nivelliert werden können und so scheinbar verschwinden.

6.3.5. Zusammenfassung

Der Vergleich der Besonderheiten bei der Bewältigung einer typisch schulischen gegenüber der Problemanforderung erbrachte, dass bei der im Unterricht geförderten Leistungseigenschaft deutliche Unterschiede zwischen den Klassen für einen Entwicklungseffekt sprechen könnten, der beim Problemlösen ausbleibt, hier wurden keine statistisch relevanten Unterschiede zwischen den Klassen 4, 6 und 8 festgestellt. Wir fanden also die Hypothese des fehlenden Einflusses von Unterricht auf die Entwicklung des Problemlösens zumindest nicht widerlegt.

Für das Problemlösen relevante interindividuell variierende Komponenten sind die angestrebte Selbstständigkeit und ein angemessen hohes Selbstvertrauen, die Intuition und das bereichsspezifische Wissen (Verfügbarkeit lösungsrelevanter Konzepte). Hinzu kommt, was aus Platzgründen nicht dargestellt werden konnte: ein effektives Frageverhalten führt zu besseren Ergebnissen beim Problemlösen. Der vermutete Zusammenhang zwischen Anreizfokus und Güte der Problembearbeitung ließ sich nicht durch Daten belegen. Die Bedeutung der schulischen Leistung für das erfolgreiche Problemlösen (im Übrigen auch der Ergebnisse des KFT) fiel geringer aus als erwartet (insgesamt nicht signifikante Korrelation). Verwunderlich ist allerdings auch das nicht, messen einerseits doch Intelligenztests in der Regel nicht Leistungen im Problemlösen (vgl. hierzu u. a. Gardner

1991, Dörner et al. 1994) und erweist sich andererseits das Problemlösen als untypische Lernanforderung, die demzufolge sich auch in den Noten nicht adäquat niederschlagen kann.

Insgesamt ließ die nachgewiesene Geschlechtsspezifik (schlechtere Ergebnisse bei Mädchen 6. und 8. Klassen im Vergleich zu Mädchen 4. Klassen und zu den Jungen generell) einigermaßen erstaunen. Dies umso mehr, als man in der Literatur zwar Hinweise auf geschlechtsspezifische Leistungsunterschiede in einzelnen Schulfächern, nicht jedoch beim Problemlösen findet (Hagemann-White 1988, Hyde, Fennema & Lamon 1990, Trautner 1993, 1994, Tiedemann & Faber 1994, 1995). Als Hauptfaktor dieser Unterschiede scheint sich das Selbstvertrauen herauszuschälen.

Die differenzierte Untersuchung von Untergruppen sowie die Differenzierung der Unterschiede innerhalb der Geschlechtergruppen vermittelt ein konturiertes und insgesamt uneinheitliches Bild. Plausibel erscheint, dass mit Fortschreiten der Pubertät und der damit verbundenen veränderten Wirkung bio-psycho-sozialer Faktoren Unterschiede zwischen den Geschlechtern zunehmen. Dieser Sachverhalt konnte in der Untersuchung bestätigt werden.

Wenngleich zwar bezogen auf die Gesamtstichprobe die Unterschiede zwischen Mädchen und Jungen, was die Güte der Problemlösung betrifft, statistisch nicht relevant waren, zeigten sich im Einzelnen jedoch deutliche Unterschiede bei einer differenzierten Analyse. Mädchen profitieren offensichtlich mehr vom Unterricht – zumindest erreichen sie bessere Schulnoten und, so darf man vermuten, auch dahinterstehende Leistungen. Gleichzeitig wirkt sich dies nicht in der erwarteten Form auf das Selbstvertrauen aus (Vielleicht fördert ja der Unterricht auch diese Persönlichkeitseigenschaft nicht, sondern fordert eher Anpassung, reproduktives Lernen.). Jungen sind dazu jedoch offensichtlich weniger bereit. Ihr Selbstvertrauen wird durch schlechte Schulnoten weniger beeindruckt, sie trauen sich bei für den Unterricht typischen und den hier geprüften Anforderungen wesentlich mehr zu als Mädchen. Das schlägt sich insgesamt in einer besseren Problemlösefähigkeit nieder – in (wenn auch nicht signifikant) besseren Werten bei der Güte der Problembearbeitung, beim Lösen auf Anhieb (der Intuition – zum Zusammenhang zwischen Nonkonformismus und Intuition – vgl. auch Weinert 1994). Mädchen scheinen durch den in Klasse 6 anwachsenden Leistungsdruck und die damit einhergehende Verschlechterung ihrer Noten stark verunsichert zu sein. Sie erleben geradezu einen Selbstvertrauenseinbruch. Dies sollte zu denken geben und nicht ohne Auswirkungen auf den Unterricht bleiben.[42]

Bei der Untersuchungssituation und dem Einfluss des Geschlechts des Versuchsleiters auf die Untersuchung ergaben sich im Wesentlichen keine statistisch relevanten Unterschiede zwischen den Geschlechtern. Sowohl die Ergebnisse der Problemlöseaufgabe als auch die Belastung durch die Untersuchungssituation ist bei Frauen und Männern vergleichbar, wenngleich auch hier die Analyse der einzelnen Klassenstufen getrennt nach dem Geschlecht besonders in Klasse 8 Unterschiede zu Tage förderte.

Obwohl bei vielen im Einzelnen geprüften Variablen keine signifikanten Unterschiede zwischen den Geschlechtergruppen festgestellt werden konnten, ergab eine auf einer Faktorenanalyse beruhende Maßentwicklung signifikante Unterschiede zwischen Jungen und Mädchen bei allen Maßen mit Ausnahme der *Untersuchungssituation* (hier gingen die o. g. Beobachtungswerte und die Variable soziale Erwünschtheit ein). Geprüft wurden die Maße: Zusammengefasste Ergebnisse des *Lernstrategiefragebogens, Persönlichkeitseigenschaften* (Note, Leistungsmotivation, Intelligenz, Selbstwirksamkeitsüberzeugungen); Ergebnisse beim *Problemlösen* und die drei *Angstwerte* (manifeste Angst, Prüfungsangst, Schulunlust). Dies werten wir als einen Hinweis auf das kumulative Wirken der einzelnen Variablen, welches die täglich beobachtbaren Unterschiede zwischen den Geschlechtern zu erklären vermag.

Mit dem Selbstvertrauen, der Intuition, bereichsspezifischem Wissen, Fragestrategien (im Text selbst nicht differenziert dargestellt) sind Komponenten beschreibbar, mit denen sich Lösungsstrategien unterscheiden lassen. Dies allerdings muss wesentlich differenzierter und anhand einer größeren Stichprobe fortgeführt werden, um zu aussagekräftigeren differentialpsychologischen Ergebnissen bei den untersuchten Untergruppen zu kommen. Hiervon betroffen ist auch die Wirkung der Untersuchungssituation, Angst und personaler Lernvoraussetzungen, welche insgesamt und mit Blick auf Unterschiede zwischen den Klassen, Leistungsgruppen und Geschlechtergruppen eine nicht unbedeutende Wirkung auf den Lernerfolg besitzen. Ihre Beachtung durch den Lehrer im Unterricht ist weitgehend aufgegeben und eine Voraussetzung dafür, Probleme des jahrgangsübergreifenden oder koedukativen Unterrichts zu lösen.

---

[42] Hierzu ist anzumerken, dass unsere Untersuchungen in Berlin bzw. hauptsächlich im Land Brandenburg durchgeführt wurden. In beiden Ländern besteht eine sechsjährige Grundschule, was mit sich bringt, dass die Schullaufbahnentscheidung vor allem in Klasse 6 getroffen wird.

7. Literatur

Ackeren, I. v. & Klemm, K. (2000): TIMMS, PISA, LAU, MARKUS und so weiter. Pädagogik, 12, 10-15.

Ackermann, E. K. (1998): New Trends in Cognitive Development: Theoretical and Empirical Contributions. Learning and Instruction, 8, 4, 375-386.

Aebli, H. (1974): Psychologische Didaktik. Stuttgart: Klett.

Aebli, H. (1987): Grundlagen des Lehrens. Stuttgart: Klett-Cotta.

Allal, L. & Ducrey, P. (2000): Assessment of – or in – the zone of proximal development. Learning and Instruction, 10, 2, 137-152.

Artelt, C. & Schellhas, B. (1996): Zum Verhältnis von Strategiewissen und Strategieanwendung und ihren kognitiven und emotional-motivationalen Bedingungen im Schulalter. Empirische Pädagogik, 10, 3, 277-306.

Baier, H., Frohne, I., Giest, H., Jarausch, H., Koch, I., Schwier, H.-J. & Wittkowske, St. (1994): Rahmenpläne des Heimatkunde- / Sachunterrichts in den neuen Bundesländern – Reflexionen zu Entwicklung und Perspektiven. In R. Lauterbach, W. Köhnlein, I. Koch & G. Wiesenfarth (Hrsg.), Curriculum Sachunterricht (S. 185-208). Kiel: IPN, GDSU.

Bauer, H. F. (1994): Grundlegende Bildung und Fachpropädeutik. In G. Schorch (Hrsg.), Grundlegende Bildung (S. 85-105). Bad Heilbrunn: Klinkhardt.

Baumert, J. & Lehmann, R. u. a. (1997): TIMMS – Mathematisch-naturwissenschaftlicher Unterricht im internationalen Vergleich. Opladen: Leske + Budrich.

Baumert, J., Evans, R. & Geiser, H. (1998): Technical problem solving among 10-year-old students as related to science achievement out-of-school experience, domain-specific control beliefs, and attribution patterns. Journal of Research in Science Teaching (JRST), 35, 9, 987-1013.

Bennett, N. (1979): Unterrichtsstil und Schülerleistung. Stuttgart: Klett.

Berry, D. C., Dienes, Z. (1993): Implicit learning. Theoretical and empirical issues. Hove u. a.: Erlbaum.

Bieber, G. (1999): Praxis integrierter naturwissenschaftlicher Grundbildung (PING) im Unterricht an brandenburgischen Grundschulen – Erfahrungen und Ergebnisse aus dem BLK-Modellversuch. Lern- und Lehr-Forschung, LLF-Berichte Nr. 19, 53-81.

Bildungskommission NRW (1995): Zukunft der Bildung – Schule der Zukunft. Neuwied: Luchterhand.

Bliss, J. (1996): Piaget und Vygotsky: Ihre Bedeutung für das Lehren und Lernen der Naturwissenschaften. Zeitschrift für Didaktik der Naturwissenschaften, 2, 3-16.

BLK (1997): Gutachten zur Vorbereitung des Programms „Steigerung der Effizienz des mathematisch-naturwissenschaftlichen Unterrichts". Bund-Länder-Kommission für Bildungsplanung und Forschungsförderung (BLK), Materialien zur Bildungsplanung und zur Forschungsförderung, Heft 10.

BLK (1998): Gutachten zur Vorbereitung des Programms „Systematische Einbeziehung von Medien, Informations- und Kommunikationstechnologien in Lehr- und Lernprozesse" von H. Mandl, G. Reinmann-Rothmeier & C. Gräsel. Bund-Länder-Kommission für Bildungsplanung und Forschungsförderung (BLK), Materialien zur Bildungsplanung und zur Forschungsförderung, Heft 66.

Brezinka, W. (1985): Allgemeine Erziehungswissenschaft. Konstanz: Universitätsverlag.

Brügelmann, H. (1996): Noch einmal: Was heißt „Öffnung des Unterrichts" — und welche Strukturen setzt sie voraus? Bericht Nr. 4 Projekt OASE. Siegen: Primarstufe, FB 2 der Universität-Gesamthochschule.

Brügelmann, H. (1998a): Leistungsverfall in der Grundschule? Grundschule, 7 / 8, 51.

Brügelmann, H. (1998b): Öffnung des Unterrichts, Befunde und Probleme der empirischen Forschung. In H. Brügelmann, M. Fölling-Albers & S. Richter (Hrsg.), Jahrbuch Grundschule: Fragen der Praxis – Befunde der Forschung (S. 8-42). Seelze / Velber: Friedrich.

Bünder, W. (1999): Lernziel: Naturwissenschaftliches Verständnis und begründetes Handeln in der Lebenswelt – Beispiele aus dem Modellversuch: „Praxis integrierter naturwissenschaftlicher Grundbildung (PING)". Lern- und Lehr-Forschung, LLF-Berichte Nr. 19, 7-52.

Caravita, S. & Hallden, O. (1994): Re-Framing the problem of conceptual change. Learning and Instruction, 4, 1, 89-112.

Carey, S. (1984): Cognitive development. The descriptive problem. In M. S. Gazzaniga (Ed.), Handbook of Cognitive Neuroscience (pp. 37-66). New York: Plenum Press.

Carey, S. (1985): Conceptual change in Childhood. Cambridge M. C.: MIT Press.

Carey, S. & Gelman, R. (Eds.) (1991): The epigenesis of mind. Essays on biology and cognition. Hillsdale, NJ u. a.: Erlbaum.

Carey, S. & Spelke, E. S. (1994): Domain specific knowledge and conceptual change. In L. A. Hirschfeld & S. A. Gelmann (Eds.): Mapping the mind: Domain specifity in cognition and culture (pp. 169-200). Cambridge: Cambridge University Press.

Chi, M. T. H., Slotta, J. D. & de Leeuw, N. (1994): From things to processes: A theory of conceptual change for learning science concepts. Learning and Instruction, 4, 1, 27-44.

Chi, M. T. H., Glaser, R. & Farr, M. J. (Eds.) (1988): The nature of expertise. Hillsdale, N. J.: Erlbaum.

de Corte, E. (2000): Marrying theory building and the improvement of school practice: a permanent challenge for instructional psychology. Learning and Instruction 10, 3, 249-266.

Davydov, V. V. (1988): Problems of developmental teaching. Soviet Education 30, (8) 15-97, (9) 3-83, (10) 3-77.

Davydov, V. V. (1993): The perspectives of activity theory. Multidisciplinary newsletter for activity theory 13 / 14, 50-53.

Davydov, V. V. (1999): The content and unsolved problems of activity theory. In Y. Engeström, R. Miettinen & R.-L. Punamäki (Eds.), Perspectives on activity theory (pp. 39-52). Cambridge: Cambridge University Press.

Deiters, H. (1948): Die Schule der Demokratischen Gesellschaft. Berlin: Volk und Wissen.

Dingeldey, E. (1992): Von der Grundschule zur Sekundarstufe I – Einige Folgerungen zur Kontinuitätsproblematik. In U. Hameyer, R. Lauterbach & J. Wiechman (Hrsg.), Innovationsprozesse in der Grundschule (S. 140-146). Bad Heilbrunn: Klinkhardt.

Dörner, D., Kreuzig, H. Reither, F. & Stäudel, Th. (1994). Lohausen – Vom Umgang mit Unbestimmtheit und Komplexität. Bern: Hans Huber.

Duit, R. (1995): Empirische physikalische Unterrichtsforschung. Unterrichtswissenschaft, 23, 2, 98-106.

Duncker, L. & Popp, W. (Hrsg.) (1994): Kind und Sache. München: Juventa.

Ecklinger, L. (2001): Das Zitat. In D. Haarmann, Gelesen+++gesehen+++gehört. Grundschule, 3, 7.

Edelmann, W. (1996): Lernpsychologie. Weinheim: Beltz.

Edelstein, W. (1994): Eine Meditation zum Problem der entwicklungsorientierten Didaktik. Lern- und Lehr-Forschung, Berichte Nr. 9, S. 2-12. Potsdam: Universität Potsdam.

Einsiedler, W. (1994). Aufgreifen von Problemen – Gespräche über Probleme – Problemorientierter Sachunterricht in der Grundschule. In L. Duncker & W. Popp (Hrsg.), Kind und Sache (S. 199-211). Weinheim: Juventa.

Einsiedler, W. (1997): Unterrichtsqualität und Leistungsentwicklung: Literaturüberblick. In F. E. Weinert & A. Helmke (Hrsg.), Entwicklung im Grundschulalter (S. 225-240). Weinheim: Beltz.

Einsiedler, W. (1998): Unterrichtsqualität in der Grundschule. Grundschule, 7 / 8, 56-59.
Einsiedler, W. & Rabenstein, R. (Hrsg.) (1985): Grundlegendes Lernen im Sachunterricht (Studientexte zur Grundschuldidaktik). Bad Heilbrunn: Klinkhardt.
Elkonin, D. (1980): Zur Psychologie des Spiels (Beiträge zur Psychologie, Bd. 7). Berlin: Volk und Wissen.
Galperin, P. J. (1965): Die geistige Handlung als Grundlage für die Bildung von Gedanken und Vorstellungen. In A. N. Leontjew, P. J. Galperin u. a., Probleme der Lerntheorie (S. 33-49). Berlin: Volk und Wissen.
Galperin, P. J. (1967): Die Entwicklung der Untersuchungen über die Bildung geistiger Operationen. In H. Hiebsch (Hrsg.), Ergebnisse der sowjetischen Psychologie. Berlin: Akademie- Verlag.
Galperin, P. Y. (1992): Stage-by-stage formation as a method of psychological investigation. Journal of Russian and East European Psychology, 30, 4, 60-80.
Gardner, H. (1991). Abschied vom IQ. Stuttgart: Klett-Cotta.
GDSU (2001): Fünf Perspektiven für den Sachunterricht. Grundschule, 4, 9-14.
Geary, D. C. (1995): Reflections of evolution and culture in child's cognition. American Psychologist, 50, 24-36.
Giest, H. (1989a): Heimatkundeunterricht – Probleme, Ursachen und Vorschläge für Erneuerung und Kontinuität. Die Unterstufe, 36, 12, 227-229.
Giest, H. (1989b): Heimatkundeunterricht – Wie weiter? Deutsche Lehrerzeitung, 36, 48, 9.
Giest, H. G. (1990a): Rahmenrichtlinien und Handreichungen für das neue Schuljahr. Die Unterstufe, 37, 7 / 8, 158-159.
Giest, H. (1990b): Konzeptionelle Weiterentwicklung des Heimatkundeunterrichts. Die Unterstufe, 37, 5, 88-91.
Giest, H. (1990c): Zu einigen Aspekten kognitiver Anforderungsbewältigung im Rahmen sachbezogenen Lernens – aus ontogenetischer Sicht. Unterstufe / Grundschule in Ost und West – Erstes deutsch-deutsches Kolloquium am 29. und 30. Juni 1990 in Berlin, hrsg. von Akademie der Pädagogischen Wissenschaften / Institute für Bildungsforschung und Erziehungswissenschaft, Fachinformationszentrum Bildung (S. 184-198). Berlin: Verlag für Wissenschaft und Bildung.
Giest, H. (1991): Psychologische Aspekte der Aneignung fachspezifischen Wissens im Rahmen sachbezogenen Lernens. Empirische Pädagogik, 5, 3, 229-243.
Giest, H. (1992a): Wissenspsychologische Aspekte des Lernens und Lehrens im Sachunterricht. Lern- und Lehr-Forschung, LLF-Berichte Nr. 3, 15-29.

Giest, H. (1992b): Zum Problem der Lehrstrategien. Lern- und Lehr-Forschung, LLF-Berichte Nr. 2, 1-36.
Giest, H. (1994a): Projektarbeit – Ansätze für einen fächerübergreifenden Unterricht in der Grundschule. Berlin: Volk und Wissen.
Giest, H. (1994b): Rinderherdenaufgabe – ein Beispiel für Problemlöseanforderungen in der Grundschule. Lern- und Lehr-Forschung, LLF-Berichte Nr. 9, 59-113.
Giest, H. (1994c): Schulansichten – Beobachtungen aus einer Lerntherapeutischen Beratungsstelle. Lern- und Lehr-Forschung, LLF-Berichte Nr. 8, 63-89.
Giest, H. (1995a): Zum Problem der Begriffsbildung in der Grundschule. Lern- und Lehr-Forschung, LLF-Berichte Nr. 10, 35-79.
Giest, H. (1995b). Mädchen und Jungen beim Problemlösen. In M. Hempel (Hrsg.), Verschieden und doch gleich (S. 146-172). Bad Heilbrunn: Klinkhardt.
Giest, H. (1996a): Kognition und Geschlecht beim sachbezogenen Lernen. In M. Hempel (Hrsg.), Grundschulreform und Koedukation (S. 231-244). Weinheim, München: Juventa.
Giest, H. (1996b): Besonderheiten des Problemlösens bei Schülern 4., 6. und 8. Klassen. Empirische Pädagogik, 10, 3, 307-342.
Giest, H. (1996c): Unterricht und kognitive Entwicklung in der Grundschule. In J. Lompscher (Hrsg.), Entwicklung und Lernen aus kulturhistorischer Sicht (Internationale Studien zur Tätigkeitstheorie, Bd. 4 / 2) (S. 368-384). Marburg: BdWi-Verlag.
Giest, H. (1997a): Wie handlungsorientiert ist der Sachunterricht? In B. Marquardt-Mau, W. Köhnlein & R. Lauterbach (Hrsg.), Forschung zum Sachunterricht (Probleme und Perspektiven des Sachunterrichts, Bd. 7) (S. 61-76). Bad Heilbrunn: Klinkhardt.
Giest, H. (1997b): Zur kausalgenetischen Methode in der Unterrichtsforschung. In E. Glumpler & S. Luchtenberg (Hrsg.), Handbuch Grundschulforschung, Bd. 1 (S. 167-179). Weinheim: Beltz, Deutscher Studienverlag.
Giest, H. (1997c): Voraussetzungen und Bedingungen des Sachunterrichts in den Neuen Bundesländern. In H. Giest (Hrsg.), Sachunterricht – Fragen, Probleme, Standpunkte zur Entwicklung des Sachunterrichts aus der Sicht der Neuen Bundesländer (S. 74-85). Potsdam: Universität Potsdam.
Giest, H. (Hrsg.) (1997d): Sachunterricht – Fragen, Probleme, Standpunkte zur Entwicklung des Sachunterrichts aus der Sicht der Neuen Bundesländer. Potsdam: Universität Potsdam.

Giest, H. (1998a): Grundlegende Bildung und Kognition im Sachunterricht. In B. Marquardt-Mau & H. Schreier, Grundlegende Bildung im Sachunterricht (Probleme und Perspektiven des Sachunterrichts, Bd. 8) (S. 233-248). Bad Heilbrunn: Klinkhardt.

Giest, H. (1998b): Von den Tücken der empirischen Unterrichtsforschung. In H. Brügelmann, M. Fölling-Albers & S. Richter (Hrsg.), Jahrbuch Grundschule: Fragen der Praxis – Befunde der Forschung (S. 56-66). Seelze: Friedrich.

Giest, H. (1998c): Unterrichtsstrategien und Lernergebnisse. Lern- und Lehr-Forschung, LLF-Berichte Nr. 18, 125-146.

Giest, H. (1999a): Kann man das Lernen lehren oder nur lernen – Unterrichtsstrategien zwischen Lernen und Belehren. In H. Giest & G. Scheerer-Neumann (Hrsg.), Jahrbuch Grundschulforschung, Bd. 2 (S. 34-49). Weinheim: Beltz, Deutscher Studien Verlag.

Giest, H. (1999b): Lernen im handlungsorientierten Unterricht. Eine Betrachtung aus der Perspektive der Tätigkeitstheorie. In M. Hempel (Hrsg.), Lernwege der Kinder (S. 27-42). Hohengehren: Schneider.

Giest, H. (2000): Entwicklung – Lernen – Unterricht. In O. Jaumann-Graumann & W. Köhnlein (Hrsg.), Lehrerprofessionalität – Lehrerprofessionalisierung (Jahrbuch Grundschulforschung, Bd. 3) (S. 123-132). Bad Heilbrunn: Klinkhardt.

Giest, H., Frohne, I. & Niederland, B. (1990): Kind und Wirklichkeit – Eine methodische Handreichung für den Heimatkunde- / Sachunterricht. Berlin: Volk und Wissen.

Graf, D. (1989): Begriffslernen im Biologieunterricht der Sekundarstufe I. Empirische Untersuchungen und Häufigkeitsanalysen. Frankfurt am Main u. a.: Lang.

Graf, D. (1995): Vorschläge zur Verbesserung des Begriffslernens im Biologieunterricht – ein Literaturvergleich. Der mathematische und naturwissenschaftliche Unterricht, 48, 6, 341-345.

Graf, F. & Ronecker, K. (1991): Lehrer / Lehrerin. In L. Roth (Hrsg.), Pädagogik – Handbuch für Studium und Praxis (S. 1002-1016). München: Ehrenwirth.

Grzesik, J. (1992): Begriffe lernen und lehren. Psychologische Grundlage: Operative Lerntheorie; Unterrichtsmethoden: Typische Phasen; Unterrichtspraxis: Kommentierte Unterrichtsprotokolle (Grundlagentexte Schulpädagogik). Stuttgart: Klett.

Gudjons, H. (1994): Handlungsorientiert lehren und lernen. Bad Heilbrunn: Klinkhardt.

Hagemann-White, C. (1988). Koedukation in der Diskussion. In G. Pfister (Hrsg.), Zurück zur Mädchenschule (S. 41-60). Pfaffenweider: Centaurus – Verlagsgesellschaft.

Hagemann, W. (1964): Die Überreste des bürgerlichen Volksschulunterrichts überwinden! Die Unterstufe, 12, 1.

Hänsel, D. (1980): Didaktik des Sachunterrichts – Sachunterricht als Innovation der Grundschule. Frankfurt a. M.: Diesterweg.

Hasselhorn, M. & Mähler, C. (1998): Wissen, auf das Wissen baut: Entwicklungspsychologische Erkenntnisse zum Wissenserwerb und zum Erschließen von Wirklichkeit im Grundschulalter. In J. Kahlert (Hrsg), Wissenserwerb in der Grundschule (S. 73-90). Bad Heilbrunn: Klinkhardt.

Hasselhorn, M. (1992). Metakognition und Lernen. In G. Nold (Hrsg.), Lernbedingungen und Lernstrategien: Welche Rolle spielen kognitive Verstehensstrukturen? (S. 35-64). Tübingen: Narr.

Heller, K. A. & Hany, E. A. (1996): Psychologische Modelle der Hochbegabtenförderung. In F. E. Weinert (Hrsg.), Psychologie des Lernens und der Instruktion (Enzyklopädie der Psychologie: Themenbereich D, Praxisgebiete: Ser. 1, Pädagogische Psychologie; Bd. 2) (S. 477-503). Göttingen: Hogrefe.

Helmke, A. (1992a): Determinanten der Schulleistung: Forschungsstand und Forschungsdefizit. In G. Nold (Hrsg.), Lernbedingungen und Lernstrategien: Welche Rolle spielen kognitive Verstehensstrukturen? (S. 23-34). Tübingen: Narr.

Helmke, A. (1992b): Selbstvertrauen und schulische Leistung. Göttingen: Hogrefe.

Helmke, A. (2000): Unterricht auf dem Prüfstand. Lernende Schule, 11, 3, 4-8.

Helmke, A. (2001): Internationale Schulleistungsvergleichsforschung. Schlüsselprobleme und Perspektiven. Zeitschrift für Pädagogik, 47, 2, 155-160.

Helmke, A., Hornstein, W. & Terhart, E. (2000): Qualität und Qualitätssicherung im Bildungsbereich: Schule, Sozialpädagogik, Hochschule. Zeitschrift für Pädagogik (41. Beiheft). Weinheim, Basel: Beltz.

Heymann, H. W. (2001): Basiskompetenzen – gibt es die? Pädagogik, 4, 1, 6-9.

Höfling, S. & Mandl, H. (Hrsg.) (1997): Lernen für die Zukunft, Lernen in der Zukunft – Wissensmanagement in der Bildung (Berichte & Studien, Bd. 74). München: Hans-Seidel-Stiftung e. V.

Holzbrecher, A. (2001): Passagen – Lehrerbildung als biografisches Projekt. Pädagogik, 3, 39-43.

Holzkamp, K. (1990): Lehren als Lernbehinderung. Vortrag, gehalten auf dem schulpolitischen Kongress der GEW Hessen, „Erziehung und Lernen im Widerspruch", am 03. 11. 1990 in Kassel.

Horstkemper, M. (1987). Schule, Geschlecht und Selbstvertrauen. Weinheim, München: Juventa.
Hoyer, H.-D. (1996): Lehrer im Transformationsprozess. Weinheim, München: Juventa.
Hyde, J. S., Fennema, E. & Lamon, S. I. (1990): Gender differences in mathematics performance: A meta analysis. Psychological Bulletin, 107, 139-237.
Ireson, J. & Blay, J. (1999): Constructing Activity: Participation by Adults and Children. Learning and Instruction, 9, 1, 19-36.
Irmscher, K. (1982): Ausbildung der Lerntätigkeit im 4. Schuljahr nach der Konzeption des Aufsteigens vom Abstrakten zum Konkreten bei der Einführung in die Naturwissenschaften unter besonderer Beachtung des biologischen Aspekts. Berlin: APW, Diss. A.
Jüngst, K. L. (1992): Lehren und lernen mit Begriffsnetzdarstellungen. Zur Nutzung von concept-maps bei der Vermittlung fachspezifischer Begriffe in Schule, Hochschule, Aus- und Weiterbildung. Frankfurt am Main u. a.: AFRA.
Kaiser, A. (1995): Einführung in die Didaktik des Sachunterrichts. Hohengehren: Schneider.
Keller, G. (2000): Schüleraktiver Unterricht. Lernchancen, 17, 59-61.
Klafki, W. (1993a): Neue Studien zur Bildungstheorie und Didaktik. Weinheim: Beltz.
Klafki, W. (1993b): Zum Bildungsauftrag des Sachunterrichts in der Grundschule. Grundschulunterricht, 40, 1, 3-6.
Klieme, E., Funke, J., Leutner, D., Reimann, P. & Wirth, J. (2001): Problemlösen als fächerübergreifende Kompetenz. Zeitschrift für Pädagogik, 47, 2, 179-200.
Klingberg, L. (1990): Lehrende und Lernende im Unterricht. Berlin: Volk und Wissen.
Klix, F. (1988): Gedächtnis und Wissen. In H. Mandl & H. Spada, Wissenspsychologie (S. 19-54). München, Weinheim: Psychologie Verlags Union.
Kluwe, R. (1988): Methoden der Psychologie zur Gewinnung von Daten über menschliches Wissen. In H. Mandl & H. Spada, Wissenspsychologie (S. 359-385). München, Weinheim: Psychologie Verlags Union.
Kossakowski, A. (1980): Handlungspsychologische Aspekte der Persönlichkeitsentwicklung (Beiträge zur Psychologie, Bd. 5). Berlin: Volk und Wissen.
Krassa, K. (1993a). „Begriffe bestimmen / Begriffe raten" – ein Beitrag zur Analyse begrifflichen Wissens bei Schülern 4. und 6. Klassen. Lern- und Lehr-Forschung, LLF-Berichte Nr. 6, 1-154.
Krassa, K. (1993b). „Begriffe ergänzen" – eine Untersuchung zur Erfassung von Wissenskomponenten. In Lern- und Lehr-Forschung, LLF-Berichte Nr. 5, 81-150.

Lauterbach, R. (1997): Einführung: Fachdidaktische Forschung für den Sachunterricht. In B. Marquardt-Mau, W. Köhnlein & R. Lauterbach (Hrsg.), Forschung zum Sachunterricht (Probleme und Perspektiven des Sachunterrichts, Bd. 7) (S. 9-17). Bad Heilbrunn: Klinkhardt.
Lehrplan Deutsch Klassen 1 bis 4 (1990). Berlin: Ministerium für Bildung und Wissenschaft, Volk und Wissen.
Leontjew, A. N. (1979): Tätigkeit, Bewusstsein, Persönlichkeit. Berlin: Volk und Wissen.
Light, P. & Butterworth, G. E. (Eds.) (1993): Context and cognition. Ways of learning and knowing. New York: Harvester Wheatsheaf.
Lompscher, J. (1989): Psychologische Analysen der Lerntätigkeit. Berlin: Volk und Wissen.
Lompscher, J. (1992): Lehr- und Lernstrategien im Unterricht – Voraussetzungen und Konsequenzen. In G. Nold (Hrsg.), Lernbedingungen und Lernstrategien (S. 95-104). Tübingen: Gunter Narr Verlag.
Lompscher, J. (1993a): Lernstrategien und Lernleistungen von Schülern der 4. und 6. Klassen. Lern- und Lehr-Forschung, LLF-Berichte Nr. 5, 3-8.
Lompscher, J. (1993b). Lernstrategien – metakognitive Aspekte. In Lern- und Lehr-Forschung, LLF-Berichte Nr. 5, 9-80.
Lompscher, J. (1994): Was ist und was will psychologische Didaktik? Lern- und Lehr-Forschung, LLF-Berichte Nr. 7, 5-26.
Lompscher, J. (1995): Erfassung von Lernstrategien mittels Fragebogen. Lern- und Lehr-Forschung, LLF-Berichte Nr. 10, 80-136.
Lompscher, J. (1996): Einleitung. Lernstrategien – eine Komponente der Lerntätigkeit. Empirische Pädagogik, 10, 3, 235-244.
Lompscher, J. (1999): Lern- und Lehrforschung aus kulturhistorischer Sicht. In H. Giest & G. Scheerer-Neumann, Jahrbuch Grundschulforschung, Bd. 2 (S. 12-34). Weinheim: Beltz, Deutscher Studienverlag.
Lüdtke, H. (1965): Der Unterstufenbeschluss – ein entscheidendes Dokument für unsere Arbeit! Die Unterstufe, 13, 9-10.
Luhmann, N. & Schorr, K. E. (Hrsg.) (1982): Zwischen Technologie und Selbstreferenz. Frankfurt: Suhrkamp.
Lurija, A. R. (1967): Die Entwicklung der Sprache und die Entstehung psychischer Prozesse. In H. Hiebsch (Hrsg.), Ergebnisse der sowjetischen Psychologie (S. 465-546). Berlin: Akademie-Verlag.
Lurija, A. R. (1970): Die höheren kortikalen Funktionen des Menschen und ihre Störung bei örtlichen Hirnschädigungen. Berlin: Akademie-Verlag.
Lurija, A. R. (1982): Sprache und Bewusstsein. Berlin: Volk und Wissen.

Lurija, A. R. (1987): Die historische Bedingtheit individueller Erkenntnisprozesse. Berlin: Deutscher Verlag der Wissenschaften.
Lurija, A. R. (1993): Romantische Wissenschaft. Reinbek: Rowohlt.
Mähler, C. (1999): Naive Theorien im kindlichen Denken. Zeitschrift für Entwicklungspsychologie und Pädagogische Psychologie, 31, 2, 55-65.
Markman, E. M. (1989): Categorization and naming in children. Problems of induction. Cambridge M. C.: MIT Press.
Meiers, K. (1989): Sachunterricht. Zug: Klett, Balmer.
Merten, R. (1999): Verständigungsprobleme. Zeitschrift für Pädagogik, 45, 2, 195-208.
Metz, K. E. (1995): Reassessment of Developmental Constraints on Children's Science Instruction. Review of Educational Research, 65, 2, 93-127.
Meyer, W. G. (1993, 1994): Der Sachunterricht. Teil 1: Anthropologie und Pädagogik, Teil 2: Unterricht und Erziehung, Teil 3: Informationen und Reflexionen. Heinsberg: Diek.
Möller, K. (1987): Lernen durch Tun. Handlungsintensives Lernen im Sachunterricht der Grundschule (Reihe: Studien zur Pädagogik der Schule, Bd. 12). Frankfurt am Main, Bern, New York, Paris: Peter Lang.
Neuner, G. (1989): Allgemeinbildung – Konzeption, Inhalt, Prozess. Berlin: Volk und Wissen.
Neuner, G. (Hrsg.) (1976): Allgemeinbildung, Lehrplanwerk, Unterricht. Berlin: Volk und Wissen.
Neuner, G. (Hrsg.) (1988): Allgemeinbildung und Lehrplanwerk. Berlin: Volk und Wissen.
Newman, D., Griffin, P. & Cole, M. (1998): The construction zone: Working for cognitive change in school. Cambridge: Cambridge University Press.
Oerter, R. (1985): Entwicklungsgemäß fördern? Zum gegenwärtigen Status von Entwicklungsstufen. Pädagogische Welt, 12, 548-553.
Peplowski, B. (1990): Informationen für das neue Schuljahr. Die Unterstufe, 37, 6, 128.
Perrez, M., Huber, G. L. & Geißler, K. A. (1986): Psychologie der Interaktion. In B. Weidenmann & A. Krapp (Hrsg.), Pädagogische Psychologie (S. 363-445). München-Weinheim: Psychologie Verlags Union.
Peterßen W. H. (1991): Handbuch Unterrichtsplanung – Grundfragen, Modelle, Stufen, Dimensionen. München: Ehrenwirth.
Peyer, A. & Künzli, R. (1999): Metaphern in der Didaktik. Zeitschrift für Pädagogik, 45, 2, 177-194.
Piaget, J. (1967): Psychologie der Intelligenz. Stuttgart: Rascher.

Plischke, U. (1994): Von der Heimatkunde zum Sachunterricht – Gegenwärtige Entwicklungen im Land Sachsen. In R. Oberliesen (Hrsg.), Heimatkunde – Sachunterricht Wohin? Dokumentation Erziehungswissenschaften. Hamburg: Universität, Fachbereich Erziehungswissenschaften.

Popp, W. (1994): Zur anthropologischen Begründung eines handlungsorientierten Sachunterrichts. In L. Duncker & W. Popp (Hrsg.), Kind und Sache (S. 57-78). München: Juventa.

Prell, S. (1991): Evaluation und Selbstevaluation. In L. Roth (Hrsg.), Pädagogik – Handbuch für Studium und Praxis (S. 869-879). München: Ehrenwirth.

Preub, A. & Sink, Th. (1995): Symposium on Conceptual Change. EARLI News, 1, 17-18.

Rahmenrichtlinien für die Disziplin Heimatkunde – Klassen 3 und 4 für das Schuljahr 1990 / 91. Berlin: Ministerium für Bildung und Wissenschaft.

Raudies, M. & Zander, R. (1996): Zu wesentlichen Ergebnissen der ersten Phase des Forschungsprojektes „Computernutzung an Grundschulen des Landes Brandenburg". In H. Müller (Hrsg.), Überlegungen zur Weiterentwicklung des Rahmenplanes Mathematik für Grundschulen des Landes Brandenburg (Potsdamer Studien zur Grundschulforschung, Heft 13) (S. 126-140). Potsdam: Universität Potsdam.

Reinmann, G. & Mandl, H. (2001): Wissensmanagement. Psychologie in Erziehung und Unterricht, 48, 1, 76.

Rheinberg, F. (1989). Zweck und Tätigkeit. Göttingen: Hogrefe.

Rogoff, B. (1990): Apprenticeship in thinking: Cognitive development in social context. Oxford: Oxford University Press.

Rojas-Drummond, S., Hernandez, G., Velez, M. & Villagran, G. (1998): Cooperative learning and the appropriation of procedural knowledge by primary school children. Learning and Instruction, 8, 1, 137-63.

Rückriem, G. (1994a): Sinnkrise des Wissens. Lern- und Lehr-Forschung, LLF-Berichte Nr. 8, 2-33.

Rückriem, G. (1994b): Was wissen wir über die menschliche Ontogenese und die Bedeutung der Schule für die kindliche Entwicklung? In J. Erdmann, G. Rückriem & E. Wolf, Kindheit und Schule heute (S. 163-178). Berlin: Hochschule der Künste.

Sander, W. (1999): Der Lehrerberuf muss sich öffnen. Forschung & Lehre, 9, 473-475.

Schäfer, G. E. (1999): Frühkindliche Bildungsprozesse. Neue Sammlung, 39, 2, 213-226.

Schneider, W. & Weinert, F. (1990). The role of knowledge, strategies and aptitudes in cognitive performance. In W. Schneider & F. Weinert (Eds.), Interactions among aptitudes, strategies and knowledge in cognitive performance (pp. 286-302). New York: Springer Verlag.

Schnotz, W. (1998): Conceptual change. In D. H. Rost, Handwörterbuch der Pädagogischen Psychologie (S. 55-59). Weinheim: Beltz, Psychologie Verlags Union.

Schreier, H. (1989): Enttrivialisiert den Sachunterricht! Grundschule, 21, 3, 10-13.

Schreier, H. (1993): Wie weiter mit dem Sachunterricht? Die Grundschulzeitschrift, 67, 34-37.

Schreier, H. (2001): Die Renaissance des Sachunterrichts. Grundschule, 4, 8.

Schrempp, I. & Sodian, B. (1999): Wissenschaftliches Denken im Grundschulalter. Die Fähigkeit zur Hypothesenprüfung und Evidenzevaluation im Kontext der Attribution von Leistungsergebnissen. Zeitschrift für Entwicklungspsychologie und Pädagogische Psychologie, 3, 2, 67-77.

Sell, R. (1991). Angewandtes Problemlösungsverhalten. Berlin, Heidelberg: Springer.

Sodian, B. (1992): Warum sind Konzepte so schwer zu verändern? Zur Bedeutung metakonzeptuellen Verständnisses für den Wissenserwerb. Vortrag im Symposium „Kognitives Training" auf dem Kongress der Deutschen Gesellschaft für Psychologie in Trier, September 1992 (unveröffentlichtes Manuskript).

Sodian, B. (1998): Wissenschaftliches Denken. In D. H. Rost, Handwörterbuch der Pädagogischen Psychologie (S. 566-570). Weinheim: Beltz, Psychologie Verlags Union.

Sodian, B. (1998a): Der Beitrag nativistischer Ansätze zur entwicklungspsychologischen Theoriebildung. Zeitschrift für Entwicklungspsychologie und Pädagogische Psychologie, 30, 4, 174- 178.

Soostmeyer, M. (1992): Zur Sache Sachunterricht (Reihe: Studien zur Pädagogik der Schule, Bd. 14). Frankfurt am Main, Bern, New York, Paris: Peter Lang.

Spada, H. (1994): Conceptual Change or multiple Representations? Learning and Instruction, 4, 1, 113-116.

Sprung, L. & Sprung, H. (1984): Grundlagen der Methodologie und Methodik der Psychologie. Berlin: Deutscher Verlag der Wissenschaften.

Stähling, R. (2000): Unterrichtsqualität und Disziplin. Grundschule, 2, 20-24.

Stark, R., Gruber, H., Mandl, H. & Hinkofer, L. (2001). Wege zur Optimierung eines beispielbasierten Instruktionsansatzes: Der Einfluss multipler Perspektiven und instruktionaler Erklärungen auf den Erwerb von Handlungskompetenz. Unterrichtswissenschaft, 29, 26-40.

Stark, R., Graf, M., Renkl., A., Gruber, H. & Mandl, H. (1995). Förderung von Handlungskompetenz durch geleitetes Problemlösen und multiple Lernkontexte. Zeitschrift für Entwicklungspsychologie und Pädagogische Psychologie, 27, 4, 289-312.

Terhart, E. (1997): Superlearning – Metateaching, Kurznachrichten aus der didaktischen Wunderwelt. Friedrich-Jahresheft XV, Lernmethoden, Lehrmethoden (S. 40-44). Seelze: Friedrich.

Tiedemann, J. & Faber, G. (1994). Mädchen und Grundschulmathematik: Ergebnisse einer vierjährigen Längsschnittuntersuchung zu ausgewählten geschlechtsbezogenen Unterschieden in der Leistungsentwicklung. Zeitschrift für Entwicklungspsychologie und Pädagogische Psychologie, 26, 2, 101-111.

Tiedemann, J. & Faber, G. (1995): Mädchen im Mathematikunterricht: Selbstkonzept und Kausalattributionen im Grundschulalter. Zeitschrift für Entwicklungspsychologie und Pädagogische Psychologie, 27, 1, 61-71.

Trautner, H. M. (1993): Geschlechtszugehörigkeit als individuelles Merkmal oder als soziale Kategorie. In L. Montada, Bericht über den 38. Kongress der Deutschen Gesellschaft für Psychologie in Trier 1992, Bd. 2 (S. 760-769). Göttingen: Hogrefe.

Trautner, H. M. (1994): Geschlechtsspezifische Erziehung und Sozialisation. In K. A. Schneewind (Hrsg.), Psychologie der Erziehung und Sozialisation (S. 167-198). Göttingen: Hogrefe.

Treinies, G. & Einsiedler, W. (1992): Hierarchische und bedeutungsnetzartige Lehrstoffrepräsentationen als Lernhilfen zum Aufbau individueller Wissensstrukturen im Sachunterricht der Grundschule – eine experimentelle Studie (Berichte und Arbeiten aus dem Institut für Grundschulforschung, Nr. 71). Nürnberg: IfG der Universität Erlangen-Nürnberg.

Treinies, G. & Einsiedler, W. (1996): Zur Vereinbarkeit von Steigerung des Lernleistungsniveaus und Verringerung von Leistungsunterschieden in Grundschulklassen. Unterrichtswissenschaft, 24, 290-311.

UNESCO- Bericht zur Bildung im 21. Jahrhundert (1997): Lernfähigkeit: Unser verborgener Reichtum. UNESCO- Bericht zur Bildung im 21. Jahrhundert, Deutsche UNESCO-Kommission. Neuwied, Kriftel, Berlin: Luchterhand.

Unterrichtswissenschaft (2000), Heft 1.

Vermunt, J. D. & Verloop, N. (1999): Congruence and Friction between Learning and Teaching. Learning and Instruction, 9, 3, 257-281.

Vester, F. (1987): Wasser = Leben. Ein kybernetisches Umweltbuch mit 5 Kreisläufen des Wassers. Ravensburg: Otto Maier.

Vollbrecht, R. (2001): Einführung in die Medienpädagogik. Weinheim, Basel: Beltz.

Vorläufiger Rahmenplan Grundschule / Sachunterricht Klassen 1 bis 4, Land Brandenburg (1991). Potsdam: Ministerium für Bildung und Kultur.

Vosniadou, S. (1994): Capturing and Modeling the Process of Conceptual Change. Learning and Instruction, 4, 1, 45-70.

Walkling, B. & Susteck, H. (2001): Ist die Grundschule als Schule für alle Kinder noch realistisch? Grundschule, 3, 44.

Weinert, F. E. & Helmke, A. (1993): Wie bereichsspezifisch verläuft die kognitive Entwicklung? In R. Duit. & W. Gräber (Hrsg.), Kognitive Entwicklung und Lernen der Naturwissenschaften (S. 27-45). Kiel: Institut für die Pädagogik der Naturwissenschaften.

Weinert, F. E. & Helmke, A. (1994): Wie bereichsspezifisch verläuft kognitive Entwicklung? Lern- und Lehr-Forschung, LLF-Berichte Nr. 9, 13-35.

Weinert, F. E. & Helmke, A. (1997a): Theoretischer Ertrag und praktischer Nutzen der SCHOLASTIK- Studie zur Entwicklung im Grundschulalter. In F. E. Weinert & A. Helmke (Hrsg.), Entwicklung im Grundschulalter (S. 457-474). Weinheim: Beltz.

Weinert, F. E. & Helmke, A. (Hrsg.) (1997b): Entwicklung im Grundschulalter. Weinheim: Beltz.

Weinert, F. E. & Schrader, F.-W. (1997): Lernen lernen als psychologisches Problem. In F. E. Weinert & H. Mandl (Hrsg.), Psychologie der Erwachsenenbildung (Enzyklopädie der Psychologie: Themenbereich D, Praxisgebiete: Serie 1, Pädagogische Psychologie, Bd. 4) (S. 296-335). Göttingen u. a.: Hogrefe.

Weinert, F. E. (1994): Entwicklung und Sozialisation der Intelligenz, der Kreativität und des Wissens. In K. A. Schneewind (Hrsg.), Psychologie der Erziehung und Sozialisation (Enzyklopädie der Psychologie: Themenbereich D, Praxisgebiete: Serie 1, Pädagogische Psychologie, Bd. 1) (S. 259-284). Göttingen u. a.: Hogrefe.

Weinert, F. E. (1996): Für und Wider die „neuen Lerntheorien" als Grundlage pädagogisch-psychologischer Forschung. In E. Witruk & G. Friedrich (Hrsg.), Pädagogische Psychologie im Streit um ein neues Selbstverständnis. Bericht über die 5. Tagung der Fachgruppe „Pädagogische Psychologie" in der Deutschen Gesellschaft für Psychologie e. V. in Leipzig 1995 (Psychologie, Bd. 12) (S. 17-32). Landau: Verlag Empirische Pädagogik.

Weinert, F. E. (1997): Notwendige Methodenvielfalt. Lernmethoden, Lehrmethoden. Friedrich-Jahresheft XV, Lernmethoden, Lehrmethoden (S. 50-54). Seelze: Friedrich.

Weinert, F. E. (2000): Lehr-Lernforschung an einer kalendarischen Zeitenwende: Im alten Trott weiter oder Aufbruch zu neuen wissenschaftlichen Horizonten? Unterrichtswissenschaft, 1, 44-48.

Weinert, F. E. & Waldmann, M. (1988). Wissensentwicklung und Wissenserwerb. In H. Mandl & H. Spada (Hrsg.), Wissenspsychologie (S. 161-202). München, Weinheim: Psychologie Verlags Union.

Weinert, F. E. & de Corte, E. (1996): Translating research into practice. In E. de Corte & F. E. Weinert, International Encyclopaedia of Developmental and Instructional Psychology. Oxford, UK: Elsevier Science.

Wessells, M. G. (1994): Kognitive Psychologie. München, Basel: Reinhardt.

West, L. H. & Pines, A. L. (Eds.) (1985): Cognitive structure and conceptual change. Orlando u. a.: Academy Press.

White, R. T. (1994): Conceptual and conceptional change. Learning and Instruction, 4, 1, 117-121.

Wottawa, H. (1986): Evaluation. In B. Weidenmann & A. Krapp (Hrsg.), Pädagogische Psychologie (S. 703-733). München, Weinheim: Psychologie Verlags Union.

Wygotski, L. S. (1985, 1987): Ausgewählte Schriften, Bd. 1 u. 2. Berlin: Volk und Wissen.

Wygotski, L. S. (1992): Geschichte der höheren psychischen Funktionen (Fortschritte der Psychologie, Bd. 5). Münster, Hamburg: Lit.

Wygotski, L. S. (1996): Konkrete Psychologie des Menschen – Ein nicht veröffentlichtes Manuskript. In Potsdamer Wygotski- Konferenz 31. Mai bis 01. Juni 1996, Abstracts, S. 48-73. Potsdam: Interdisziplinäres Zentrum für Lern- und Lehrforschung der Universität Potsdam.